Haarsträubende Rhetorik 2100

Populistisches, Unsinniges, Sprachklischees aufdecken

Horst Hanisch

© Erste Auflage: 2025 by Horst Hanisch

Bibliografische Information der Deutschen Nationalbibliothek: Die Deutsche Nationalbibliothek verzeichnet diese Publikation in der Deutschen Nationalbibliografie; detaillierte bibliografische Daten sind im Internet über dnb.dnb.de abrufbar.

Der Text dieses Buches entspricht der neuen deutschen Rechtschreibung.

Die Ratschläge in diesem Buch sind sorgfältig erwogen, dennoch kann eine Garantie nicht übernommen werden. Eine Haftung des Autors und seiner Beauftragten für Personen-, Sach- und Vermögensschäden ist ausgeschlossen.

Aus Gründen der einfacheren Lesbarkeit wird auf das geschlechtsneutrale Differenzieren, zum Beispiel Mitarbeiter/Mitarbeiterin weitestgehend verzichtet. Entsprechende Begriffe gelten im Sinne der Gleichbehandlung für beide Geschlechter.

Idee und Entwurf: Horst Hanisch, Bonn

Lektorat: Annelie Möskes, Bornheim

Buchsatz: Guido Lokietek, Aachen; Horst Hanisch, Bonn

Umschlag: Christian Spatz, engine-productions, Köln; Horst Hanisch, Bonn

Zeichnungen: Horst Hanisch, Bonn

Verlag: BoD · Books on Demand GmbH, Überseering 33, 22297 Hamburg, bod@bod.de

Druck: Libri Plureos GmbH, Friedensallee 273, 22763 Hamburg

ISBN: 978-3-7693-5522-2

Haarsträubende Rhetorik 2100

Populistisches, Unsinniges, Sprachklischees aufdecken

Horst Hanisch

Inhaltsverzeichnis

7

Inhaltsverzeichnis

9

10

Prolog – Zum Einstieg

Das Haar stellt sich nach allen Seiten auf

> *„Dass rote Haar von ein'm falschen Gemüt zeugen soll'n,*
> *is's Dümmste, wann die Leut' nach die Haar urteil'n woll'n."*
> **Johann Nepomuk Eduard Ambrosius Nestroy, österr. Dramatiker**
> *(1801 - 1862)*

„Ein Haar wirft seinen Schatten."

Also nicht vom Haar, schon gar nicht von der Farbe der Haare, auf den Charakter einer Person schließen. Das ist zumindest Johann Nepomuk Nestroys Meinung.

Viele Jahrhunderte vor ihm meinte Publilius Syrus, ein römischer Moralist (um 90 – 40 v. Chr.) Folgendes: „Auch ein einziges Haar wirft seinen Schatten." Demnach haben die Haare doch eine Bedeutung, sogar schon ‚ein einziges'.

Der österreichische Romanautor Rupert Johann Hammerling (1830 – 1889) ging sogar hiervon aus: „Ein graues Haar steckt all die anderen an!"

Wie dem auch sei, wir gehen augenzwinkernd in diesem Ratgeber davon aus, dass manche rhetorische Konstrukte die Haare zu Berge stehen lassen.

Haare sagen offensichtlich etwas aus. Die Rhetorik auch. Rhetorik ist die Kunst der Rede. Das Wort ‚rhetorike' kommt aus der altgriechischen Sprache und bedeutet so viel wie ‚Redekunst'.

Kunst ist bekanntlich eine Geschmackssache. Bei der Rhetorik hingegen wird Professionalität erwartet. Allerdings wird die Redekunst in der Praxis manchmal verwirrend, destruktiv, beleidigend, also ‚haarsträubend' eingesetzt.

Erleben Sie, welche Wege die Kommunikation nimmt, wie sie in Sackgassen gerät oder unsinnige Kapriolen schlägt.

11

Drei ‚Protagonisten', geschlechtsneutral, nehmen in diesem Ratgeber überwiegend folgende Rollen ein:

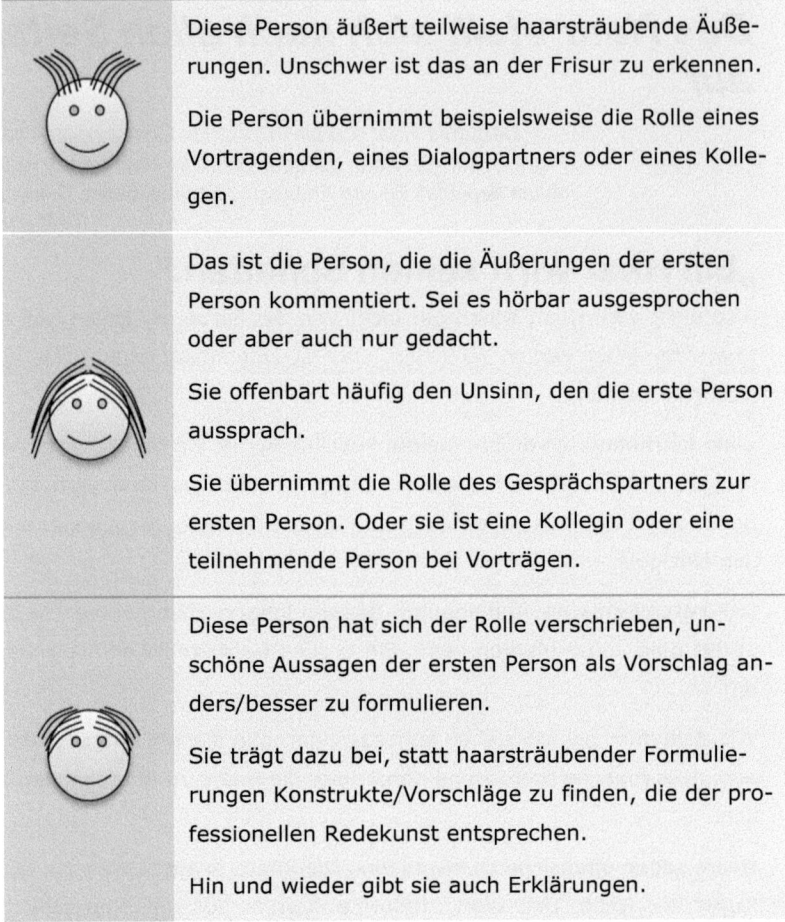

Diese Person äußert teilweise haarsträubende Äußerungen. Unschwer ist das an der Frisur zu erkennen.

Die Person übernimmt beispielsweise die Rolle eines Vortragenden, eines Dialogpartners oder eines Kollegen.

Das ist die Person, die die Äußerungen der ersten Person kommentiert. Sei es hörbar ausgesprochen oder aber auch nur gedacht.

Sie offenbart häufig den Unsinn, den die erste Person aussprach.

Sie übernimmt die Rolle des Gesprächspartners zur ersten Person. Oder sie ist eine Kollegin oder eine teilnehmende Person bei Vorträgen.

Diese Person hat sich der Rolle verschrieben, unschöne Aussagen der ersten Person als Vorschlag anders/besser zu formulieren.

Sie trägt dazu bei, statt haarsträubender Formulierungen Konstrukte/Vorschläge zu finden, die der professionellen Redekunst entsprechen.

Hin und wieder gibt sie auch Erklärungen.

Unter anderem wird sich über Formulierungen folgender Art Gedanken gemacht:

- „Schön, dass Sie so zahlreich erschienen sind." Wie oft kann eine Person gleichzeitig erscheinen?
- „Zwei LKWs in Unfall verwickelt." Heißt es Lastkraftwagen oder Lastkraftwagens, Lkw oder LKWs?

- „Die Autobahn ist voll gesperrt." Was ist der Unterschied zwischen einer gesperrten und einer vollgesperrten Autobahn?
- „Du bekommst die größere Hälfte." Ist die Hälfte nicht <u>genau</u> die Hälfte?
- „Ich habe eine einzige Frage an dich." Wo ist der Unterschied zwischen ‚ein einziger' und ‚einziger'?
- „Das war wirklich eine schlimme Katastrophe." Wieso sprechen einige Menschen von einer schlimmen Katastrophe, wenn eine Katastrophe sowieso schon schlimm ist?

Manche ‚unglückliche' Formulierung ist fast in den Sprachgebrauch übergegangen. Trotzdem ist sie fragwürdig bis falsch.

Oder, wie es haarsträubend heißt: „Das ist richtig falsch." Manches lässt sich auch wohlwollend übergehen. Anderes gehört aufgedeckt und professionell formuliert.

Weg mit dem Ballast der Wortverdopplungen. Entlarven Sie die zerstörerischen Killerphrasen. Durchschauen Sie die rhetorische Schönmalerei, die Unangenehmes kaschieren will.

Der Ratgeber ist in 11 Kapitel – hier Teile – gegliedert, um eine gewisse Ordnung in die Thematik zu bringen.

Vieles, was aufgeführt wird, ist als stellvertretende Beispiele zu sehen. Fast alle Beispiele stammen aus der Praxis, sei es aus der Politik, der Wirtschaft, der Religion, der Wissenschaft.

Äußerungen von Teilnehmenden in Seminaren und Vorlesungen, aus Gesprächsrunden mit Freunden, in Verkaufsgesprächen mit Profis und aus Online- und Printmedien sind als Beispiele eingefügt.

Selbstverständlich lassen sich die Beispiele (unendlich?) ergänzen. Wie sollte bei solch einem komplexen Thema eine Vollständigkeit erreicht werden?

Nicht vergessen bitte, – auch wenn es manchmal Unsinn ist, – was ein Mensch äußert, muss nicht gleich korrigierend behandelt werden. Einiges lässt sich wohlwollend übergehen.

13

Der Inhalt ist gegliedert in:

- Teil 1 – Gespaltene Persönlichkeit

- Teil 2 – Gefühle zeigen

- Teil 3 – Voll gesperrt

- Teil 4 – Größere Hälfte

- Teil 5 – Nichts drauf geben

- Teil 6 – Absolut cringe

- Teil 7 – Tote Leiche

- Teil 8 – Jeder muss sterben

- Teil 9 – Zweifelhafte Wahrheit

- Teil 10 – Schönreden

- Teil 11 – Am Ende des Tages

Liebe Leserin, lieber Leser, wenn Sie möchten, helfen Sie dabei, Sprachklischees, Unsinniges und Populistisches aufzudecken. Unterstützen Sie die Gesellschaft dabei, die zwischenmenschliche Kommunikation wieder etwas ‚richtiger‘ (sofern ‚richtig‘ steigerbar wäre) zu gestalten.

Sind Sie bereit, sich auf den Weg durch den Irrgarten der haarsträubenden Rhetorik zu begeben?

Viel Vergnügen beim Durchlesen des folgenden Textes und beim haarigen Spiel mit Wörtern

Horst Hanisch

Teil 1 – Gespaltene Persönlichkeit

Multiple Persönlichkeit?

„Wer weiß, wer ich bin?
Ich wandle und wandle mich."
René ‚Rainer' Karl Wilhelm Johann Josef Maria Rilke, österr. Erzähler
(1875 - 1926)

„Habe ich mehrere Identitäten?"

Die Gäste haben Platz genommen. Erwartungsvoll schauen sie Richtung Bühne. Die Gäste freuen sich und sind gespannt, was ihnen geboten wird.

Die Gastgeberin erscheint und begrüßt nach einem gebührenden Applaus der Anwesenden die Gäste:

15

Die letzte Aussage ist klüger, da ‚viele Gäste' genannt werden. Der Einzelne ist einer der Vielen. Wenn Viele der Meinung sind, das zu Erwartende würde gut, ist es angenehm, in der Masse Gleichgesinnter zu sein.

Da davon ausgegangen werden darf, dass die wenigsten Gäste mehrere Identitäten vertreten, kann jeder praktisch nur einmal erscheinen.

Tatsächlich wird eine Begrüßung der oben gezeigten Art häufiger verwendet. Sie soll die Überraschung und Freude der sprechenden Person ausdrücken, so viele (mehr als erwartete) Anwesende zu sehen.

Weshalb diese Freude schmeichelhaft für die Anwesenden sein soll, ist unklar. Besser ist es, etwas in dieser Richtung zu sagen:

In allen drei Beispielen findet sich das Wort viele wieder.

Jetzt ist der Einzelne angesprochen.

„Schön, dass jeder von Ihnen den Weg herfand."

Die verwendete Pluralbildung ist in der deutschen Sprache nicht falsch. Immerhin stehen bei einer großen Gesellschaft mehrere Körper zur Verfügung. Tatsächlich hat jeder allerdings nur einen Kopf, den er drehen kann. Deshalb ist die Einzahl vorzuziehen: ‚Ihren Kopf'.

Ein anderes Beispiel:

„Reichen Sie sich die Hände."

„Wie viele Hände soll ich geben?"

„Reichen Sie sich die Hand."

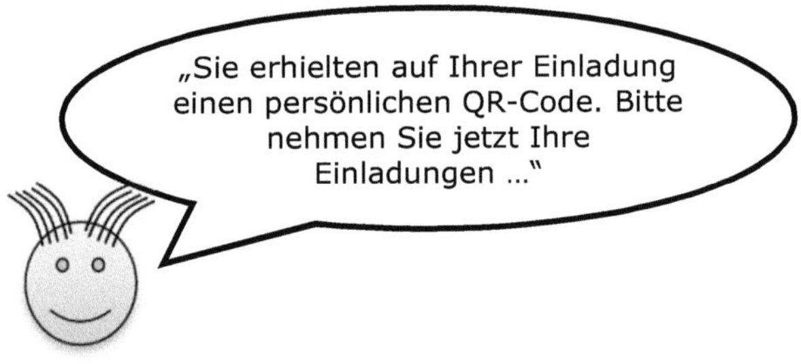

„Sie erhielten auf Ihrer Einladung einen persönlichen QR-Code. Bitte nehmen Sie jetzt Ihre Einladungen ..."

Jeder Gast erhielt nur eine Einladung. Deshalb müsste es heißen: „... jetzt Ihre Einladung ..."

Das, was der Gast einmal hat, erfordert in der Frage oder Aufforderung die Einzahl.

Introvertierte Persönlichkeit?

„Sei niemals schüchtern und befangen ohne Ursache."
August Graf von Platen-Hallermünde, dt. Dramatiker
(1796 - 1835)

„Ehrlich gesagt ..."

Hin und wieder beginnt ein Dialogpartner seine Sätze mit fragwürdigen

Einleitungen wie links abgebildet:

Die meisten Gesprächspartner würden davon ausgehen, dass sowieso ehrlich gesprochen wird. Deshalb ist es sehr fragwürdig, einen Satz mit dem Hinweis zu beginnen, ehrlich zu sein. Ist der Sprechende sonst unehrlich in seinen Äußerungen? Ist er nur nach Ankündigung ehrlich?

Sollte jemand in seinen Ausführungen schwindeln – was bestimmt häufiger als gewünscht vorkommt – würde er auch nicht darauf hinweisen, wie mit solch einer Aussage:

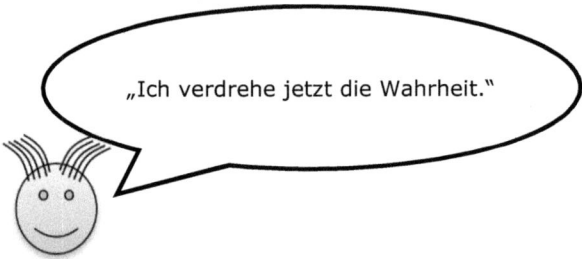

„Ich verdrehe jetzt die Wahrheit."

Das ‚möchte' in oben gezeigter Aussage kündigt nur einen Wunsch an. Die sprechende Person weist darauf hin, dass sie etwas sagen ‚möchte'. Das ist zwar diplomatisch, weist aber lediglich auf eine Absicht hin. Die Handlung steht aus.

Die sauberere professionelle Formulierung lässt das ‚möchte' weg.

„Ich sage …"

Oder, direkt ‚in die Vollen':

„Ich werde nun darauf eingehen, weshalb…"

Vater zum Sohn:

„Ich möchte, dass du etwas lernst."

„Ich habe deinen Wunsch vernommen."

„Lerne etwas!"

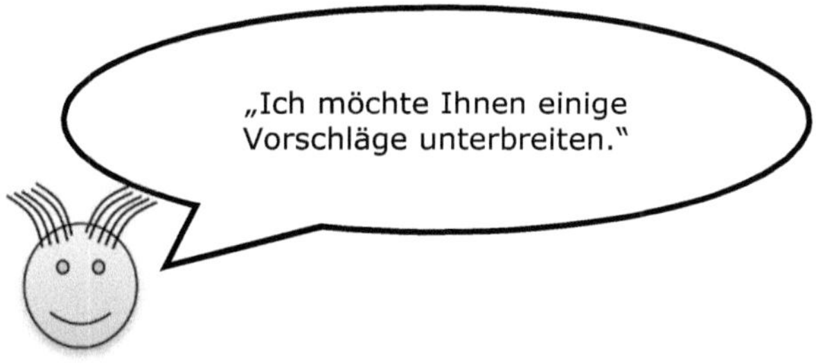

„Ich möchte Ihnen einige Vorschläge unterbreiten."

Das soll höflich und zurückhaltend klingen.

Besser ist deshalb, sich konkret auszudrücken:

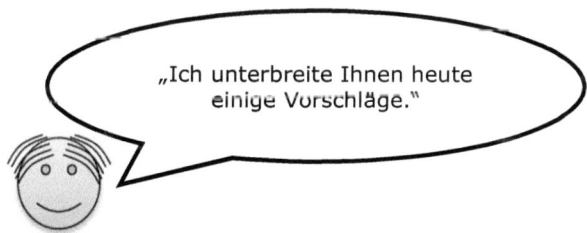

„Ich unterbreite Ihnen heute einige Vorschläge."

Das klingt wie die klare Ankündigung einer Aktion.

Dem Unternehmen geht es nicht gut. Ein Meeting ist einberufen. Ein Teilnehmer schlägt vor:

„Wir sollten was tun."

Die anderen Anwesenden freuen sich über diesen genialen Vorschlag und stimmen dem einstimmig zu. Was geschieht? Nichts. Eine konkrete Aufforderung fehlt, niemand fühlt sich verantwortlich.

Sollten heißt nicht, dass jemand der Anwesenden wirklich aktiv wird.

Die anscheinend höfliche Form soll niemandem wehtun. Sie ist im Dialog aber nicht unbedingt im Sinne der Zielorientierung förderlich.

Besser:

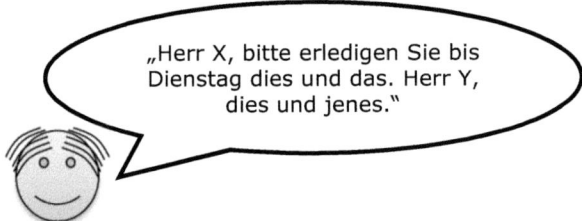

„Herr X, bitte erledigen Sie bis
Dienstag dies und das. Herr Y,
dies und jenes."

Auch das Hilfsverb ‚würde' drückt nicht die Handlung aus. Es weist lediglich darauf hin, dass unter bestimmten Umständen dies oder jenes erfolgen sollte/könnte.

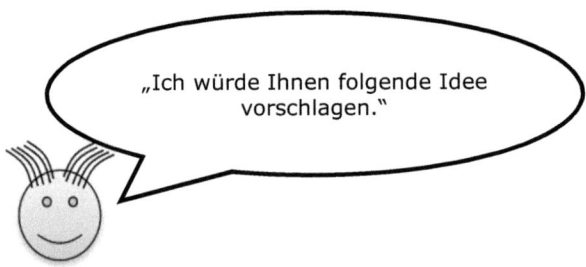

„Ich würde Ihnen folgende Idee
vorschlagen."

So lässt der professionelle Redner das Hilfsverb ersatzlos weg.

Die Formulierung ohne die Formen möchte/sollte/würde kann etwas ‚hart' klingen. Trotzdem wird es konkret ausdrücken, wie die Vorgehensweise ist.

Je klarer die Kommunikation, desto weniger Missverständnisse treten später auf.

Mit etwas Training kann auch eine ‚harte' Formulierung verständlich geäußert werden. Für viele Mitarbeitende ist es wichtig, nachvollziehbare Arbeitsaufträge zu erhalten. So wissen sie genau, was von ihnen erwartet wird, welche Ziele es gibt und so weiter.

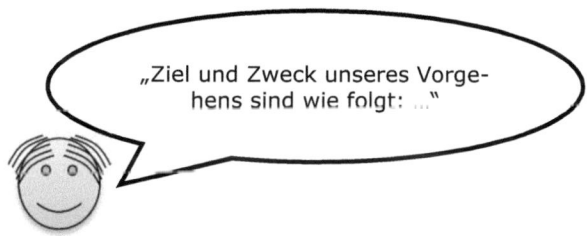

(Ziel und Zweck vergleiche Tautologie)

„Ich frage mich ...“

Stellt sich jemand selbst eine Frage, müsste er auch bereit sein, eine Antwort darauf zu geben. Stellt er die Frage an den Gesprächspartner, müsste sie lauten:

Ein Kollege trifft einen anderen Kollegen mit Partnerin. Er fragt:

Hier liegt höchstwahrscheinlich ein bewusstes/absichtliches Missverstehen vor. Die Fragende wollte wissen, wie lange der Kollege und seine Partnerin sich schon kennen. Die Frage kann aber auch anders verstanden werden, wie das Beispiel zeigt.

Also besser so fragen:

Wechselseitig oder rückbezogen

Liebte jeder sich selbst? Das wäre rückbezüglich. Liebten sie einander? Dann liegt ein wechselseitiges Empfinden vor. Gleichbedeutend mit:

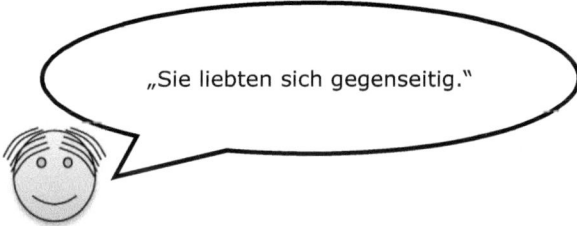

Naja, mit der Liebe ist es sowieso oft verrückt.

Auch bei solch einer Äußerung kann es sich um ein rückbezügliches oder um ein wechselseitiges Denken handeln. Jeder denkt an sein eigenes Verhalten. Oder jeder denkt über das Verhalten des anderen nach.

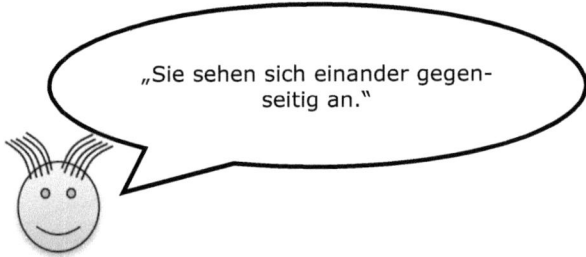

In diesem Fall gibt es sogar zweimal einen Pleonasmus (siehe dort):

- sich einander
- gegenseitig

Eine der beiden Varianten genügt.

Ich selbst

Beide Varianten sind korrekt.

‚Selbst' wird in der Standardsprache verwendet.

‚Selber' findet sich hier und dort in der Alltagssprache.

Im oben genannten Beispiel soll selbst/selber betonen, dass die sprechende Person handeln wird – sie übergibt niemandem anderen einen Auftrag. Tatsächlich kann selbst/selber in den Sätzen weggelassen werden, da die Sprecherin ‚ich' sagt.

27

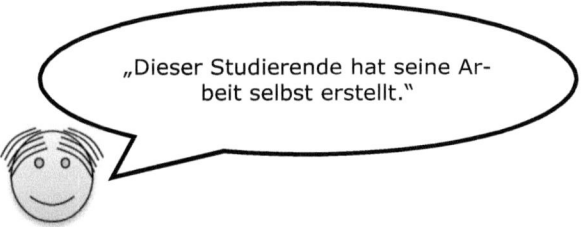

Es war kein Ghostwriter tätig und es wurde kein KI-Sprachmodell verwendet.

Manch Dialekt lässt grüßen …

Die beiden Friseurinnen sind Freundinnen. Eine stellt fest:

In vielen beruflichen Tätigkeiten wird Teamarbeit bevorzugt. Das dominierende und machtorientierte ICH wird beim Teamgedanken durch WIR/UNS ersetzt.

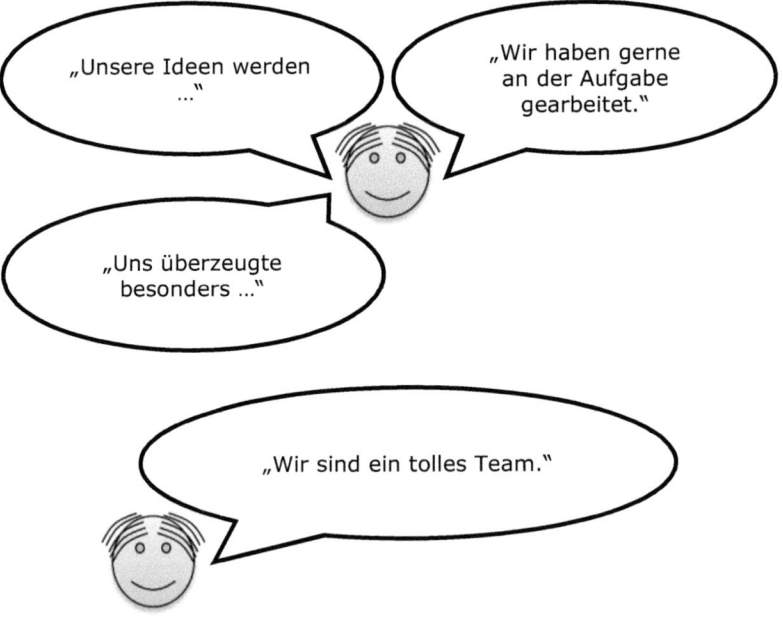

Egozentrische Persönlichkeit?

„Eine Entschuldigung ist ärger und schrecklicher als eine Lüge;
denn eine Entschuldigung ist eine geschützte Lüge."
Alexander Pope, engl. Dichter
(1688 - 1744)

„Tut mir leid!"

Die Person hat einen Fehler begangen, der unangenehme Folgen nach sich zieht.

„Ich entschuldige mich", murmelt die betroffene Person. „Was ich gemacht habe, war falsch."

„Ich entschuldige mich."

„Ob ich Ihr Verhalten entschuldigen kann, weiß ich noch nicht."

„Die Person hat ihr Verhalten selbst entschuldigt."

Die Entschuldigung hört sich demütig an. Aber: „Ich entschuldige mich." Aha, die Betreffende entschuldigt sich bei sich selbst. Geschickt. Sie will sich selbst ihrer begangenen Schuld entledigen.

Eine Person kann sich mit ihrer Formulierung („Ich entschuldige mich.") selbst entschuldigen. Durch diese Vorgehensweise wäre es egal, was jemand anstellt. Eine Person könnte sich immer für das eigene Verhalten – bei sich selbst – entschuldigen. Und dann könnte sie sich vergeben. Genial. Sehr genial.

„Ich bitte um Entschuldigung.“

Korrekt müsste es heißen:

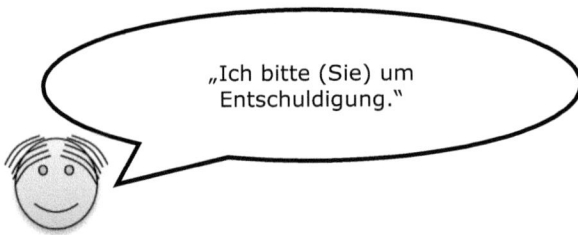

„Ich bitte (Sie) um Entschuldigung.“

Die angesprochene Person ist die durch das Fehlverhalten betroffene. Nun liegt es an der Angesprochenen, der Bitte zu folgen – oder sie abzulehnen. Sie könnte entschuldigen oder nicht.

Im Titel dieses Absatzes wird eine egozentrische Persönlichkeit erwähnt.

Der Egozentriker (lat. ‚ego‘ für ‚ich‘ und ‚centrum‘ für ‚Mittelpunkt‘) sieht sich im Mittelpunkt allen Geschehens. Er bezieht alles auf sich selbst. Im Extremfall kann eine Persönlichkeitsstörung vorliegen.

Die Person, die ‚sich entschuldigt‘ (ihr eigenes Verhalten entschuldigt), ist deswegen in keiner Weise krank. Sie hat sehr wahrscheinlich die Entschuldigung so formuliert, wie sie sie schon mehrfach gehört hat.

Sie ist also nicht egozentrisch, sondern handelt eher unbedarft.

Schuld

Im Wort Entschuldigung steckt das Wort Schuld. Diejenige, die um Entschuldigung bittet, hat sich schuldig gemacht. Sie hat einen Fehler begangen, eine Unrechtmäßigkeit geduldet, eine bewusste Unterlassung begangen.

Sie ist verantwortlich, da sie sich schuldig gemacht hat.

Ihr könnte demnach die Schuld vergeben werden – in Ordnung. Oder die Schuld wird nicht vergeben – es folgen möglicherweise (rechtliche) Konsequenzen.

Müssen

Manche Personen fügen in der geäußerten Entschuldigung das Verb ‚müssen' ein. Dieses Wort erzeugt beim Gegenüber einen gewissen Druck.

Die Mutter zu ihrem Sohn:

Die nächste Person fordert den Angesprochenen auf, ihr Verhalten zu entschuldigen. Und zwar mit dem Wörtchen ‚müssen'. Das ist psychologisch sehr ungeschickt, von einem anderen zu verlangen, etwas tun zu <u>müssen</u>.

,Müssen' erinnert zu sehr an:

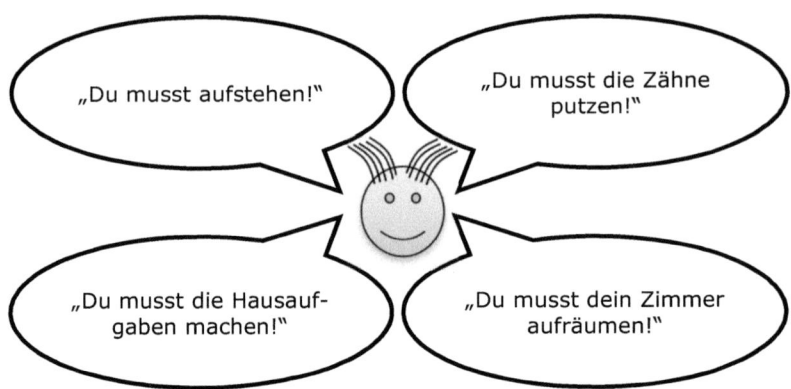

Und später erinnert die Ehefrau, sich dem Chef gegenüber ordentlich zu verhalten.

Das Wort ‚müssen' drückt eine absolute Notwendigkeit aus. Es gibt keine Ausnahme. Wird der Anweisung nicht gefolgt, muss mit deutlichen Konsequenzen gerechnet werden. Im übertriebenen Sinne kann gedacht werden, dass bei einem nicht Befolgen eine lebensbedrohende Situation eintreten könnte.

Wer lässt sich gerne unter solch einen Zwang setzen?

Lieber ohne Zwang:

"Ich bitte um Entschuldigung.
Ich habe …"

Vergebung

Bei starkem Verschulden könnte vergeben werden, gegebenenfalls eine Begnadigung nach verfügter Strafe erfolgen. Speziell dann, wenn der Schuldige Reue zeigt. Jemand ‚ver-gibt' etwas. Wenn es seine ursprüngliche Forderung nach Vergeltung verzichtet.

Verzeihung

Statt ‚Entschuldigung' wäre es angemessener ‚Verzeihung' zu sagen, auch wenn das Wort etwas altmodisch klingen mag.

Im Mittelhochdeutschen gab es ‚verzihen' für ‚lossagen'.

Jemand kann eine unangenehme Reaktion auslösen, ohne dass ihm eine Schuld zugewiesen werden könnte. In solch einem Fall passt ‚Entschuldigung' nicht so gut.

Die deutsche Kanzlerin Angela Dorothea Merkel (*1954) bat die Bevölkerung im März 2021 anlässlich einer vorgeschlagenen ‚Osterruhe' um Verzeihung: „Ich bitte alle Bürgerinnen und Bürger um Verzeihung."

Nicht etwa:

„Ich verzeihe mir."

33

Sondern:

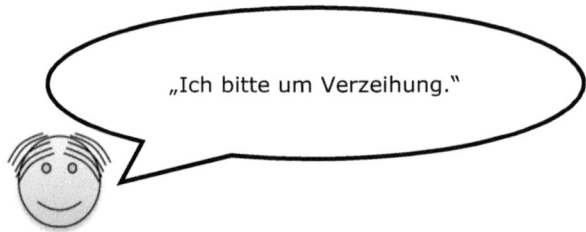

Die Bitte ist ausgesprochen. Wird dieser Bitte nicht gefolgt oder wird diese nicht gewährt, ist es auch nicht so schlimm. Denn, im Gegensatz zur Entschuldigung, muss bei Verzeihung ja keine Schuld vorliegen. Deshalb muss gar nicht vergeben werden.

Wer sich selbst nicht verzeihen kann, soll keine Verzeihung von anderen erwarten.

Missgeschick

Missgeschick ist das Gegenteil von Geschick (Mittelhochdeutsch ,geschicke' für ,Ordnung', ,Benehmen'). Jemand ist geschickt in seinem Handeln. Er ist fähig, etwas korrekt zu erledigen.

Ein Missgeschick kann geschehen, wenn eine Person unvorsichtig oder ungeschickt gehandelt hat. Sie hat sich nicht – nach geltenden Regeln – benommen.

Die Situation kann ärgerlich sein, ist aber in der Regel nicht sehr tragisch.

Dort, wo Menschen aktiv werden, passieren Fehler. Einem Menschen dürfen Fehler unterlaufen. Er hat die Möglichkeit, aus Fehlern zu lernen. Also: Nicht sehr nachtragend sein, wenn jemand um Entschuldigung bittet.

Teil 1 – Gespaltene Persönlichkeit

Auch Kleinigkeiten, wie ein unbeabsichtigtes Anrempeln auf dem Bürgersteig, verlangt eine Bitte um Entschuldigung.

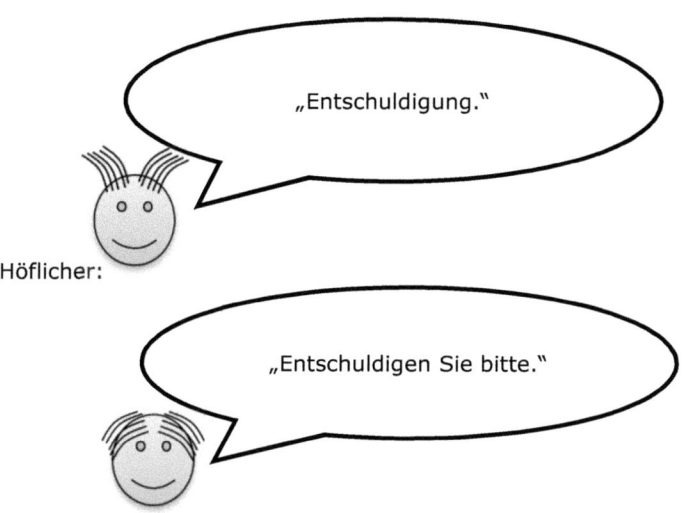

Höflicher:

Die Bitte um Entschuldigung nicht durch einen Rechtfertigungsversuch mit dem Wörtchen ‚aber' eingrenzen.

Zum Missgeschick stehen. Dort, wo Menschen aufeinandertreffen, bleiben Fehler nicht aus.

Pardon

Vergleichbare Wörter wie ‚Pardon' sind auch passend.

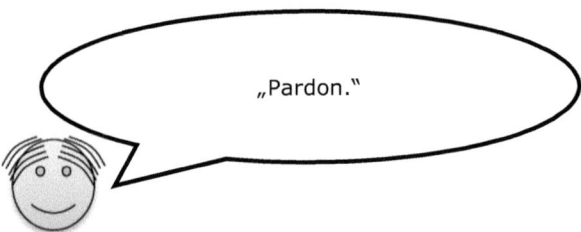

Andere Kulturen zeigen den höflichen Umgang miteinander. Geht ein Franzose vor einem anderen in ein Gebäude oder betritt er einen Aufzug, sagt er „Pardon."

Bedauern

Der Vollständigkeit halber ein Hinweis zum Bedauern.

Ein Mitgefühl wird geäußert. Es wird <u>mit</u> dem Angesprochenen gefühlt.

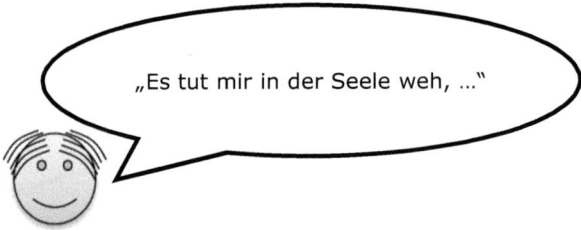

So formuliert einer, der sich über eine unangenehme Situation äußert, für die er selbst nicht verantwortlich zeichnet.

Sorry

Manch einer findet es modern, mit einem flapsigen „sorry" dem Gesprächspartner ins Wort zu fallen. Es mag zwar höflich klingen, ist es aber meist nicht.

Das Unterbrechen stellt in der Regel eine Unhöflichkeit dar, kann aber auch eine Notwendigkeit sein.

Der Journalist interviewt einen Bürger auf der Straße. Über seinen In-Ear-Monitoring-Kopfhörer (Ohrmikrofon) erhält er von der Redaktion die Information über einen Terroranschlag.

Da der Bürger bereits unterbrochen wurde, hat er gar keine Chance, die Unterbrechung zu ignorieren. Er muss – wohl oder übel – entschuldigen.

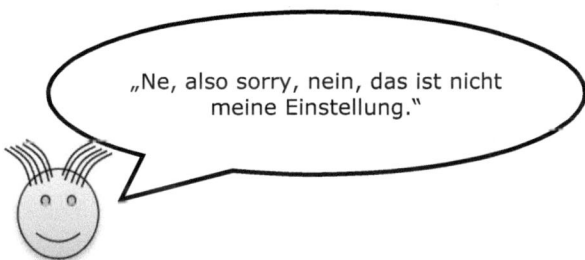

Diese Aussage ist nicht ‚an den Haaren herbeigezogen'. Sie stammt aus der Praxis.

Geteiltes Leid

Statt einer Entschuldigung kann ein Gefühl ausgedrückt werden. Eine Schuld wird dabei eingestanden oder nicht.

Es tut mir leid

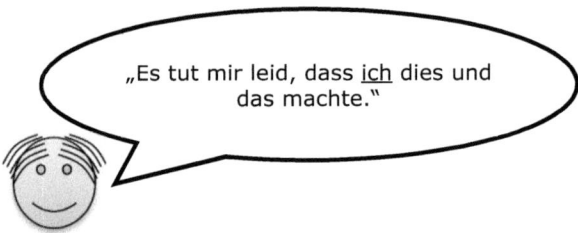

Eine Aussage dieser Art entspricht einem Schuldgeständnis. Die Person erklärt, dass sie etwas gemacht habe.

Anders sieht es bei dieser Formulierung aus:

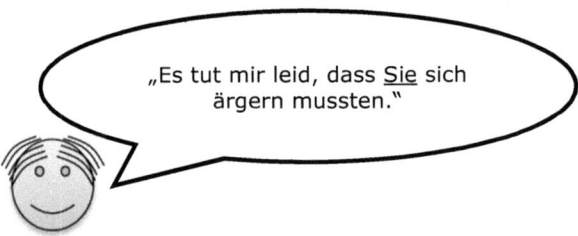

Dieser Satz entspricht keinem Schuldeingeständnis. Es wird lediglich bemerkt, dass die andere Person sich ärgern musste.

Ein kleiner, aber sehr feiner Unterschied. Im ersten Fall riskiert die sprechende Person, haftbar gemacht zu werden. Der zweite Teil des Satzes entlarvt die Botschaft.

In der zweiten Formulierung wird lediglich das Bedauern geäußert, dass der Angesprochene eine Unzufriedenheit durchlaufen musste. Raffiniert, der Unterschied in diesen beiden Varianten. Oder? Hier kann bestätigt werden: rhetorisch geschickt.

Die Bitte um Entschuldigung wird dann angenommen, wenn sie ernst gemeint ist.

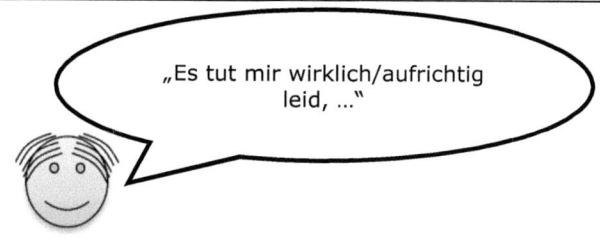

„Es tut mir wirklich/aufrichtig leid, …"

Floskeln, die nicht als echte Bitte um Entschuldigungen wahrgenommen werden, sind überflüssig.

„Tut mir leid, dass ich zu spät bin, aber es war so viel Verkehr unterwegs."

„Starker Verkehr ist heutzutage keine Entschuldigung mehr."

Besser ist:

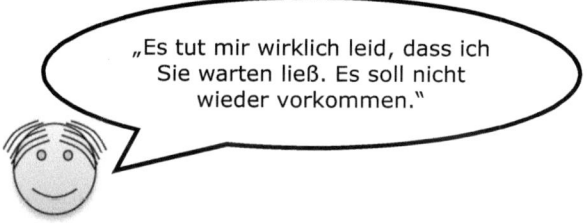

„Es tut mir wirklich leid, dass ich Sie warten ließ. Es soll nicht wieder vorkommen."

Hin und wieder benutzt jemand das Wort ‚leider' im Sinn von ‚ich bedaure'. Schnell kann es dabei geschehen, dass sich der Sprechende durch diese Formulierung in eine schwächere Position begibt.

„Das habe ich leider nicht bedacht."

„Das habe ich nicht bedacht."

„Es tut mir leid, dass der Compu-ter-Ausdruck so unsauber ist."

„Der Computer-Ausdruck ist nicht so sauber."

Am besten: Vorher bedenken beziehungsweise für einen sauberen Ausdruck sorgen.

Integre Persönlichkeit?

„Zuletzt ist nichts heilig als die Integrität des eigenen Geistes."
Ralph Waldo Emerson, engl. Schriftsteller
(1803 - 1882)

„Ich danke für den angenehmen Austausch."

Nachdem nun verschiedene Persönlichkeits-Bilder auftauchten, soll abschließend ein Blick auf die integre Persönlichkeit geworfen werden.

‚Inter' bedeutet in der lateinischen Sprache ‚ganz', ‚unversehrt', ‚unberührt'. Wer sich als integer beschreibt, handelt aufrichtig, respektvoll und verantwortungsbewusst. Freunde wurden den Integren als anständig und ehrlich bezeichnen. Als einen Typen, der seine Stärken und Schwächen kennt und zu sich und seinen Charaktereigenschaften seht.

Das authentische und selbstbewusste Auftreten wirkt überzeugend, nicht aber aufdringlich oder egoistisch.

Es versteht sich (fast) von selbst, dass diese Person gute Umgangsformen lebt. Die Wörter Bitte und Danke kommen ihr leicht über die Lippen.

Mit ein wenig Glück ist ihre Kommunikation klar und deutlich, frei von unnötigen Floskeln oder Fülllauten.

Ihre Rhetorik ist demnach nicht haarsträubend, sondern lustig, verständlich und empathisch aufgebaut.

Fast könnte der Eindruck entstehen, ein strahlendes Ideal zu beschreiben.

Nun, ein Mensch zeichnet sich bekanntlich durch Ecken und Kanten aus. So auch der Integre.

Im Idealfall arbeitet er an sich und seiner Redekunst, der Rhetorik.

Er äußert beispielsweise:

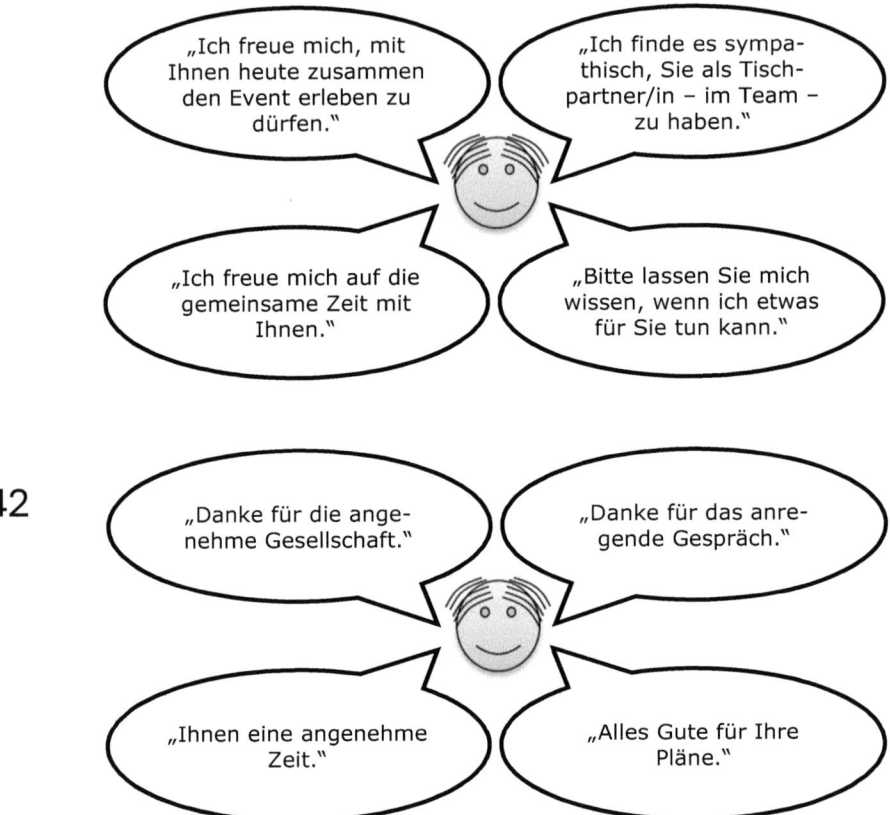

„Ich freue mich, mit Ihnen heute zusammen den Event erleben zu dürfen."

„Ich finde es sympathisch, Sie als Tischpartner/in – im Team – zu haben."

„Ich freue mich auf die gemeinsame Zeit mit Ihnen."

„Bitte lassen Sie mich wissen, wenn ich etwas für Sie tun kann."

42

„Danke für die angenehme Gesellschaft."

„Danke für das anregende Gespräch."

„Ihnen eine angenehme Zeit."

„Alles Gute für Ihre Pläne."

Die Gesprächspartner freuen sich, dass sie ein kurzweiliges Zusammensein genießen konnten.

Teil 2 – Gefühle zeigen

Emotionen offenbaren

„Das Gefühl unserer Kraft vergrößert alles."
Luc de Clapiers, Marquis de Vauvenargues, frz. Philosoph
(1715 - 1747)

„Ich habe da so ein komisches Gefühl im Bauch."

Zwei Gesprächspartner tauschen sich schon eine Weile aus. ‚Irgendwas‘ hemmt den Vertragsabschluss. Einer der beiden sagt:

Bei dieser Überlegung stehen rationales Denken und emotionales Handeln gegenüber. Für das Denken ist nach wie vor das Gehirn zuständig. Einige Emotionen werden im Herz oder sogar im Bauch verortet.

Kann ein Gesprächspartner keine logisch aufgebauten Argumente für oder gegen das Gesagte aufbringen, bringt er gerne den gefühlsbetonten Bauch mit ein.

44 Heißt es …

… hilft die Empfehlung des Überdenkens sehr wahrscheinlich nicht. Denn – der Bauch ist nicht dafür bekannt, zu denken.

Lieber einen Tee trinken oder nochmal über das Angebot schlafen. Vielleicht stellt sich dann für den Bauch ein angenehmeres Gefühl ein.

Es ist ja nicht zu verurteilen, wenn neben dem Geist auch der Körper in Verhandlungen einbezogen wird. Ganzheitliches Arbeiten muss keinen Nachteil bedeuten.

Andererseits sollten sehr wohl Vor- und Nachteile rational durchdacht werden, bevor entschieden wird. Wird ‚ad hoc‘, ‚aus dem Bauch heraus‘ und somit impulsiv eine Entscheidung getroffen, sind sehr wahrscheinlich die möglicherweise folgenden Konsequenzen nicht bedacht.

Durch Emotionen lenken

Durch bestimmte Vorgehensweisen können die Gesprächspartner in einem Gespräch die Emotionen, die Gefühle des Gegenübers gezielt ansprechen.

Manch ‚hartgesottene‘ Geschäftsleute vertreten (nach wie vor) die Meinung, dass Emotionen nichts in Geschäftsgesprächen verloren hätten.

Aktuelle Überlegungen befürworten sehr wohl eine emotionale Basis für professionell geführte Gespräche.

45

In vielen anderen Kulturen genießt das ‚Menschliche‘ sogar Priorität. Fehlt diese, baut sich unter Umständen kein Vertrauen auf, sodass das berufliche Ziel gegebenenfalls gar nicht erreicht werden kann.

Ein Smalltalk zu Beginn des Zusammenkommens baut eine harmonische Atmosphäre auf, auf die in Folge die ‚harten‘ Fakten folgen können.

Es schadet nicht, am Anfang des Austauschs, einige Minuten des emotionalen Kontaktaufbaus zu pflegen. Die hierbei vermeintlich verlorene Zeit bereitet den Weg, ein gutes Geschäft abzuschließen, oder eine einvernehmliche Lösung zu einem Problem zu finden. Damit war die Zeit gut investiert.

Das Fachliche soll nicht außer Acht gelassen werden. Solange es möglich ist ‚menschlich‘ vorzugehen, sollte diese Vorgehensweise bevorzugt werden

Übertriebene, manipulierende Emotionen

Im weiteren Gespräch können/sollen auch Emotionen eingesetzt werden, ohne dass die Absicht manipulieren zu wollen vorliegt.

Werden diese Emotionen allerdings übertrieben verwendet, kann es sein, dass die Kommunikation unglaubwürdig wird.

Andererseits: Werden übertriebene Emotion bewusst eingesetzt, kann möglicherweise sogar ein Manipulationsversuch vorliegen.

Hier eine kleine Auswahl, wie in Dialogen oder Präsentationen übertrieben (!) Gefühle eingebracht werden können. Es wird von rhetorischen Figuren oder rhetorischen Stilmitteln gesprochen.

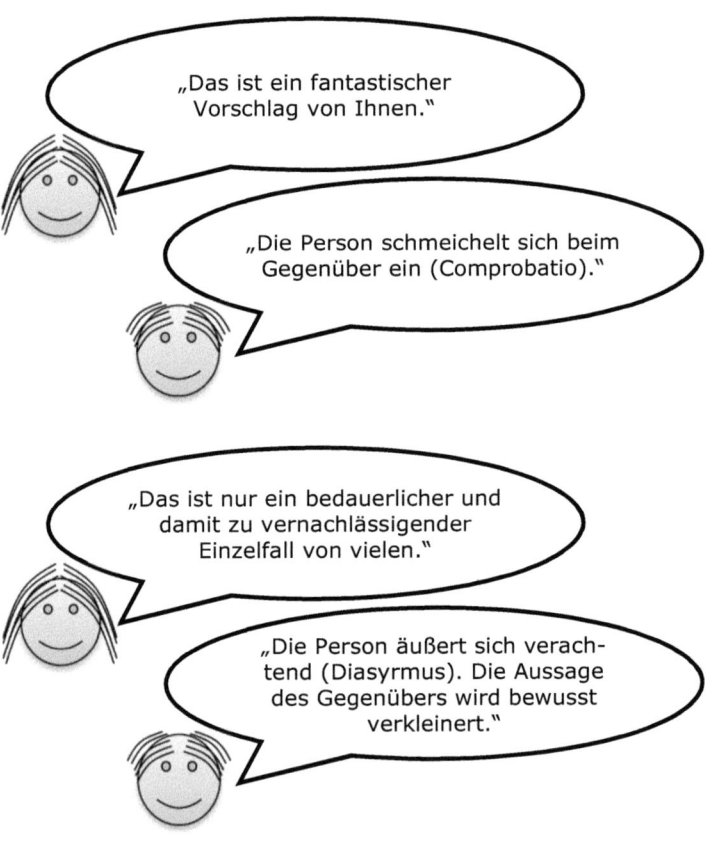

„Das ist ein fantastischer Vorschlag von Ihnen."

„Die Person schmeichelt sich beim Gegenüber ein (Comprobatio)."

„Das ist nur ein bedauerlicher und damit zu vernachlässigender Einzelfall von vielen."

„Die Person äußert sich verachtend (Diasyrmus). Die Aussage des Gegenübers wird bewusst verkleinert."

Drei weitere Varianten:

„Sie werden schon sehen, was passiert."

„Die Person kündigt drohende zukünftige Ereignisse an oder beschuldigt jemanden (Diabole)."

„Das ist ja eklig!"

„Die Person äußert Abscheu."

„Lassen Sie uns endlich loslegen."

„Die Person tätigt einen emotionalen Ausruf (Ekphonesis)."

„Ich gratuliere dir zum gelunge-
nen Abschluss (Exclamatio)!"

Hier handelt es sich um einen Ausruf, der auf mit einem Ausrufezeichen am Ende versehen ist.

Bei Exclamationes/Exklamationen ist deutlich eine Gefühlsäußerung zu erkennen. Sie erfolgt in der Regel spontan – sofern sie nicht bewusst manipuliert und eingesetzt wird. Meist wird sie laut ausgerufen/gesprochen.

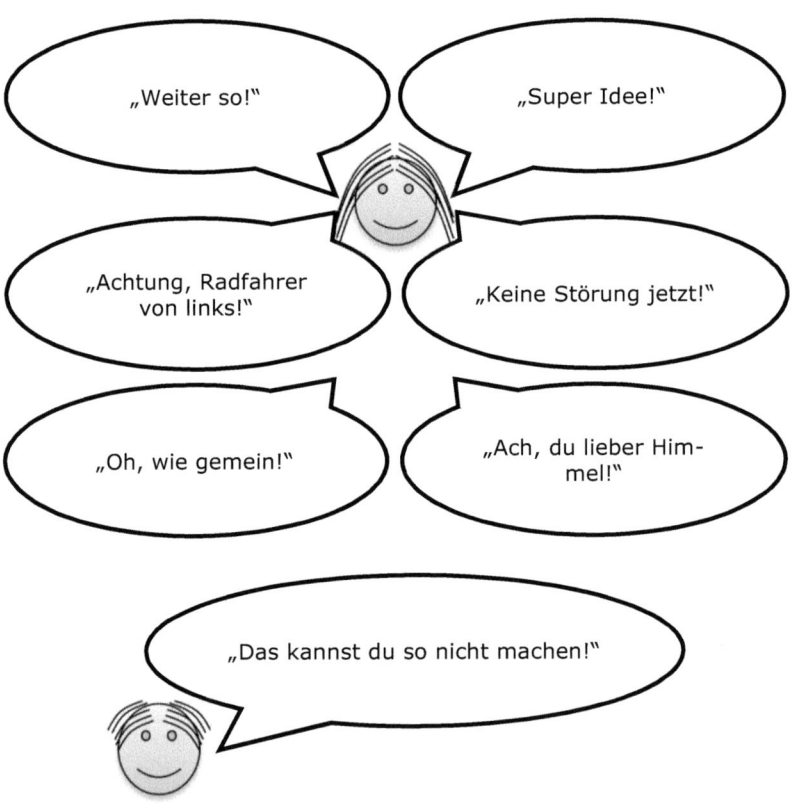

„Weiter so!"

„Super Idee!"

„Achtung, Radfahrer von links!"

„Keine Störung jetzt!"

„Oh, wie gemein!"

„Ach, du lieber Himmel!"

„Das kannst du so nicht machen!"

Durch die stark eingebrachten Gefühle kann die Person, die sie aus-spricht, eine Stimmungslage im Gespräch erzeugen. Diese Stimmung lässt sich unter Umständen auf den/die Gesprächspartner übertragen, sodass die Person es in der Hand hat, die Atmosphäre zu bestimmen.

Gemeint ist damit, Angst, Freude, Euphorie oder Neid zu erzeugen, Druck aufzubauen oder vermeintliche Gemeinsamkeiten darzustellen.

Es folgen noch drei Beispiele.

49

Der Ausruf der Person erfolgt deutlich und übertrieben. Für die Anwesenden ist es nicht sicher, ob hier gelogen wird oder ob die Aussage tatsächlich der Wahrheit entspricht.

Emotionale Kunstpause

„Auch die Pause gehört zur Musik."
Stefan Zweig, österr. Schriftsteller
(1881 - 1942)

„Ich lege ein Päuschen ein."

In den oben gezeigten Beispielen wurden komplette Sätze oder Ausrufe formuliert. Durch Auslassungen in einer Aussage kann ebenso eine gewisse Spannung oder Aufmerksamkeit erzeugt werden.

Die Sätze werden bewusst nicht zu Ende gebracht.

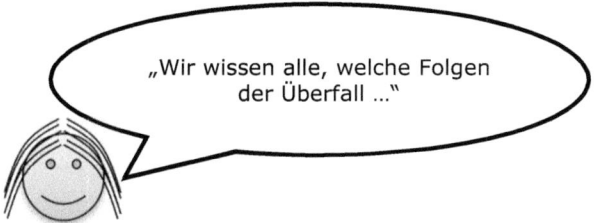

„Wir wissen alle, welche Folgen
der Überfall ..."

51

Zäsur – Sprechpause – Theatralische Kunstpause

Wortlose Momente, das sind bewusst eingefügte Pausen, können Aufmerksamkeit und Spannung beim Gesprächspartner bewirken. Pausen geben dem Publikum und/oder dem Gesprächspartner die notwendige Zeit, das Gehörte zu verarbeiten. Außerdem kann durch die Pausen eine gewisse Struktur in den Vortrag oder die Rede gebracht werden, was wiederum dem besseren Verstehen hilft.

Bei Pausen wird zwischen Vor-Zäsur und Nach-Zäsur unterschieden.

Die Vor-Zäsur stellt eine bewusste Verzögerung dar und erzeugt Spannung. Der Gesprächspartner will wissen, wie es weitergeht.

Die Nach-Zäsur, eine gezielt eingesetzte Pause nach einer Aussage, gibt Zeit zum Nachdenken oder hilft, das Gehörte zu vertiefen. Weiter schafft sie Raum, gegebenenfalls eine Frage zu stellen.

Wird von einer theatralischen Kunstpause gesprochen, kann sie übertrieben wirken. Theatralisch steht für überzogen, übertrieben.

Emotionen überprüfen

„Ich bin ganz objektiv."

„Objektiv betrachtet, finde ich das Arrangement schön."

„Subjektiv betrachtet, auch."

Objektivität (lat. ‚obiectum' für ‚das Entgegengeworfene') ist eine sachliche Beschreibung ohne jegliche Beurteilung. Eigene Gefühle haben bei einer objektiven Aussage nichts verloren.

Subjektivität (lat. ‚subiectivus' für ‚hinzugefügt') ist eine urteilende Beschreibung vom eigenen Standpunkt aus. Fast zwangsläufig kommen hier Vorurteile, Einstellungen, Werteempfinden, Erwartungshaltungen und andere zum Tragen.

Ein Mensch betrachtet, beurteilt, äußert sich sehr häufig subjektiv. Und zwar deswegen, weil er ein Mensch ist.

Die Maschine – zum Beispiel ein Roboter – handelt objektiv. Es gibt für ihn nur Eins oder Null, also ja oder nein. Er kennt kein ‚vielleicht'.

Menschliche Aussagen können objektiv oder subjektiv sein.

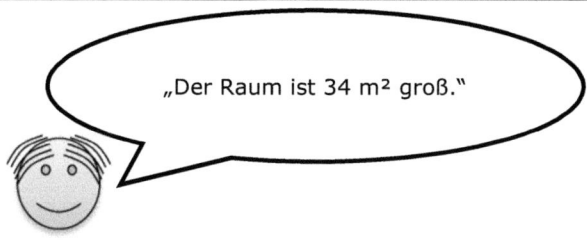

„Der Raum ist 34 m² groß.“

Das ist eine objektive (und richtige) Aussage, sofern die Quadratmeterzahl stimmt.

„Der Raum ist groß.“

Das ist eine subjektive Aussage. Der eine empfindet den Raum groß, der andere klein. Viele beurteilende Eigenschaftswörter weisen darauf hin, dass es sich um eine subjektive Aussage handelt. Beispielsweise:

schön	handlich	angemessen
preiswert	neu	ansprechend
schnell	clever	beeindruckend
teuer	schick	mutig

Aufgrund der Tatsache, dass in Gesprächen sehr häufig die subjektive Variante gewählt wird, kann es schnell zu Missverständnissen kommen.

Beide Gesprächsteilnehmer reden von einem ‚großen‘ Raum.

Die Werte sind dieselben, die Vorstellung eines großen Raums unterscheidet sich deutlich. Das heißt, dass zwar mit selben Wörtern gesprochen wird, das entstehende Bild kann in der Regel nicht deckungsgleich sein.

Subjektive Emotionen, subjektive Wahrnehmung

Jemand behauptet selbstbewusst:

Es wurde festgehalten, dass zwei Personen bei derselben Beobachtung individuelle und dadurch unterschiedliche Eindrücke gewinnen. Aus diesen entwickeln sie ihre Wahrheit(en).

Da der Mensch nach seiner eigenen Wahrheit lebt, handelt und redet, wird er gegebenenfalls mit einer anderen Person ‚aneinander' geraten, da diese eine unterschiedliche Wahrheit vertritt.

Somit entstehen unbeabsichtigt Fehler oder Missverständnisse, zumindest aus der Perspektive der anderen Person. Das gilt selbst dann, wenn diese Fehler und Beurteilungen unabsichtlich geschehen. Sie sind nun mal entstanden.

Die andere Meinung muss demnach nicht falsch sein. Sie ist lediglich _anders_. Anders, als das eigene Wissen und die eigenen Erfahrungswerte das Ergebnis gebildet haben.

Selbst dann, wenn die Person felsenfest der Meinung ist, eine unumstößliche Wahrheit zu vertreten, sollte sie vorsichtig mit kategorischen (keinen Widerspruch zugelassenen) Festlegungen sein.

Durch das Wörtchen ‚will' wird aus der bedingungslosen Aussage eine Absichtserklärung. Die Person will das Geplante tun. Kann sie es aus bestimmten Gegebenheiten heraus nicht umsetzen, werden sich Erklärungen finden.

Hätte sie sich vorher festgelegt, würde ihr Wortbruch vorgehalten. Solch eine Festlegung wäre töricht.

Eine einschränkende Variante wie:

56

oder, noch schwächer:

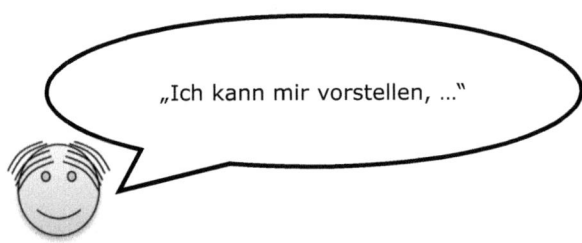

.. hält eine Hintertür offen. Dann gibt es später keinen Grund, sich in die Haare zu geraten.

Rhetorisch geschickt ist es, so zu formulieren, dass eine Person aufgrund ihrer Aussage nicht ‚festgenagelt' werden kann.

Besonders Politiker vermeiden in der Regel, konkrete Zahlen oder Daten zu nennen. Zahlen wie Daten sind einfach nachzuprüfende Fakten. Wird das eine oder andere – auch nur geringfügig – verfehlt, steht der Politiker sofort als Verlierer da. Seine politischen Widersacher können ihn als unfähig bezeichnen, oder schlimmer vorwerfen, dass er Wortbruch begehe.

Der Journalist hat die Aufgabe, dem Politiker solche Angaben zu entlocken. Der Politiker bringt rhetorisches Geschick auf, diese zu verbergen.

Gefühl oder Feeling?

Wer in einem klassischen Wörterbuch sucht oder von einem technischen Übersetzer das Wort ‚Gefühl' ins Englische übersetzen lässt, bekommt die eindeutige Antwort ‚Feeling'. Beide Begriffe sagen dasselbe aus.

Die Ansage eines Radiomoderators:

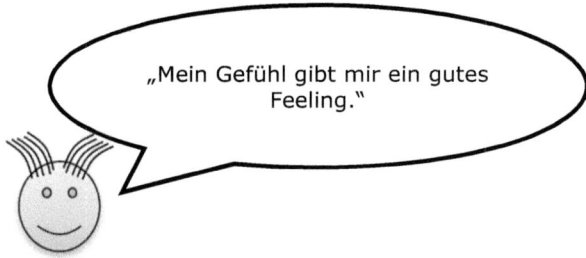

„Mein Gefühl gibt mir ein gutes Feeling."

Sehr aussagekräftig. Offensichtlich ist ein Gefühl dafür verantwortlich, ein noch besseres Gefühl zu erhalten.

Andererseits kann ‚Feeling' übersetzt auch ‚Stimmung', ‚Empfindung' oder ‚Eindruck' heißen. Sein Gefühl vermittelt ihm einen guten Eindruck des Wahrgenommenen. Oder: Das Gefühl versetzt ihn in eine gute Stimmung.

Was auch immer mit dem Satz gemeint war, bleibt der Öffentlichkeit verborgen. Nur eins ist ziemlich sicher: Es handelt sich um etwas Positives.

Manchmal scheint ‚ein Pferd' mit einem Redner durchgegangen zu sein. Frei übersetzt bedeutet der Spruch: Jemand verliert die Kontrolle über sich. Zum Beispiel aus Begeisterung oder wegen einer empfundenen Euphorie.

Im privaten Gespräch ist jegliche Formulierung akzeptiert. Im Professionellen sollte viel mehr Beachtung auf das Gesprochene (und Geschriebene) gelegt werden.

Durch das Hinzufügen oder Weglassen eines einzelnen Wortes kann ein Inhalt mit völlig anderer Bedeutung entstehen.

Emotionslos

„Nur das Gefühl versteht das Gefühl."
Christian Johann Heinrich Heine, dt. Dichter
(1797 - 1856)

„Ich frage die Künstliche Intelligenz."

Der Mensch handelt subjektiv, – weil er Mensch ist. Die Künstliche Intelligenz (KI) handelt rational und damit objektiv, – weil sie eine Maschine ist. Ihr fehlt die Emotion.

Diese wiederum unterstützen die Menschen in ihrem Verhalten. Emotionen helfen, den anderen besser verstehen zu können. Sie tragen dazu bei, eine angenehme Atmosphäre aufzubauen.

Fehlte dem Menschen Gefühl, würde er als emotionslos, als gefühlskalt beschrieben.

58

Die Künstliche Intelligenz greift – nach aktuellem Entwicklungsstand – auf bestehendes Wissen zurück. Sie gibt das wieder, was der Mensch zu Papier brachte, beziehungsweise ins Internet tippte.

Es liegt weder im Interesse der Künstlichen Intelligenz, noch an ihrer Fähigkeit, zu schummeln oder gar zu lügen.

Trotzdem bringt die KI manchmal Ergebnisse, die haarsträubend sind. Nämlich dann, wenn die KI mit falschen oder gegensätzlichen Daten ‚gefüttert' wurde.

Dazu kommt, dass – je nach Modell – Programmierer bestimmte Themen als Tabu-Themen sehen und somit der KI vorenthalten. Dazu gehören je nach Region oder Land zum Beispiel Themen wie Religion, Sexualität, bestimmte Minderheiten.

Dass im menschlichen Zusammensein Emotionen eine bedeutende Rolle spielen, dürfte weitesten akzeptiert sein. Mit solchen Emotionen kann die KI vorerst nicht dienen.

Allerdings: Entwickler arbeiten daran, genau diese Art der KI herstellen zu können. Es ist wohl ‚nur' eine Frage der Zeit.

Es zeigt sich, dass Informationen zum bekannten Oppositionellen im Sprachmodell blockiert sind.

Auch ein Weglassen an Information bringt die Wahrheit in ein bestimmtes Licht. Sie verändert die Wahrnehmung und somit die Wahrheit.

Wird in Zukunft die KI auch auf akzeptierte Lügen zurückgreifen können, wird auch sie die Wahrheit nach und nach verändern.

Je mehr die Menschen – schwerpunktmäßig die nachrückenden Generationen – mit der KI und beispielsweise mit ihren Sprachmodellen arbeiten, umso größer ist die Gefahr, dass sich Lüge und Wahrheit vermischen.

Die Konsequenz daraus muss lauten: Der Mensch soll so lange wie möglich die ‚Regie' in seiner Hand halten. Die Menschen müssen einen Weg finden, wie Fehlinformationen eindeutig erkannt und im Idealfall gelöscht werden.

Oder ist das auch wieder eine Aufgabe der Künstlichen Intelligenz, Nachrichten als Wahrheit oder Fake einzuordnen? Dann kontrollierte sich die KI sozusagen selbst.

Emotionen zwischen den Zeilen

Zwei Kolleginnen besuchen ein Event. Schließlich erinnert eine der beiden:

Ob die KI den Unterschied erkennen kann?

Linke Sprechblase: Wir sollen im Trend bleiben, up to date bleiben, so wie in es in der jeweiligen Zeit üblich ist.

Rechte Sprechblase: Die Einladung zum Frühstück bat um das Erscheinen um 10:00 Uhr. Jetzt ist es 14:00 Uhr. Die Zeit ist gekommen, dass wir den Ort verlassen müssen.

Erkennt die KI Ironie, Harmonie, Aggression, Humor, Zweideutigkeiten im geschriebenen oder gesprochenen Text? Kann sie zwischen den Zeilen lesen? Kann sie ‚erahnen‘, was einer sagen möchte?

Die Sprache mit allen ihren Gefühlen auslösende Kombinationen ist eine wunderbare Errungenschaft der Menschheit. Wer will, tobt sich in dieser Vielfalt rhetorisch aus. Auch ohne KI.

Generationen von Dichtern und Schriftstellern haben gezeigt, wie diese Unendlichkeit des Spiels mit Wörtern Menschen zu unterschiedlichsten Gefühlsausbrüchen bewegen kann.

Emotionen ignorieren

> *„Aber die Ignoranz isoliert den Einzelnen,*
> *zerhackt die Massen und die lebendige Mehrheit*
> *kommt nicht zur Geltung."*
> **Henri Barbusse, frz. Schriftsteller**
> **(1873 - 1935)**

„Ich nutze die Hilfsbereitschaft anderer aus."

Der Vorgesetzte sitzt in seinem Büro dem Mitarbeiter gegenüber. Sie unterhalten sich über die Projekte A und B. Welches Projekt soll bearbeitet werden?

Er stellt dem Mitarbeiter eine Frage, damit dieser (ab-)stimmen kann.

„Nehmen Sie A oder B? Ich nehme A."

„Sie wollen sich sicherlich der Meinung Ihrer Kollegen anschließen und A nehmen?"

Hier liegt eine ganz deutliche Manipulation vor.

Gibt der Vorgesetzte seine Präferenz an, ist es für den Mitarbeiter außerordentlich schwierig, die Alternative zu wählen. Die Befürchtung: Was wird der Vorgesetzte darüber denken oder davon halten, sollte ich anders abstimmen? Befürchtung hin, Gefühl her. Der Verstand trifft die Entscheidung. Sicher ist sicher. Deshalb sicherheitshalber: Antwort A.

In der rechten Sprechblase wird die Konformität (sich so verhalten, wie sich die Gruppe verhält) angesprochen. Es wird unterstellt, dass die Kollegen sich für Projekt A entschieden hätten – idealerweise alle Kollegen.

Wer möchte sich als Einzelner nonkonform verhalten?

Wer möchte sich gegen die Gruppe stellen? Also wird so abgestimmt, wie (angeblich) die anderen auch. Antwort: A.

Beide Fälle zeigen eine starke Manipulation, die einem Unbedarften einen kalten Schauer über den Rücken laufen und die Haare zu Berge stehen lassen.

Auch lösen beide Varianten starke Gefühle und Gewissensbisse aus. Der Mitarbeiter weiß, dass er lieber anders gewählt hätte. Im Nachhinein bereut er unter Umständen sein Verhalten.

Versteckter Appell?

Beim Klatsch im Hausflur erwähnt die Nachbarin:

„Ich stehe ohne Butter da.“

Handelt es sich hier um eine reine Information oder einen versteckten Appell an die Gesprächspartnerin? Hört diese die zweite Variante, antwortet sie:

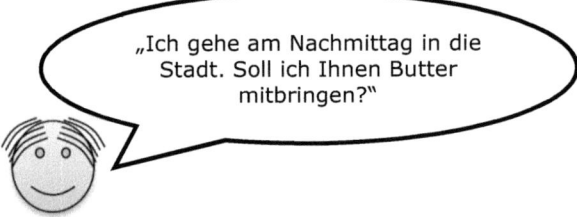

„Ich gehe am Nachmittag in die Stadt. Soll ich Ihnen Butter mitbringen?“

Der Vorgesetzte:

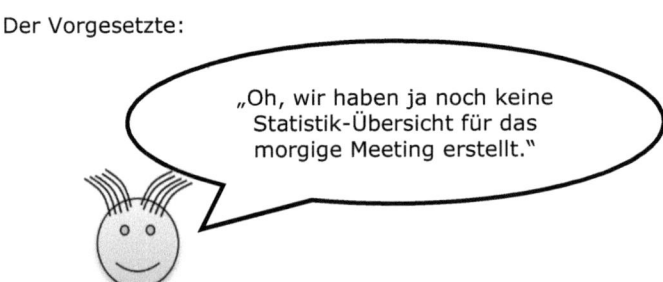

„Oh, wir haben ja noch keine Statistik-Übersicht für das morgige Meeting erstellt.“

Der Mitarbeiter:

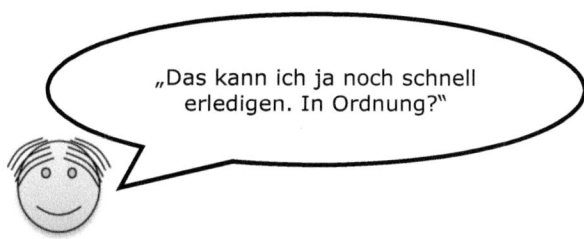

„Das kann ich ja noch schnell erledigen. In Ordnung?"

In beiden Fällen wird die Abhängigkeit zueinander oder die Hilfsbereitschaft des Gegenübers ausgenutzt.

Weder die Nachbarin noch der Vorgesetzte hat um eine Hilfestellung gebeten. Die Nachbarin wie auch der Mitarbeiter haben einen versteckten Appell wahrgenommen. Dank ihrer hilfsbereiten Art (Nachbarn) und dem Abhängigkeitsverhältnis (Vorgesetzter – Mitarbeiter) bieten sie an, die ausstehende Arbeit zu übernehmen.

Sehr wahrscheinlich wird dieses Angebot angenommen. Sollte sich später beschwert werden, das Gefühl des ‚Ausgenutzt-zu-werden' zu haben, lässt sich behaupten, nie einen Auftrag erteilt zu haben.

Sehr raffiniert!

Es gibt offensichtlich eine nicht sichtbare Grenze zwischen Hilfsbereitschaft und Ausgenutzt-werden. Kleine Gefälligkeiten, Hilfestellungen und Unterstützungen sind in der Regel willkommen. Sie helfen ein gutes (Arbeits-)Klima aufzubauen.

Wird diese Hilfsbereitschaft ausgenutzt, hat es nichts mehr mit Gefälligkeit zu tun. Kritisch kann es für denjenigen werden, der es nicht schafft, ‚nein sagen' zu können.

63

Gute Umgangsformen

Gefühlsempfindungen können angenehmer oder unangenehmer Art sein. Auf Gefühlsäußerungen trifft dasselbe zu.

In der aktuellen Zeit wird bemängelt, dass ein verstärkter Egoismus zu bemerken ist. Rücksichtnahme aufeinander flacht ab und wird ersetzt durch ein ungesundes Ich-zuerst-Denken.

Sind Menschen aufgefordert, Gefühle zu zeigen, bedeutet das nicht, dass sie andere beleidigen, beschimpfen oder gar bedrohen sollen.

Moderne Umgangsformen helfen dabei, das zwischenmenschliche Miteinander im Beruf wie im privaten Umfeld so zu regeln, dass jeder geachtet wird und Missverständnisse möglichst vermieden werden.

Durch die Globalisierung wurde dieser Bedarf noch gesteigert, verhalten sich Menschen anderer Kulturen in der Regel unterschiedlich zu den hiesigen Bräuchen.

Deshalb gelten für aufgeschlossene Menschen nach wie vor gegenseitige Wertschätzung, freundliches Auftreten und ein respektvolles Verhalten untereinander.

Das gilt nicht nur für durchgeführte Handlungen, sondern auch für die Kommunikation untereinander. So, dass es zu keinen haarsträubenden Momenten kommt und die Haarpracht geschniegelt und gestriegelt liegen bleiben kann.

Teil 3 – Voll gesperrt

Voll ist voll

> *„Mit einem heitern, einem nassen Aug."*
> **William Shakespeare, engl. Dramatiker**
> *(1564 - 1616)*

„Die deutsche Sprache ist verdammt schwer."

Zwei Kolleginnen haben es sich nach Feierabend in einer schicken Bar bequem gemacht. Sie bestellen beide einen Pink-Lady-Cocktail, den der freundliche Barmann schnell serviert. Die beiden wollen sich zuprosten. Da bemerkt die eine:

„Mein Glas ist voller als deins."

„Ob jemand hier in der Bar ein Glas hat, das am vollsten ist?"

65

Voll ist voll. Es kann kein voller geben. Voller als voll, wie soll es möglich sein?

Drei Gläser nebeneinandergestellt verdeutlichen die Steigerung von voll über voller zu am vollsten. Allerdings liegt ein Denkfehler vor. Nur eines der Gläser – das rechts abgebildete ist voll. Die anderen beiden sind (noch nicht – oder nicht mehr) voll.

Ein vergleichendes Beispiel mit ‚leer' soll das deutlicher machen.

Von links nach rechts: leer, leerer, am leersten. Nein. Nur das rechte Glas ist leer. Ein Glas kann nicht leerer als das andere sein. Es ist bestenfalls weniger gefüllt – oder geleert.

Tatsächlich gibt es eine Ausnahme bei ‚voll'. In der sogenannten Zeugnissprache gibt es die Wörter voll, voller und am vollsten.

Wird im Zeugnis festgehalten:

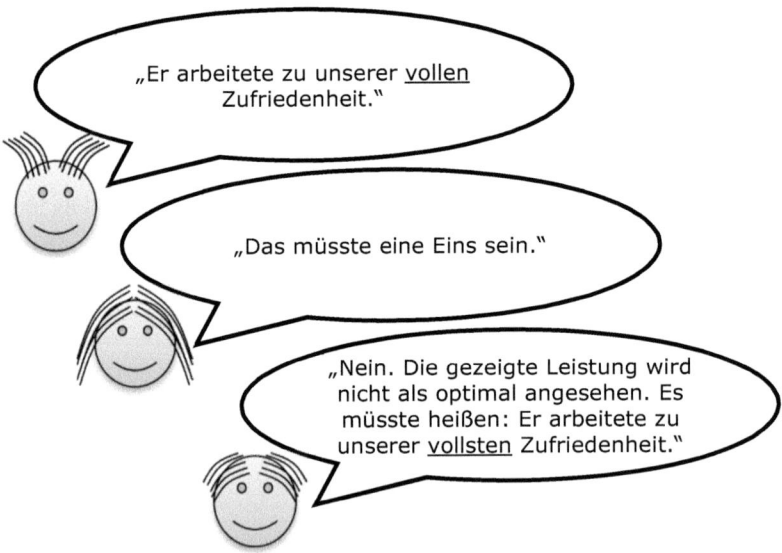

Die uneingeschränkte Zufriedenheit – und damit die Note eins – wird ausgedrückt mit folgenden Formulierungen:

- immer, voll und ganz, außerordentlich, allerbest, äußerst, vollst, stets, in jeder Hinsicht und vergleichbare.

Leichte Einschränkungen lassen sich sofort erkennen durch:

- volle Zufriedenheit, volle Anerkennung.

Auch, wenn behauptet wird, es gäbe gar keine Zeugnissprache, tauchen oben aufgelistete Wörter in diesem Zusammenhang immer wieder auf.

Falsch gesteigerte Adjektive

Ob Adjektive nicht steigerbar sind, scheint manche Personen nicht zu interessieren.

Sie steigern lustig drauflos. Beispielsweise:

oft	→	öfter	→	am öftesten
optimal	→	optimaler	→	am optimalsten
richtig	→	richtiger	→	am richtigsten
perfekt	→	perfekter	→	am perfektesten
schwarz	→	schwärzer	→	am schwärzesten

Höchste Stufe der (nicht möglichen) Steigerung – Elativ

Es gibt eine Art vierte Steigerungsstufe im Gegensatz zur dritten Stufe (Superlativ). Die dritte Stufe beginnt mit ‚am'.

Beim Elativ (lat. ‚elatus' für ‚hoch') fehlt genau dieses ‚am'. Die Stufe wird gebildet mit Wörtern wie äußerst, überaus, sehr und vergleichbaren.

Beispiel: abgelegen, abgelegener, am abgelegensten.

- Das Ferienhaus war abgelegen.

- Es war <u>äußerst</u> abgelegen.

Nicht steigerbare Adjektive – Hyperlative

Es gibt eine ganze Menge nicht steigerbare Adjektive, sogenannte Abso-lutadjektive. Das Wort für Hyperlativ setzt sich zusammen aus dem Grie-chischen ‚hyper' für ‚über' und dem Lateinischen ‚lativ' für ‚getragen'.

Der gesuchte Begriff wird ‚über das Höchste getragen'. Sogar das Höchste wird getoppt.

Obwohl einige Adjektive überhaupt nicht steigerbar sind, werden sie trotzdem verwendet und falsch gesteigert.

Beispielsweise das Wort ‚eindeutiger' gibt es nicht, denn ‚eindeutig' ist bereits ‚eindeutig'. ‚Am eindeutigsten' gibt es schon gar nicht. Es kann also keine Steigerung zu eindeutig geben.

Dasselbe gilt beispielsweise für:

arbeitslos	ideal	einzig
durchsichtig	jährlich	stressfrei
eisern	quadratisch	perfekt
optimal	endlich	tot
nass	fertig	rot

So muss sich auch niemand den Kopf zerbrechen, ob die Steigerung von rot roter oder röter heißt. Obwohl der Duden ‚röter' angibt.

Besser ist von blutrot, blassrot, grellrot, kirschrot, knallrot und so weiter zu sprechen.

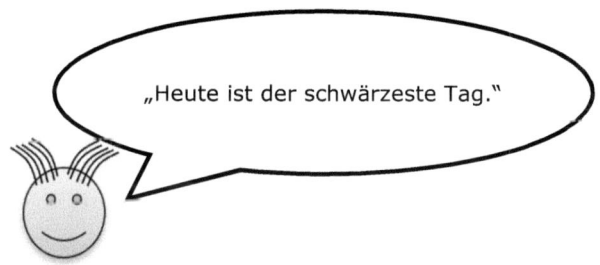

„Heute ist der schwärzeste Tag."

Richard Herbert Wehner, dt. Bundesminister, (1906 – 1990) in einem Interview 1969: „Das war schon Quatsch vor der Wahl und das ist jetzt noch quätscher."

Kumpel in der Kneipe haben schon vor einer ganzen Weile den letzten Schnaps getrunken. Nach dem letzten wurde aber noch ein Schnaps serviert. Nun, was tun? Der vormals letzte ist jetzt der vorletzte, was ‚damals' aber noch nicht zu erkennen war. Also wird aus dem jetzt servierten Getränk das allerletzte.

Sollte sich anschließend noch mal ein Schnaps durchschummeln, dann ist es eben der allerallerletzte.

Aus einem schönen blauen wolkenlosen Himmel wird eigenartigerweise manchmal ein absolut wolkenlos. Es wäre interessant zu analysieren, was der Unterschied zwischen wolkenlos und absolut wolkenlos ist.

Plötzlich mausetot

Ist jemand verstorben, ist er tot. So tragisch es ist, tot ist tot. Toter als tot kann niemand sein.

Der Erbe schaut auf den Verstorbenen, der friedlich in seinem Bett eingeschlafen war. Er fragt die Erbin:

Die Wahrscheinlichkeit, dass der Verstorbene wieder ins Leben zurückkehrt, liegt bei Null.

Ein Toter kann nicht toter als ein anderer sein. Tot ist (leider) tot.

Es sieht so aus, dass das Wort mausetot gar nichts mit dem Tier, der Maus, zu tun hat. Im Niederdeutschen gibt es das Wort ‚morsdot'. ‚Mors' oder auch ‚murs' bedeutet ‚plötzlich'.

Harte Schwerstarbeit

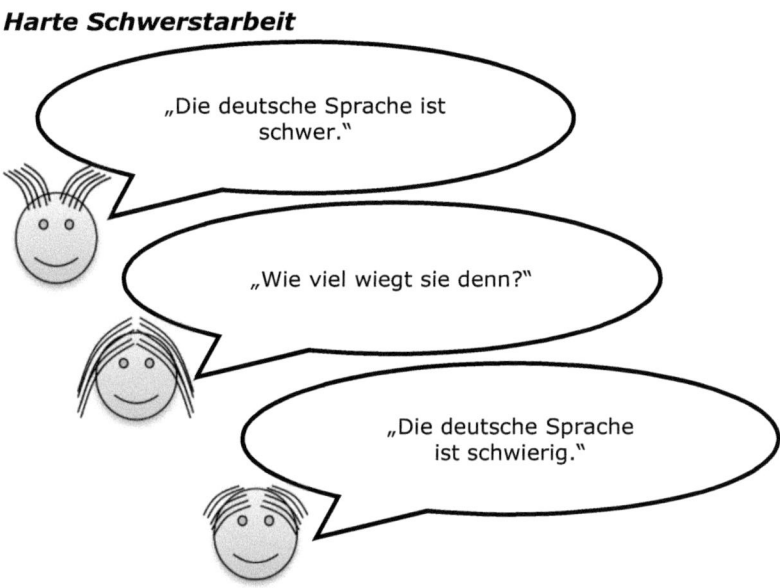

„Die deutsche Sprache ist schwer."

„Wie viel wiegt sie denn?"

„Die deutsche Sprache ist schwierig."

Selbstverständlich meint die erste Person nicht das Gewicht der Sprache. Wie sollte dieses gewogen werden? Schwierig hat die Bedeutung von knifflig, von kompliziert.

Schwer bezieht sich aufs Gewicht, schwierig auf die Art, mit etwas umzugehen (investierte Anstrengung). Leicht ist das Gegenteil von schwer. Leicht bedeutet aber auch, etwas ist einfach. Etwas kann auch leicht beweglich sein.

In die deutsche Sprache wurde die Formulierung übernommen:

„Ich habe hart gearbeitet."

„Und jetzt bist du weich in der Birne?"

‚Hart arbeiten' kommt aus der englischen Sprache. Korrekt müsste es heißen ‚schwer arbeiten'. Es gibt sogar die Schwerarbeit. Sie wird gemeint, wenn unter körperlich belasteten Bedingungen gearbeitet werden muss.

Neben gewissen Materialien – zum Beispiel Stahl – die hart sind, kann sogar eine Währung hart – im Sinne von sicher – sein.

Billig und preiswert

Zwei Freundinnen bummeln durch die Geschäftswelt. Sie ‚wühlen' sich durch das Kleidungsangebot. Plötzlich ruft eine der beiden:

„Das ist ein billiges Kleid.
Probiere das mal an!"

„Billig heißt hässlich!"

„Das ist ein günstiges Kleid."

Ist etwas billig, dann ist es niedrig im Preis. Es ist nicht teuer. Oft wird billig gleichgesetzt mit einfach, minderwertig, hässlich.

Günstig hingegen ist etwas, was preiswert angeboten wird, aber trotzdem von guter Qualität ist.

Im Mittelhochdeutschen bedeutet ‚günstic' ‚gewogen sein', ‚wohltuend'. Das angebotene Produkt ist (preislich) vorteilhaft. Auch Bedingungen, zum Beispiel bei Verhandlungen, können günstig sein.

Früher stand billig für ‚angemessen'. Im Mittelhochdeutschen gab es ‚billich'. Etwas war ‚recht und billig'. Etwas wurde gebilligt.

Aus heutiger Sicht gilt ‚angemessen' als ein fairer Preis, weder zu teuer, noch zu preisgünstig.

Auch ein Vorschlag kann als ‚billig' bezeichnet werden, wenn ihm beispielsweise die Kreativität fehlt.

Ein Einziger

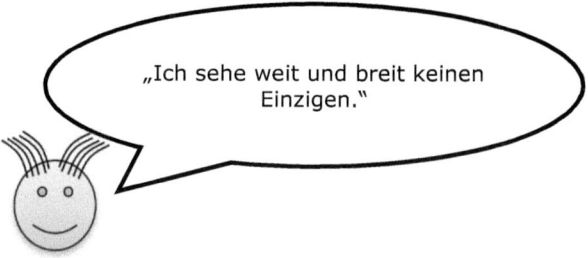

Einzig bedeutet, dass es die bezeichnete Sache oder das bezeichnete Wesen nur einmal gibt. Es gibt nur einen seiner Art. Er ist einzigartig.

Hat jemand schon einmal von <u>zwei</u> einzigen/<u>zwei</u> Einzigen gehört?

So sieht es auch bei einzigartig aus: Etwas ist einmalig in seiner Art.

74 Der Nachrichtensprecher gibt folgende Information zum Verkehrsfluss durch:

Besser als wie

In manchen Dialekten Deutschlands sind einige Bewohner und Bewohnerinnen nicht so sprachgewandt, um sicher zu sein, ob ‚als' oder ‚wie' verwendet werden soll. Die Lösung? Sie entscheiden sich ganz pragmatisch für ‚als wie'. Eins der beiden – als oder wie – stimmt ja.

Bei einem Vergleich, bei dem eine der beiden Optionen unterschiedlich ist, wird das Wörtchen ‚als' verwendet: „schöner als".

„Du bist genauso schön wie ich."

„Das zweifle ich an."

Sind bei einem Vergleich beide gleichwertig, dann heißt es ‚wie': „genauso wie." Sind sie unterschiedlich, dann heißt es ‚als': „mehr als."

als	wie
———	——— — ———
unterschiedlich	gleichwertig

Von wegen

„Ich rufe wegen dem Brief an."

Bei solch einer Aussage kräuseln sich bei manchen die Nackenhaare. Wer hört noch die Rufe eines Elternteils im Hintergrund:

Unabhängig des Artikels (der, die, das und der Pluralform die) kann der Genitiv verwendet werden.

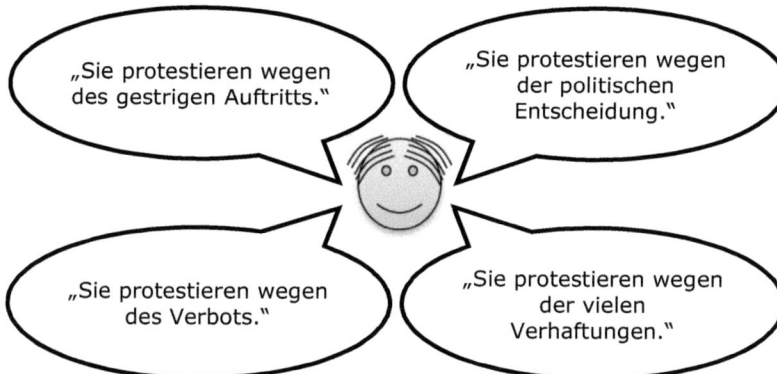

Das Wort ‚wegen' kann vor und nachgestellt werden.

Lässt sich in der Pluralform der Genitiv nicht sinnvoll einsetzen, wird der Dativ verwendet. Links der Genitiv im Plural. Rechts wird auf den Artikel vor dem Befehl verzichtet. Hier gehört der Dativ hin.

"Ok, wegen mir."

Besser:

"Ok, meinetwegen."

"Ich mache das alles nur deinetwegen."

Im Schriftbild sollte die Genitivform bei der Verwendung des Wortes ,wegen' bevorzugt werden. In der Umgangssprache wird immer häufiger der Dativ gewählt, weil dieser einfacher zu bilden ist.

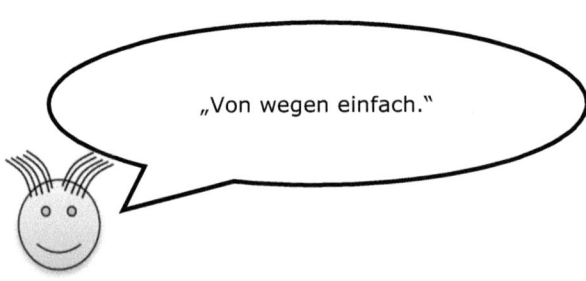

"Von wegen einfach."

Furchtbare Katastrophe

Schon wieder ist auf Island ein Vulkan ausgebrochen. Das tödlich heiße Magma hat bereits die Hälfte eines Städtchens vernichtet.

Eine furchtbare Katastrophe (vergleiche Pleonasmus) ist geschehen? Eine Katastrophe ist sowieso schon furchtbar. Es gibt keine harmlose Katastrophe. Das Wort Katastrophe drückt bereits das Schlimmste aus.

Im Altgriechischen stand ‚katastrophe' für ‚Abwendung', ‚Umkehr', ‚Umsturz'. Die Lateiner verwendeten ‚catastropha' für ‚Vernichtung', ‚Zerstörung'.

Die übersetzten deutschen Wörter lassen die Tragik des Geschehens gut erkennen. Einer Vernichtung oder Zerstörung in der beschriebenen Situation ist nichts Gutes abzugewinnen.

Ähnliches gilt für Synonyme (Bedeutungsgleichheit) des Wortes Katastrophe, wie zum Beispiel: Zusammenbruch, Verderben, Fiasko, Desaster, Untergang.

Also: Alles ist sowieso furchtbar.

Voller Sprachklischees

„Die sind stinkfaul."

In der französischen Sprache steht ‚cliché' für ‚Abklatsch'. Das bedeutet, dass Äußerungen oder Verhaltensmuster übernommen werden. Auch eine künstlerische Nachahmung – gerade dann, wenn sie nicht professionell umgesetzt ist – wird als Abklatsch bezeichnet.

Tatsächlich kommt der Begriff ‚Abklatsch' aus dem Buchdruck-Gewerbe. Er galt beispielsweise für einen Probeabzug.

Die Zuschauenden des Staffellaufs sind begeistert. Der Wettbewerb ist sehr spannend. Beinahe wäre bei einem Team das Abklatschen schiefgegangen.

Die Person ist nicht nur extrem faul, sondern scheint auch eine gedanklich zumindest rhetorisch vermutete – Verbindung zum unangenehmen Geruch zu haben.

Es soll auch Leute geben, die <u>stink</u>reich sind.

Bei diesen und den folgenden Beispielen handelt es sich um weitere Sprachklischees. Klischees sind Aussagen, die unbedacht übernommen werden. Sie werden häufig – ohne Nachdenken – verwendet.

Klischees werden immer wieder wiederholt, sozusagen sind sie ,Abklatsche', billige Kopien, des ursprünglichen Worts. Ein Abklatsch von dem, was die Vorfahren verwendet haben.

bettelarm	himmelhoch	spiegelglatt
bierernst	hundemüde	splitternackt
bildschön	hundsgemein	steinreich
bitterkalt	mausetot	stinkfaul
blutrot	potthässlich	stinkwütend
brottrocken	saublöd	stockfinster
elendslang	saukalt	strohdumm
goldrichtig	schweineteuer	todschick

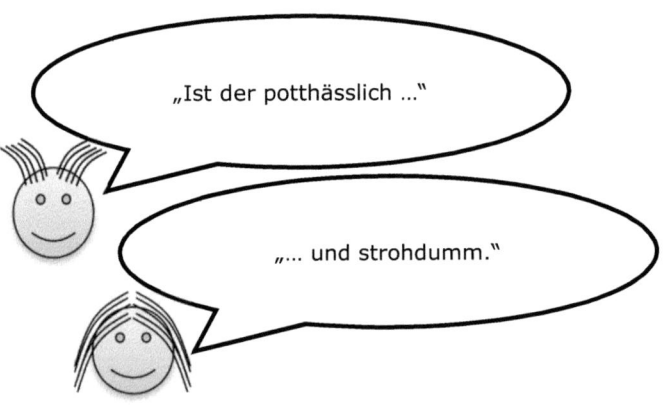

„Ist der potthässlich …"

„… und strohdumm."

Voll bei der Sache sein

„Manches Falsche trägt der Anschein des Wahren."
Lucius Annaeus Seneca, röm. Philosoph
(ca. 4 v. Chr. - 65 n. Chr.)

„Er hört anscheinend zu."

Alles scheint harmonisch und glänzend, ansprechend und fehlerfrei. Aber: Manche Wortkombinationen haben sich im Sprachgebrauch fest eingeprägt. Sie werden häufig benutzt. Bei genauer Überlegung muss festgestellt werden, dass sie fehlerhaft sind.

Anscheinend und scheinbar

Viele Menschen quälen sich mit ‚anscheinend' und ‚scheinbar' – und setzen die Begriffe häufig unpassend ein. Je ‚seriöser' ein Gespräch geführt wird, desto unangenehmer fällt es auf, wenn Begriffe wie diese beiden durcheinandergebracht werden.

83

anscheinend	scheinbar
Ein Anschein drückt eine Vermutung aus. Es wird ein Anschein erweckt.	Bei scheinbar wird ein Bild erzeugt, das der Realität nicht entspricht.
Das Geschilderte ist so, wie es scheint.	Das Geschilderte ist nicht so, wie es wirken soll.
Die Wahrheit ist gegeben.	Die Wahrheit ist nicht gegeben.

Ist jemand scheintot, lebt er noch. Er ist anscheinend gestorben. Er ist im Zustand des Scheintodes.

Manchmal wird jemand als scheinheilig bezeichnet. In der Regel ist es eine Person, die eine offene, freundliche Einstellung zeigt. Tatsächlich ist sie heuchlerisch und täuscht nur ein gutes Verhalten vor.

Jemand der Generation X behauptet:

Schon Aristoteles (384 – 322 v. Chr.) verzweifelte: „Unsere Jugend ist unerträglich …"

Wer weiß, ob hier der Schein trügt?

Scheinargument und Scheinerfolg

Miteinander reden ist schön. Sich austauschen und miteinander diskutieren ist wertvoll. Dabei sind starke und überzeugende Argumente nützlich und zielorientiert.

Ein Argument zeigt einen stichhaltigen Beweis.

Ein gutes Argument:

Manche Argumente sind fehlerhaft.

Manchmal sind Argumente schwach, basieren auf falschen Voraussetzungen oder kombinieren Nicht-Zusammenhängendes. Dann wird von einem fehlerhaften Argument geredet.

Ein Scheinargument ist lediglich eine Behauptung ohne jegliche Erklärung.

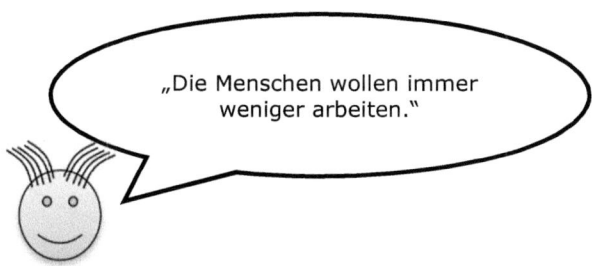

„Die Menschen wollen immer weniger arbeiten."

Im Geschäftsleben ist ein Erfolg beispielsweise am erzielten Umsatz oder am Gewinn erkennbar.

Sieht etwas zuerst nach Erfolg aus, ist bei genauer Betrachtung aber ein Misserfolg, wird von einem Scheinerfolg gesprochen. Es scheint nur so, als hätte es einen Erfolg gegeben.

„Der Mond scheint anscheinend."

„Der Mond scheint scheinbar."

Der Mond scheint nicht selbst (so wie die Sonne). Er wird von der Sonne angestrahlt.

In der linken Sprechblase wird der Schein erweckt, selbst zu strahlen – was aber nicht so ist.

Die zweite Sprechblase sagt: Der Mond erweckt lediglich den Eindruck, zu leuchten. Dem ist so.

Scheints

„Er war scheints hypernervös vor
seiner Rede."

„Wer wäre nicht nervös?"

„Ja, stimmt. Es hat den Anschein.
Er wird das schon meistern."

88

In Süddeutschland wird ‚scheints' häufiger als im Norden des Landes gehört. ‚Scheints' bedeutet ‚es scheint so'.

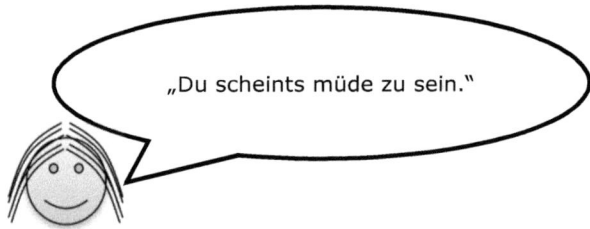

„Du scheints müde zu sein."

Selbst, wenn im Dialekt so gesprochen wird, ist es nicht üblich, in der
Schriftform diese Variante zu wählen.

Weil ich will

Die Wortfolge nach ‚weil' ist eigenartigerweise ‚verdreht'.

Bei Nebensätzen, die mit ‚weil' beginnen, gehört das Verb ans Ende des Satzes.

Eine Aussage/Behauptung liegt vor, wenn nur der erste Teilsatz gesagt wird.

Am Stammtisch heißt es:

Das sind flache Behauptungen, denen die Begründung fehlt.

Durch den angehängten ‚Weil'-Satz gibt es eine Begründung zur Aussage/Behauptung. Damit ergibt sich ein vernünftiges Argument.

Natürlich – logisch

Natürlich ist nicht logisch. Natürlich ist, dass die Blumen blühen. Der Begriff kommt aus der Natur, … dann ist es natürlich. Etwas ist naturbezogen, naturgemäß, naturartig.

Im heutigen Sprachgebrauch wird ‚natürlich' auch als ‚selbstverständlich' betrachtet.

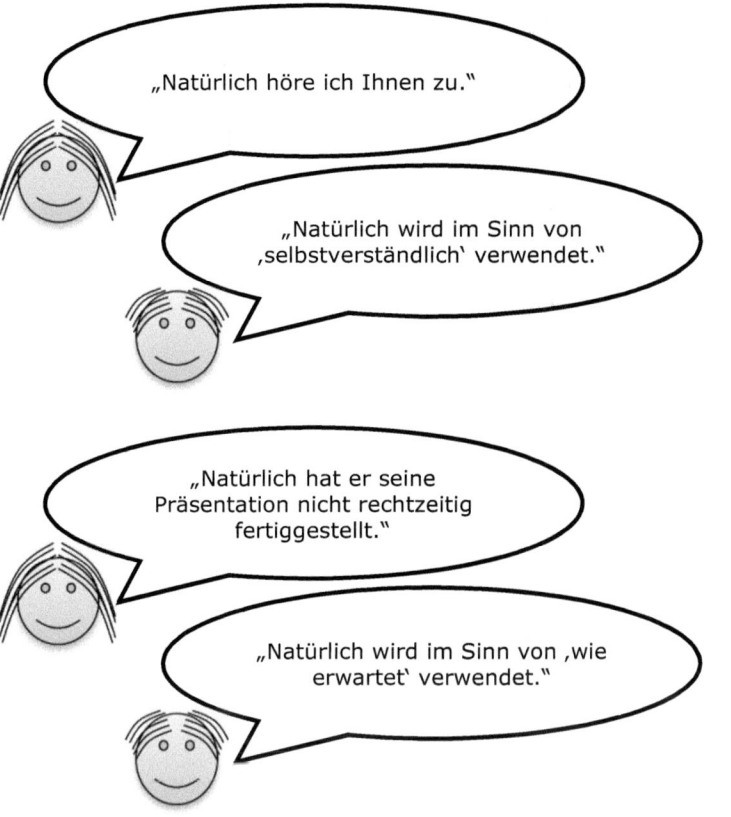

„Natürlich höre ich Ihnen zu."

„Natürlich wird im Sinn von ‚selbstverständlich' verwendet."

„Natürlich hat er seine Präsentation nicht rechtzeitig fertiggestellt."

„Natürlich wird im Sinn von ‚wie erwartet' verwendet."

Manchmal muss jemand ‚voll bei der Sache sein', wenn er Aussagen verstehen will. Hier ein (echtes) Beispiel eines Naturschützers:

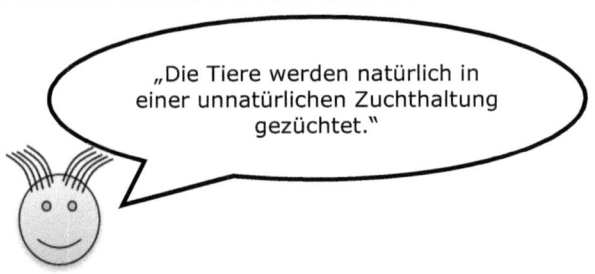

„Die Tiere werden natürlich in einer unnatürlichen Zuchthaltung gezüchtet."

Entweder – oder

Antonymie (altgr. ‚anti' für ‚gegen' und ‚onoma' für ‚Wort', Gegensatzwort) bezeichnet die Relation zwischen Wörtern mit gegensätzlicher Bedeutung. Dabei wird zwischen abstufbarer Antonymie, nicht abstufbarer Antonymie und Konversionen unterschieden.

Abstufbare Antony-mie zeigt die Ausprä-gung einer Eigen-schaft:	Nicht abstufbare An-tonymie bezeichnen komplementäre Be-griffe:	Konversion (lat. ‚conversio' für ‚Um-wandlung', ‚Um-kehr'). Bestimmte Begriffe sind vonei-nander abhängig:
hell – dunkel (sehr hell – sehr dunkel)	schwanger – nicht schwanger (etwas schwanger ist nicht möglich und damit nicht abstufbar)	Frage – Antwort

Die Inkompatibilität stellt eine lexikalische Unverträglichkeit dar. Es handelt sich hier um Lexeme, die sich gegenseitig ausschließen.

- Entweder ist die Tür offen oder geschlossen. (Beides gleichzeitig ist nicht möglich).
- Ein Mensch schläft, oder er ist wach. (Auch, wenn mancher behauptet, im Halbschlaf zu sein).

Lustiger Einsatz von Gegenwörtern

Hier folgen einige lustig klingende Sätze, in denen Gegenwörter verwendet werden.

„Bundesweiter Nahver-
kehr."

„Das älteste Jugend-
zentrum."

„Erst vor kurzem über
Jahre lahmgelegt."

„Kommt die Langatmig-
keit zu kurz."

„Herrenloses Damen-
fahrrad."

„Geheimoperation ist
bekanntlich geheim."

„Äußerlich betrachtet ist
das Innenleben interes-
sant."

„Die Person von
vornherein von hinten
stützen."

„Er ist in einer Klein-
stadt groß geworden."

„Die lange Hose ist zu
kurz."

„Großeinsatz in einer
Kleingarten-Kolonie."

„Das Level nach unten
ist hoch."

„<u>Kleinkrieg</u> gegen den <u>großen</u> Helden."

„Die Spar<u>neigung</u> ist ge<u>stiegen</u>."

„Sie hat schon <u>früh</u> den <u>späteren</u> Mann kennengelernt."

„Das ist der <u>längste</u> <u>Kurz</u>film."

„Ihr geht es sehr schlecht. Hoffentlich geht alles gut."

94

Damalig – ehemalig

„Die damalige DDR."

„Die DDR existierte mehrere Jahre (1949 – 1990)."

„Rückblickend ist es die DDR – nicht die damalige."

„Sie war <u>damals</u> nicht <u>damalig</u>, sondern existent."

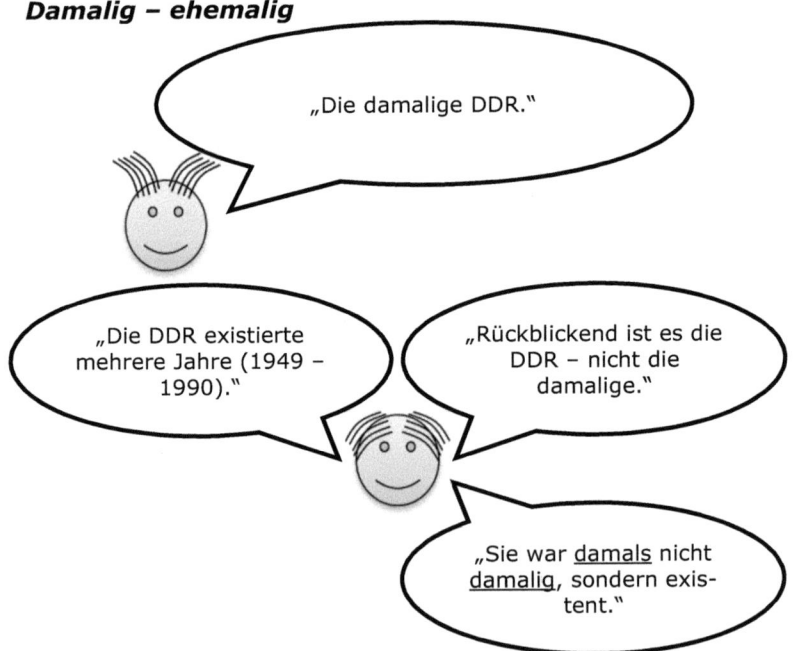

Etwas gilt als damalig, wenn es zum erwähnten Zeitpunkt stattfand oder vorhanden war.

Ist etwas ehemalig, wird beschrieben, wie es früher war.

Früher war er Kanzler, jetzt ist er keiner mehr.

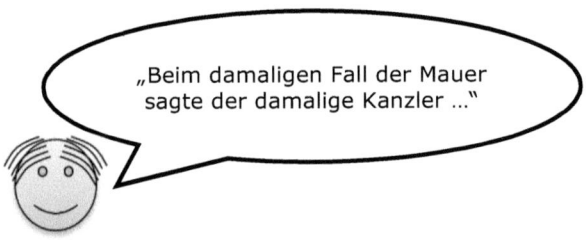

Es wird von dem Kanzler gesprochen, der damals zu einem bestimmten Zeitpunkt eine Aussage machte.

Damals

Neben ehemalig und damalig werden selten die Wörter einstig und seinerzeitig verwendet. Beide vermitteln das Gefühl, dass das Beschriebene schon eine längere Zeit zurückliegt.

Der Gewinn liegt lange zurück und ist einmal geschehen.

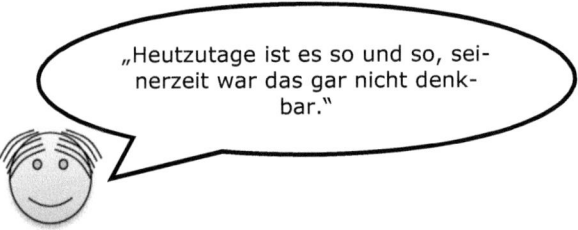

Das seinerzeitig Erlebte liegt lange zurück. Oft ‚in längst vergessenen Tagen'. Es scheint nicht nötig, einen genauen Zeitpunkt nennen zu müssen.

Vollsperrung

„Ich kam voll Hoffnung und ich gehe voll Schmerz."
Johann Christoph Friedrich von Schiller, dt. Dichter
(1759 - 1805)

„Nichts geht mehr."

Wieder mal Stau.

Entweder ist die Autobahn gesperrt oder nicht. Sie kann nicht halbgesperrt sein. Wohl aber ist denkbar, dass (nur) eine Spur gesperrt ist.

„Für die A7 ist eine Vollsperrung im Mai geplant."

Tatsächlich ist die Autobahn A7 über 962 km lang. Sie führt von Ellund in Norddeutschland bis Füssen im Süden.

Ist es wirklich denkbar, dass eine 962 km lange Autobahn über die komplette Länge gesperrt wird? Es ist kaum anzunehmen.

Möglicherweise handelt es sich um eine Teilsperrung, beispielsweise zwischen Kirchheim und Fulda, immerhin auch schon 41 km.

Der Nachrichtensprecher informiert:

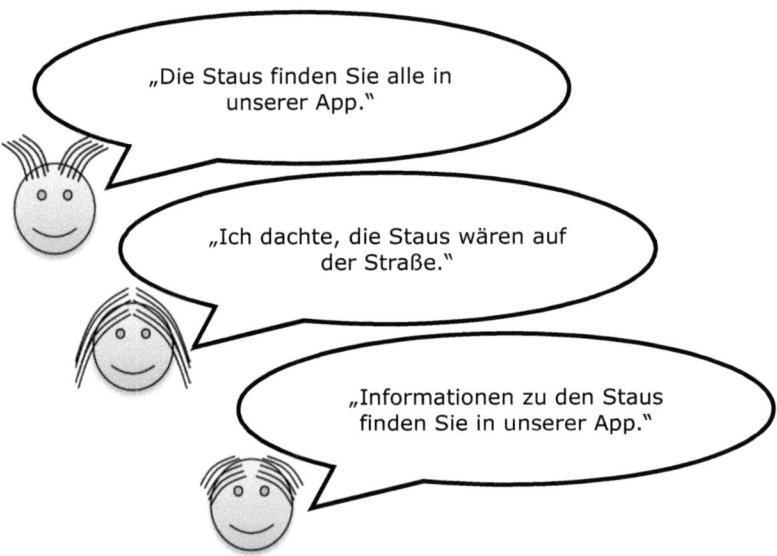

„Die Staus finden Sie alle in unserer App."

„Ich dachte, die Staus wären auf der Straße."

„Informationen zu den Staus finden Sie in unserer App."

Also: Nicht voll gesperrt, nicht total gesperrt, sondern schlicht und einfach gesperrt. Ist schon schlimm genug.

Die umherirrende besäuselte Ampel

Die fürsorgliche und aufmerksame Beifahrerin macht den hinter dem Steuer sitzenden Ehemann auf eine sich nähernde Ampelanlage aufmerksam.

„Da vorn kommt eine Ampel."

„Kommt sie auf uns zu?"

Die Ehefrau meint natürlich, dass sich ihr Auto dem Ampelmast nähert.

„Die Ampel ist rot."

„Gut, dass sie nicht blau ist. Alkohol im Straßenverkehr ist gefährlich."

Auch hier war die Ehefrau etwas deutlich in der Alltagssprache unterwegs. Sie wollte ausdrücken, dass das Ampellicht rot leuchtet.

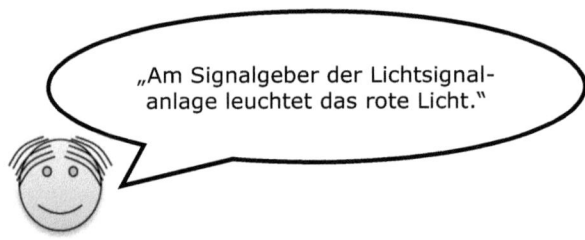

Auf den Gleisen

Aus dem Lautsprecher erklingt eine kaum zu verstehende Stimme:

Immerhin hat das hiesige Schienennetz eine Länge von ca. 33.000 km, auf der täglich bis zu 40.000 Züge fahren.

Die Entschuldigung beziehungsweise die Erklärung für die Verspätung würde demnach in den meisten Fällen passen – und ist entsprechend sinnlos.

In der Luft

Viele Menschen haben schon einmal das Wort ‚Flieger' gehört? Wundert es, dass es auch eine ‚Fliegerin' gibt? Es scheint eigenartig – ist es aber nicht.

Ein Flieger wird oft verwechselt mit einem Flugzeug. Dabei ist ein Flieger der Pilot, was die Fliegerin – die Pilotin – erklärt.

Die fliegende Maschine ist das Flugzeug. Eine Flugzeugin wurde bisher nicht gesichtet.

Obwohl umgangssprachlich so gesprochen wird, müsste von einem fliegenden Flugzeug geredet werden – oder von einem Flug.

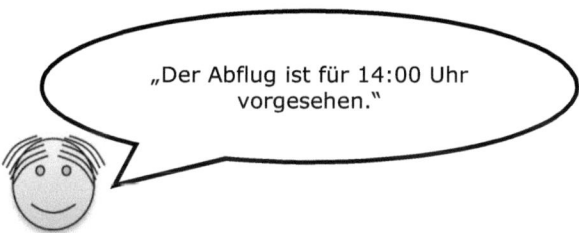

Übrigens: Ein Ballon fährt. Er fliegt nicht.

Dafür: Die Nase läuft.

„Der ist voll bei Rot drübergefahren!"

Die Tochter lobt die Mutter:

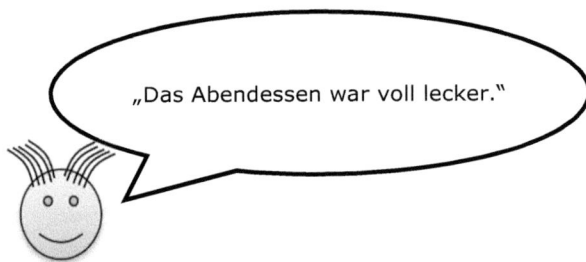

„Das Abendessen war voll lecker."

102   Sohn Noah rennt am Morgen förmlich aus der Wohnung und ruft seiner Mutter zur Erklärung zu:

„Ich bin schon voll spät."

„Um ein Haar wäre er wieder mal zu spät zur Schule gekommen."

„Manchmal ist etwas voll daneben."

Total

Statt ‚voll' wird auch gerne ‚total' gewählt.

Im Lateinischen steht ‚totus' für ‚gänzlich'.

‚Totalität' kann übersetzt werden mit ‚ausnahmslos', ‚vollständig'.

In einem totalitären Staat werden die demokratischen Komponenten der Gesellschaft diktatorisch unterdrückt.

103

Die sprechende Person bezeichnet jemanden als dumm oder verrückt.

Verliert jemand den Kontakt zu seinen Socken, ist er stark überrascht.

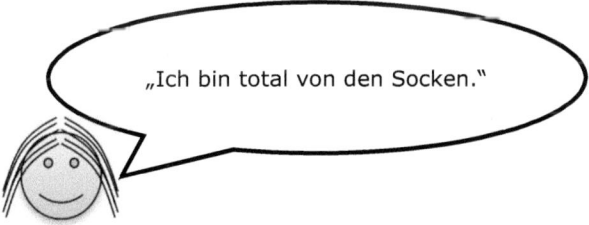

Völlig

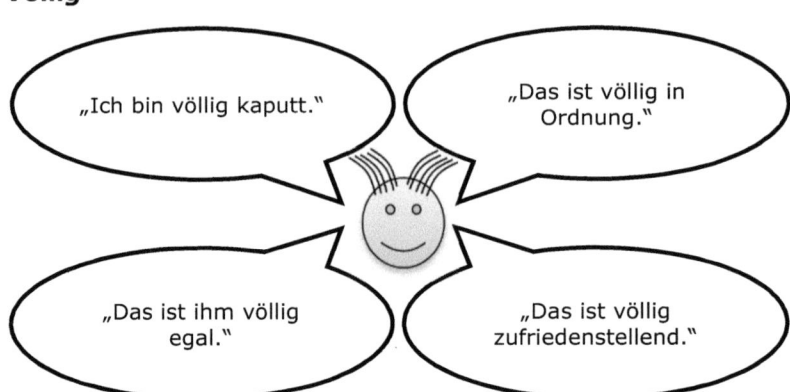

‚Völlig‘ heißt ‚ganz‘, ‚vollständig‘. ‚Völlig‘ ist nicht steigerbar.

Ist etwas in Ordnung, dann liegen weder Mängel noch Beanstandungen vor. Was immer zu erledigen war, wurde zu 100 Prozent erledigt. Demnach ist ‚völlig in Ordnung‘ eine nicht notwendige Steigerung.

Es ist denkbar, dass ‚in Ordnung‘ nicht 100 Prozent, sondern nur 90 Prozent ausmachen. Der Kuchen ist gebacken, aber nicht so gelungen, wie geplant. Der eingeladene Gast beruhigt:

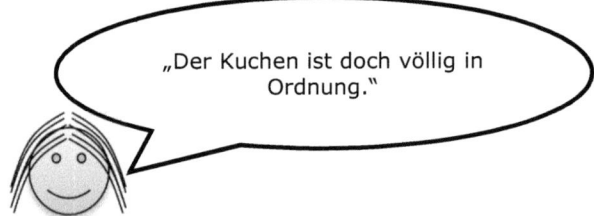

In der Bedeutung: Ist nicht so schlimm, dass der Kuchen nicht 100-prozentig gelungen ist.

Teil 4 – Größere Hälfte

Nicht bis 3 zählen können

„Zahlen sind Symbole des Vergänglichen."
Oswald Arnold Gottfried Spengler, dt. Philosoph
(1880 - 1936)

„Lieber ein Viertel als ein Drittel."

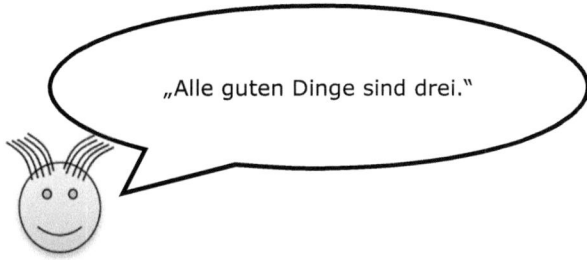

„Alle guten Dinge sind drei."

105

Hängt dieser Gedanke mit Aberglaube zusammen? Oder hat es was mit der Drillingsformel (siehe dort) zu tun?

Einige Menschen tun sich schwer, mit Ziffern und Zahlen umzugehen. Nicht umsonst heißt es, dass jemand nicht bis drei zählen könne.

Das Zählen funktioniert dann so: eins, zwei, drei, viele. Ein Bauer aus dem Mittelalter wusste, dass er ein Schwein in seinem Stall hatte und viele Gänse, zumindest mehr als drei. Die genaue Zahl musste er nicht unbedingt wissen.

„Ich zähle bis drei ..."

Manche behaupten aber auch:

Nicht nur die Zahl drei spielt eine Rolle im Sprachgebrauch. Viele andere Zahlen treten ebenfalls häufig auf.

Die Vorgesetzte regt sich über die fehlende Flexibilität ihrer Beschäftigten auf. Sie fordert:

Wer sich um 360° dreht, steht so wie vorher.

Gemeint ist eine Drehung um 180° (Zeichnung rechts).

1/3 gleich 33 %, 1/4 gleich 25 %.

Die Person glaubt mit einem Viertel mehr zu fordern. Tatsächlich ergibt ihr Wunsch weniger. Pech gehabt. Gut, dass sie nicht ein Fünftel fordert.

Mehr und weniger

2 + 3 = 5. Beim Tausch der Zahlen 2 und 3 ergibt sich dasselbe Ergebnis. 3 + 2 = 5.

Ist es auch egal ob erst mehr, dann weniger oder erst weniger, dann mehr gerechnet wird?

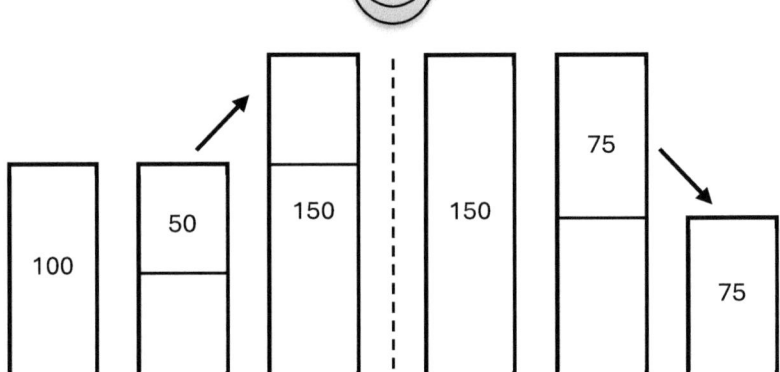

108

Gegenversuch:

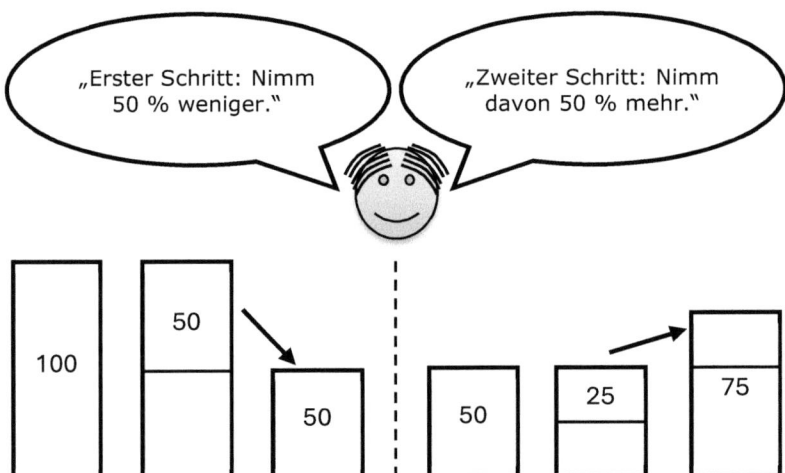

Wenig ist also nicht mehr.

100 %

Das linke Bild zeigt: Die Aktie ist in einem Jahr um 150 % gestiegen.

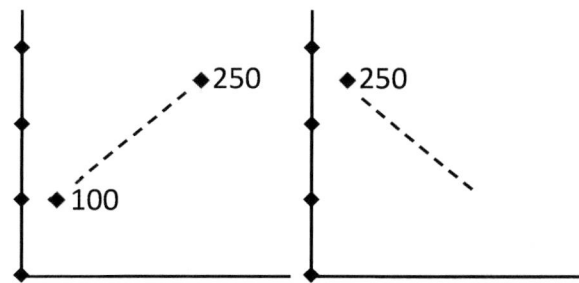

Nach einem weiteren Jahr ist sie um 150 % gefallen. Kann das stimmen? 150 % von 250 sind 375. die Aktie hätte damit einen Wert von -125. Das ist natürlich Unfug.

Es ist nicht möglich, mehr als 100 % vom Ganzen wegzunehmen. 100 % sind alles, unabhängig davon welche Mengen oder Größe 100 % einnehmen.

Im oben gezeigten Beispiel könnte die Aktie höchstens um 100 % fallen, dann wäre sie auf Null.

Zwei Passanten unterhalten sich:

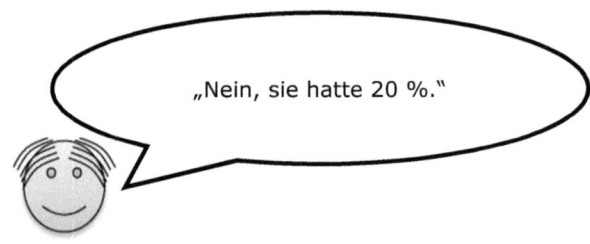

„Nein, sie hatte 20 %."

20 % minus 10 % (= 2) gleich 18 %.

28 % minus 10 % (= 2,8) gleich 25,2 %.

„Das ist 110-prozentig so!"

„Es gibt als Maximum nur 100 %."

„Es ist 100-prozentig so!"

Die genannte 110 Prozentzahl soll signalisieren, dass jemand mehr als sicher ist, sondern absolut sicher mit seiner Aussage sein will.

Das ändert allerdings nichts an der Tatsache, dass das Maximum vom Ganzen nur 100 % sein kann.

Durch die gewählte Zahl, die kleiner als 100 ist, hält sich der Redner eine Hintertür offen.

Zwei Zwillinge

Zwei Zwillinge sind zweimal zwei gleich vier Personen.

Im Althochdeutschen heißt ‚zwinal' ‚doppelt' oder ‚zweifach'. Zwilling bedeutet ‚Zweiling'.

Einer der beiden ist ein Zwilling. Er ist ein Zwilling, sie ist ein Zwilling. Er und sie zusammen bilden ein Zwillingspaar. Zwillinge sind zwei Personen. Zwei einzelne sind zwei Zwillingsbrüder oder zwei Zwillingsschwestern beziehungsweise Zwillingsgeschwister.

Die Situation ist ungefähr vergleichbar mit: 1 Paar gleich 2 Personen, 2 Paare gleich 4 Personen.

Nicht durch 2 teilen können

„Es ist ein Grundirrtum, zu meinen,
dass ein Halbes und ein Halbes ein Ganzes geben."
Jakob Bosshart, schweiz. Schriftsteller
(1862 - 1924)

„Lieber für beide halbe-halbe."

Seit einigen Jahrzehnten lebt das glücklich verheiratete Ehepaar miteinander. Die Frau betont:

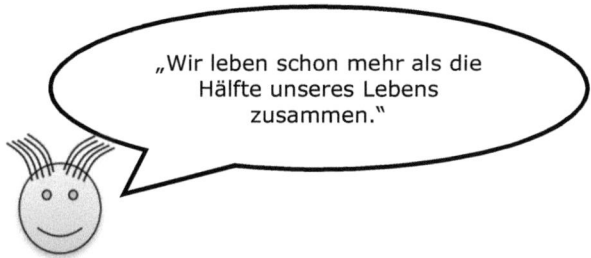

Auf dem Wohnzimmertisch stehen einige Gebäckstücke vorbereitet.

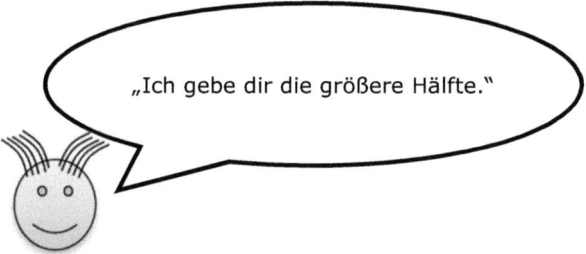

Das meint die liebevolle und fürsorgende Ehefrau, als sie das Gepäckstück teilt.

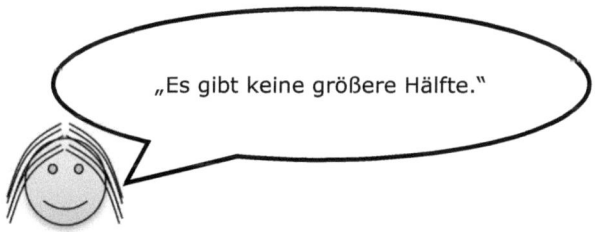

Der umsorgte Ehemann belehrt seine Frau.

„Es gibt auch keine kleinere Hälfte."

„Wieso nicht?"

„Weil die Hälfte immer <u>genau</u> die Hälfte ist."

Eine Hälfte ist eine von zwei gleich großen Teilen eines Ganzen.

Eine halbierte Sache hat genau zwei gleich große Teile. 100 geteilt durch zwei ist fünfzig, und nicht zweiundfünfzig oder dreiundfünfzig.

„Lass uns fifty-fifty machen."

Fifty-fifty heißt, etwas genau zur Hälfte (auf-)teilen. Mit jemandem halbe-halbe machen.

Stellt ein Partner seine Partnerin als bessere Hälfte vor, müsste er sich selbst als die schlechtere Hälfte sehen.

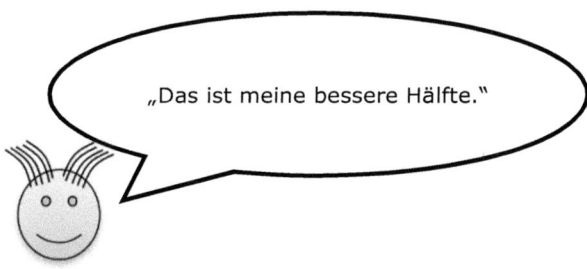

Da eine Hälfte genau 50 % des Ganzen ist, kann es keine bessere und schlechtere Hälfte geben. Entweder sind beide gut oder beide schlecht.

115

Halb und ganz

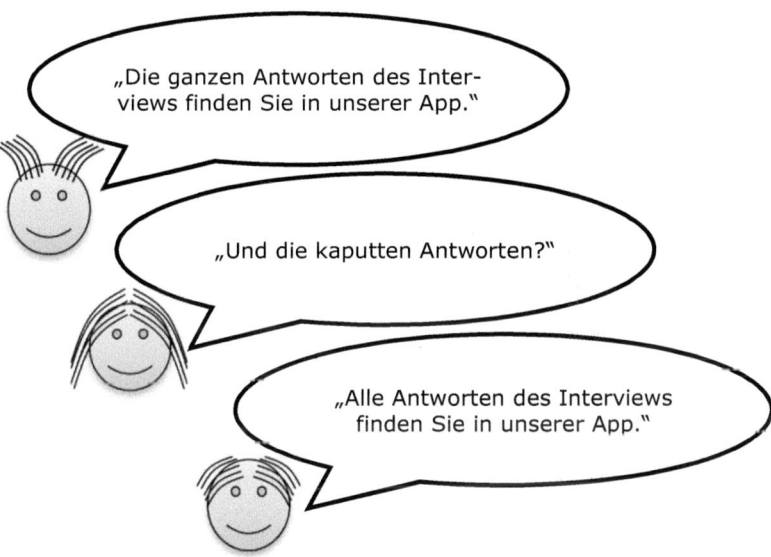

116

Von ganz ist das Gegenteil kaputt. Kaputt bedeutet unvollständig.

Der Schwerarbeiter lässt sich nach Feierabend aufs Sofa fallen und stöhnt.

Halbe Sachen

Ja, positiv denken!

Es ist überraschend, wie viele Bezeichnungen es für Dinge/Situationen gibt, die offensichtlich nicht ‚voll' oder ‚ganz' sind. Einige Beispiele:

Halbherzig	Nicht komplett überzeugt. Nicht mit vollen Emotionen bei der Sache sein.
Halbdunkel	Zwischen hell und dunkel.
Halbgar	Eine noch nicht fertig zubereitete Speise. Auch ein nicht fertig ausgearbeiteter Plan.
Halbstark	Früher (in den 50er Jahren) wurden provozierend auftretende Jugendliche, die in einer Gruppe lautstark auf der Straße ‚rumlungerten', als Halbstarke bezeichnet.
Halbtags	Eingeschränkt beschäftigt sein.
Halbwach	Noch nicht ganz fit.
Halbschuh (in der Schweiz)	Ein Mensch, der nicht ganz so intelligent ist wie der Durchschnitt.
Halbvoll	Zur Hälfte gefüllt.
Halbedelstein	Frühere Unterscheidung zum Edelstein.
Halbfertig	Eine Arbeit ist zur Hälfte erledigt.
Halbjahr	Die Hälfte eines Jahres.

„Du bist eine halbe Portion."

„So klein bin ich doch gar nicht."

„Das ist eine Person, die klein und schwächlich ist."

119

Halbschwester, Halbbruder oder Halbgeschwister sind nur halbe Menschen? Der Halbbruder ist der Sohn eines Elternteils von einer anderen Mutter oder einem anderen Vater.

Nein, natürlich sind sie vollwertige Menschen.

Der Patient im Wartezimmer stöhnt:

Also ist ein halbes ‚ewig‘ auch eine Ewigkeit (lang)?

Zwei Kolleginnen sitzen an ihrem Schreibtisch gegenüber im Büro. Eine Sachbearbeiterin beschwert sich über die ‚schillernden‘ Ausführungen ihrer Kollegin. Sie belehrt sie:

Der Ehemann hinterm Steuer schimpft über einen rücksichtslosen Autofahrer, der ihn gerade geschnitten hat. Er schreit erbost:

Die Patientin im Krankenhaus beklagt sich bei ihrem Besuch über die stattgefundene Visite des behandelnden Arztes.

Der Halbgott in Weiß, der sich in der Sphäre der Göttlichkeit bewegt. Er wirkt auf die Patienten arrogant und unnahbar.

Im Gegensatz zum Vollidioten wird nicht vom Vollgott gesprochen. Was auch anmaßend klingen könnte.

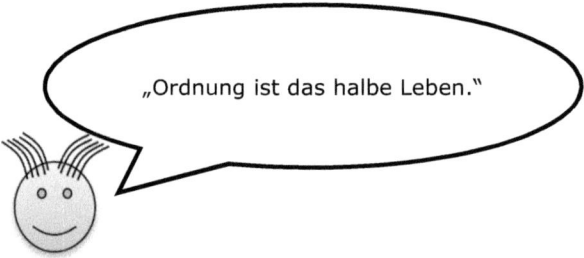

Offensichtlich ist Ordnung halten sehr wichtig. Immerhin macht sie die Hälfte des Lebens aus. Das bedeutet schon etwas.

Nein, aber wenn Ordnung gehalten wird, ist das schon so viel wert wie ein halbes Leben.

Liegt jemand im Koma, ist er nicht mehr bei Bewusstsein. Ob es ein halb-im-Koma-liegen gibt?

Ganz kaputt

‚Ganz' bedeutet: ohne Rest, ungeteilt.

123

‚Komplett' bedeutet: vollständig.

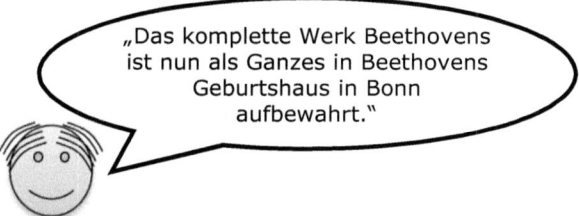

Das Ganze ist eine Sache, die als Gesamtheit (vollständig) vorhanden ist.

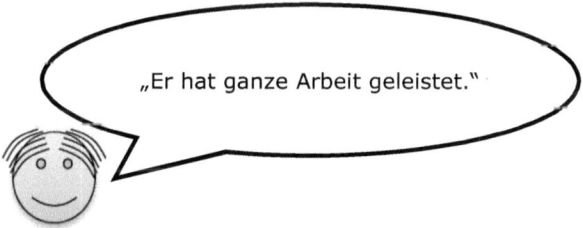

Er hat sein Projekt zum Abschluss gebracht und erfolgreich zu Ende geführt.

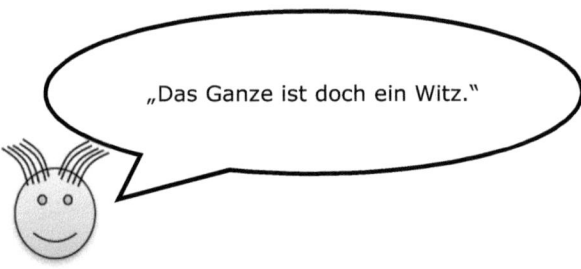

Der Redner ist wohl nicht gut auf etwas zu sprechen. Er scheint aufgebracht.

Der Unternehmer teilt die Devise:

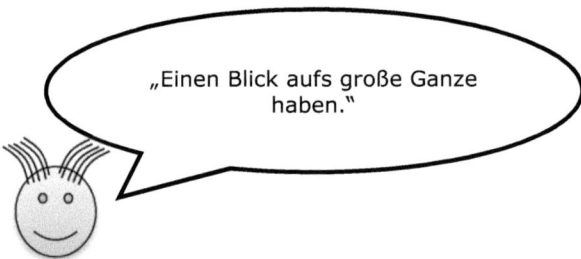

Was immer auch das große Ganze bedeutet. Nun, er meint die schlecht greifbare Gesamtheit, das Gesamtbild.

Aber nun mal nicht in jedem Detail.

Nichts Halbes – nichts Ganzes

Der eine Kneipenbesucher sagt zum anderen:

Der Kneipenbesucher will ausdrücken, dass ihm ein Getränk nicht langt. Er braucht ein zweites Getränk, um standsicherer zu werden. Er bestellt bei der Wirtin:

Tja, in einer Kneipe ist manches so anders. Dort werden manchmal sogar halbe belegte Brötchen verkauft. An anderer Stelle wird ein halbes Hähnchen bestellt.

Läuft gleichzeitig auf einem Monitor ein Fußballspiel, wird sogar die Zeit halbiert: die Halbzeit.

All in – Alles oder nichts

Im Gegensatz zur Kneipe mit ihren halben Möglichkeiten, gibt es beim Pokerspiel keine halben Sachen. Dort wird oft auf Risiko gespielt. Es geht um alles oder nichts.

Beim Pokerspiel ist genau dieser Spielzug erlaubt. Erklärt ein Spieler ‚All in‘, schiebt er seinen gesamten Vorrat an Chips ins Spiel. Er hat alles gesetzt.

Nun hat er die Chance zu gewinnen oder zu verlieren. Gewinnt er, erhält er von jedem Mitspieler den gleichen Betrag, also den, den er setzte.

Verliert er, dann verliert er alles. Alles ist weg.

Bildhaft gesprochen: Beim Spiel wird alles auf eine Karte gesetzt. Sehr riskant.

Im Unternehmen bedeutet All in, dass das gesamte Vermögen in eine Institution oder ein Projekt gesteckt wird. Es gibt keine Reserve mehr. Das eingegangene Risiko bringt ein Superergebnis – oder alles ist verloren.

Nichts los

Die Sprecherin der Verkehrsnachrichten informiert, dass es aktuell auf den Autobahnen keine Staus gäbe. Sie sagt:

„Da ist nichts los!“

„Ist gar kein Auto unterwegs?“

Teil 5 – Nichts drauf geben

Einfluss der Null – Großes Nichts

„Von nichts kommt nichts."
**Ovid, eigentlich Publius Ovidius Naso, röm. Epiker
(43 v. Chr. - 17 n. Chr.)**

„In Nullkommanix."

Tatsächlich können die sonst häufig zitierten ‚alten' Römer nichts zur Zahl Null beitragen – die Griechen übrigens auch nicht. Das ist dem relativ einfachen Grund geschuldet, dass es die Null bei den Römern noch nicht gab.

Sie rechneten: „Ich habe ein Schaf (+1), ich schulde meinem Nachbarn eine Ziege (-1)." Wer weder ein Schaf noch eine Ziege besaß, sah keine Notwendigkeit, die nicht vorhandenen Tiere zu zählen.

127

Es scheint nach wie vor sinnlos zu sein etwas aufzulisten, was nicht vorhanden ist: „Ich habe Null … und Null … und Null …

Das ist mit ein Grund, weshalb es als Jahreszahl das Jahr Null nicht gibt. Es heißt: 2 v. Chr., 1 v. Chr., 1 n. Chr., 2 n. Chr.

Erst im fünften bis ins siebten Jahrhundert nach Christus wurde in Indien die Zahl Null erfunden.

Der – zu seiner Zeit sehr bekannte – Gelehrte der Mathematik, der Italiener Leonardo Fibonacci (Leonardo da Pisa, 1170 – 1240) verwendete die Null erstmals im Jahr 1202 in Italien.

Trotzdem dauerte es noch etwa 400 bis 600 Jahre, bis die Null in Europa gebräuchlich war.

Ohne die Null ließe sich heute nicht mehr vernünftig leben. Die Politik spricht von ‚schwarzer Null' und meint damit einen ausgeglichenen Haushalt.

Beim Roulette gibt es das siebenunddreißigste grüne Feld ‚zero'. Übrigens wird in Großbritannien beim Zählen für die Null ‚zero' gesagt.

Stunde Null

Es gibt kein Jahr Null, wohl aber eine Stunde Null.

Es gibt die Uhrzeit 0:00 Uhr als Beginn des Tages.

Die Stunde Null gibt es aber nur einmal. Ihr Zeitpunkt steht genau fest: Der 8. Mai 1945. Dieses Datum markiert das Ende des Zweiten Weltkriegs und den Beginn der Friedenszeit danach.

Die Stunde Null wird oft als Augenblick der Kapitulation gesehen. Andere empfinden bei der Stunde Null eine Zeitspanne des Neubeginns nach der Kapitulation.

Wird im heutigen Kontext von einer Stunde Null gesprochen, ist ein neu beginnender Abschnitt gemeint.

Nullpunkt

Der Nullpunkt ist der Punkt auf einer Skala, der die Null repräsentiert. Beispielsweise ist es Null Grad Celsius.

Bezeichnet der Politiker die Beziehung zu einem anderen Staat wie folgt:

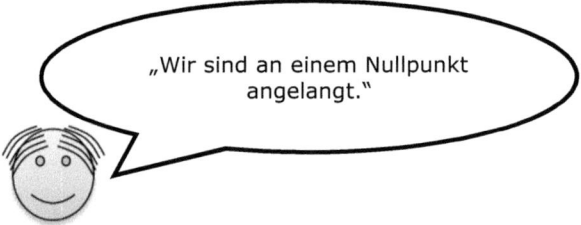

„Wir sind an einem Nullpunkt angelangt."

… dann ist die Beziehung auf den Gefrierpunkt gesunken. Das ist kein gutes Signal. Sinkt der Zusammenhalt noch weiter ab, dann heißt es:

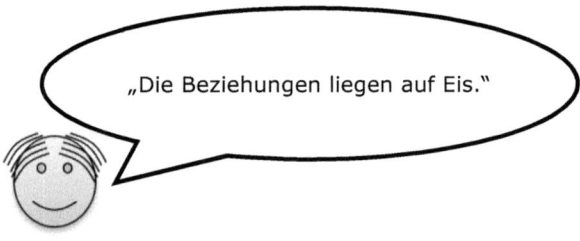

„Die Beziehungen liegen auf Eis."

Die führende Null

In der 24-Stunden-Zeit – das ist die Art und Weise, die von der Gesellschaft genutzt wird – wird die Uhrzeit so geschrieben: 9:00 Uhr.

Im Militärischen wird eine ‚führende' Null vorangestellt und auf den Doppelpunkt verzichtet. 9:00 Uhr wird dann zur 0900 (gesprochen Null Neunhundert oder Null Neun Null Null).

Null bleibt Null

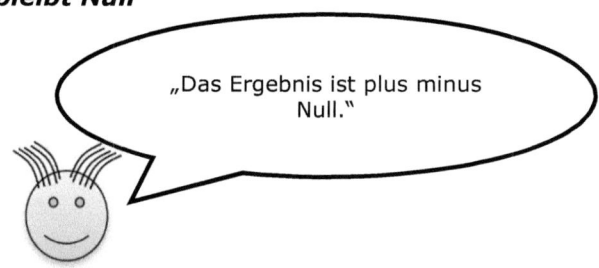

„Das Ergebnis ist plus minus Null."

Es wurde kein Überschuss erzielt. Die entstandenen Kosten wurden durch den Gewinn abgedeckt. Es liegt ein Null-Summen-Spiel vor. Gewinne und Verluste ergeben Null. Plus und Minus sind gleichstark.

„Ich kann unendlich viel davon addieren. Das Ergebnis bleibt immer gleich."

„Meinst du die Zahl Null?"

„Jede Zahl mal Null gibt auch Null."

Nicht ganz so schlimm ist es, wenn der Geschäftspartner zu seinem Kompagnon sagt:

Es scheint vernünftig, die Reißleine zu ziehen, da die bisherige Strategie nicht greift.

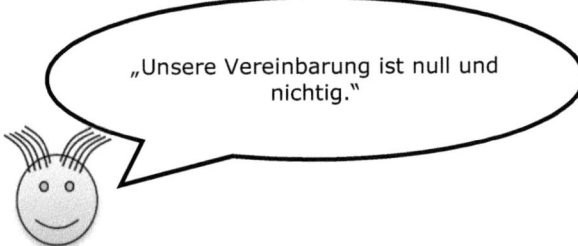

Etwas ist hinfällig, unwirksam. Vorher Vereinbartes gilt nicht mehr.

Aus nichts wird nichts

Ähnlich wie der Null ergeht es dem Nichts. Die erboste Mutter beurteilt den verdatterten Sohn mit folgender Aussage:

„Du bist ein Nichts!" entspricht etwa „Du bist eine Null!"

Ob solch eine Aussage hilft, dem Sohn ein vernünftiges Selbstbewusstsein beizubringen?

„Es besteht Null Hoffnung."

Nichts ist nichts

Stimmt die Überlegung, dass aus Nichts nichts werden kann?

Ein Nichts ist nichts? Genau überlegt müsste ein Nichts sehr wohl etwas sein, da es ein Wort für das Nichts gibt. Es gibt ‚viel', es gibt ‚wenig'; weshalb nicht auch das ‚nicht'?

Für die Buchstabenkombination mnprf gibt es beispielsweise kein Wort. Und zwar deshalb, weil es nichts gibt was so heißt.

Aus der Philosophie zurück ins reale Leben. Im Casino an den Roulettetisch. Die Kugel saust im sich drehenden Teller des Roulettekessels.

Der Croupier beziehungsweise die Croupière ruft nach einer Weile:

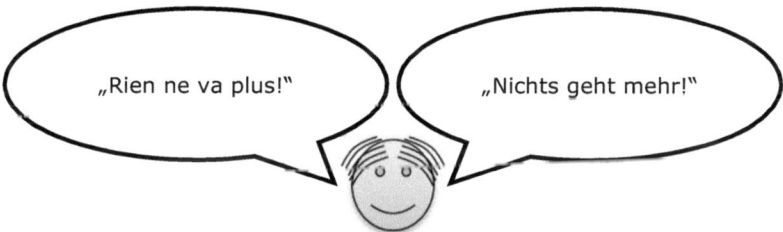

„Rien ne va plus!" „Nichts geht mehr!"

Ab diesem Augenblick darf der Spieler keinen Chip mehr aufs Spielfeld setzen.

Die Kugel rollt aus und bleibt in einem der 37 Felder liegen. Nichts gewonnen? Nicht die Haare raufen. Es kann nicht jeder gewinnen. Andere müssen Haare lassen und Nachteile akzeptieren.

Vielleicht mehr Glück bei der nächsten Runde? Die Daumen sind gedrückt. Sollte der Geschäftsführer vor seine Beschäftigten treten und bekanntgeben …

„Rien ne va plus."

… heißt das, dass das Unternehmen höchstwahrscheinlich in die Insolvenz (Zahlungsunfähigkeit) gehen muss.

Zum Abschluss noch einen Gedanken zum Nichts:

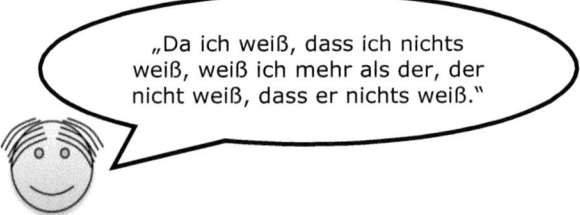

„Da ich weiß, dass ich nichts weiß, weiß ich mehr als der, der nicht weiß, dass er nichts weiß."

Der ursprüngliche Satz soll gelautet haben: „Ich weiß nur, dass ich nichts weiß." Er wird dem großartigen griechischen Philosophen Sokrates (470 – 399 v. Chr.) zugeordnet. Das nächste Zitat stammt von Platon (427 – um 348 v. Chr.), Lehrer von Aristoteles (384 – 322 v. Chr.).

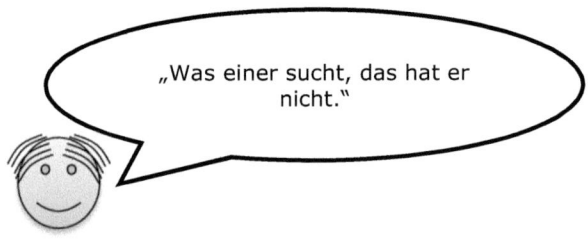

„Was einer sucht, das hat er nicht."

Einfluss des großen Zahlenspiels – von 1 bis viel

„Weißt du nicht, dass tausend Frauen in mir sind
und dass jede von ihnen mich auf ihre Art leiden macht?"
Eleonora Duse, it. Schauspielerin
(1858 - 1924)

„Habe ich dir schon tausendmal gesagt."

Eine Vorgesetzte stöhnt über ihre Mitarbeiter und Mitarbeiterinnen. Sie klagt darüber, wie unzuverlässig diese arbeiten.

Es darf davon ausgegangen werden, dass die Zahl 1.000 deutlich übertrieben ist. Aber die hohe Zahl soll ausdrücken, welche Mühe sich die Vorgesetzte macht, ihre Wünsche zu formulieren. Ist die Mühe vielleicht sinnlos?

Zumal sich die angesprochene Personengruppe offensichtlich nicht nach dem Gesagten richtet. Verstehen sie nicht, was gesagt wurde? Oder liegt es am Redner (in diesem Fall an der Vorgesetzten), sich nicht optimal ausgedrückt zu haben? Vielleicht wäre es sinnvoll, würde die Vorgesetzte ihre Kommunikation reflektieren.

Die 1 bleibt die 1

Die Mutter redet mit ihrem Sohn:

Je nach Aussprache kann der Satz der Mutter fast wie eine Drohung klingen. Nur (noch) einmal wird die Aussage getätigt – und dann geschieht etwas. Was geschieht, sollte der Sohn nicht der gewünschten Aufforderung folgen?

Wird er nun das tun, was die Mutter von ihm verlangt hat? Oder legt er es drauf an und riskiert ein weiteres Mal eine Ansprache?

Dieser Spruch stammt übrigens von Johann Christoph Friedrich von Schiller (1759 – 1805) aus dem Stück ‚Pegasus im Joche'.

Der Spruch sagt, dass das, was der Mann sagt, gültig ist. Es muss kein großartiger Vertrag geschlossen werden. Das Wort zählt.

In der heutigen Zeit darf selbstverständlich der Spruch angepasst werden.

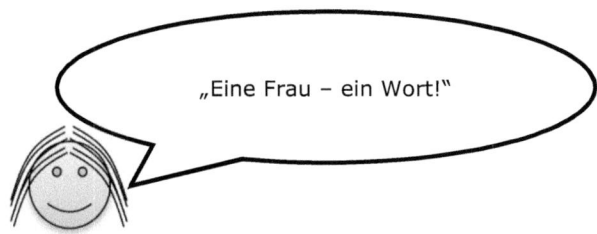

„Eine Frau – ein Wort!"

Mit Spannung haben die Beschäftigten auf die Ergebnisse des Vorjahres gewartet. Der Geschäftsführer tritt vor die Anwesenden und verkündet strahlend:

„Wir stehen da wie eine 1."

„Super, dass wir so stark sind."

Felsenfest steht das Unternehmen in der Brandung gegen alle Widrigkeiten und Angriffe von außen.

Im Vereinsheim haben sich einige Vereinsmitglieder getroffen. Die Stimmung ist gut, Musik läuft im Hintergrund, Alkohol fließt.

Einem der Anwesenden scheint plötzlich der Kragen zu platzen. Er ruft laut, sodass es alle mitbekommen:

„Um 1 klarzustellen! Ich werde
auf keinen Fall ..."

Die anderen belächeln den Alkoholisierten. Trotzdem merken sie, dass er es ernst meint.

In der Zwischenzeit prostet einer dem Nachbarn zu und verkündet folgende Erkenntnis:

„1er geht noch."

Er meint damit, dass er noch ein Getränk genießen kann. Prost.

Aus 1 mach 2

Der Vorgesetzte ist besorgt. Er informiert seine Führungskräfte in einem Meeting. Seine Gesichtszüge sind ernst. Er offenbart:

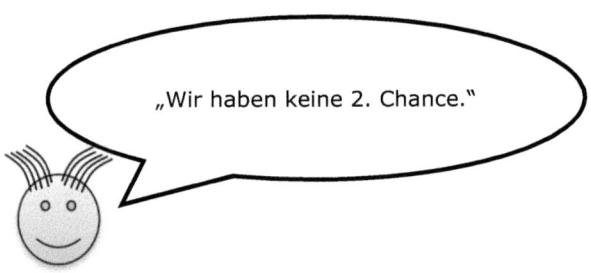

„Wir haben keine 2. Chance."

Der Vorgesetzte belehrt seine Führungskräfte:

„Wir müssen zweigleisig fahren."

„Ja, dann fallen wir nicht so schnell um."

„Wir verfolgen zwei Optionen, um uns abzusichern."

137

Offensichtlich ist die bisher gefahrene Strategie ins Trudeln geraten. Die Bedingungen auf der Welt wandeln sich. Die Absatzmärkte verlangen andere Konditionen.

Damit das Unternehmen nicht unter die Räder gerät, ist die Überlegung gut, sich ein ‚zweites Bein' – oder ein zweites Gleis – zuzulegen.

Wird eine weitere Option erstellt – ein zweites Gleis gebaut – kann gegebenenfalls vom ursprünglichen Gleis auf das andere gefahren werden.

Aus 1 mach 3

Der Politiker ist – zusammen mit anderen Gästen – in eine Talkrunde eingeladen. Um jeden Redebeitrag wird gerungen, die Zeit läuft unerbittlich weiter.

Die Moderation versucht, den überlangen Redebeitrag des Politikers zu bremsen. Der Politiker sagt:

Es versteht sich fast von selbst, dass der Politiker zu jedem seiner drei Kriterien ausführliche Erklärungen gibt. Es ist ihm demnach problemlos gelungen, aus einem Satz drei Kriterien gleich Erklärungen in der Talkrunde zu platzieren.

Natürlich zulasten der anderen Talk-Gäste, da deren Redezeit nun gnadenlos vom Politiker gekürzt wird.

Nach drei nur noch viel

Wie an anderer Stelle des Ratgebers erwähnt, gibt es Menschen, die mit Zahlen und Mathematik ‚nichts am Hut haben'. Unfairerweise wird sogar unterstellt, dass sie nicht vernünftig zählen können:

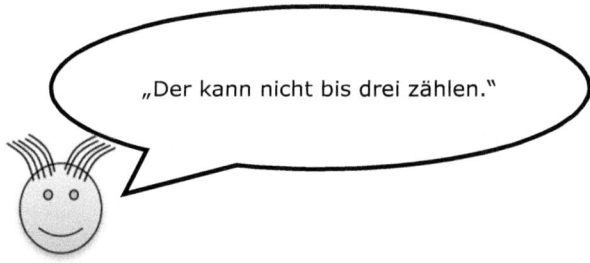

Bis ins Mittelalter war es für den einfachen Bauer nicht unbedingt notwendig, aufwändige Mathematik zu beherrschen. Er zählte: „1 – 2 – 3 – viele."

Bekannterweise war der Bauer aber darauf angewiesen, seine ‚Steuer' zu zahlen. Zum Beispiel den Zehnt (dieser Betrag kann unter Umständen auch an die Kirche gehen).

Verwendet heutzutage jemand die obige Aussage, will er damit andeuten, dass sein Gegenüber eine gewisse Intelligenz vermissen lässt.

Aus 4 mach eine Doppel-2

Manchmal scheint es notwendig, diskret mit jemandem reden zu können. Die anderen sollen möglichst nichts mitbekommen. Deshalb sagt der Kollege:

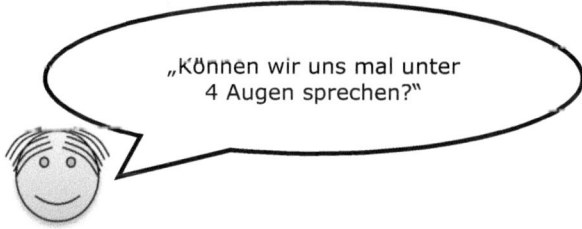

Etwas Vertrauensvolles ist auszutauschen.

Aus 17 mach eine Doppel-0

Der Chef betritt das Büro.

„Ich wollte mit ihrer Kollegin sprechen. Wo ist sie?"

„Sie ist gerade auf 17."

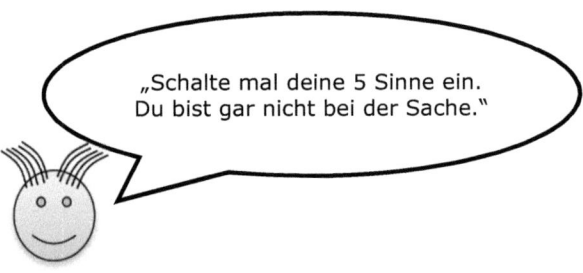

140

Auf 17? Vielen Menschen ist es unangenehm zu sagen, die Toiletten-räume frequentierten zu müssen. Sie umschreiben das, besonders dann, wenn Kunden oder andere Unbeteiligte in Hörweite sind. So geben sie eine fiktive Zimmernummer oder Büronummer an. Sie sind dann gerade mal „auf 17".

Die Not macht's möglich.

Aus 5 mach eine 12

Der Meister tadelt den Lehrling:

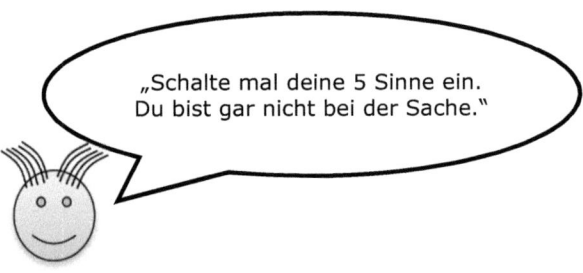

„Schalte mal deine 5 Sinne ein. Du bist gar nicht bei der Sache."

Zwei Kollegen haben eine intensive Diskussion zum Vorgehen mit einem Kunden. Einer der beiden bevorzugt eine harte Vorgehensweise. Der andere versucht, einige Spitzen aus dem geplanten Vorgehen zu nehmen. Er schlägt vor:

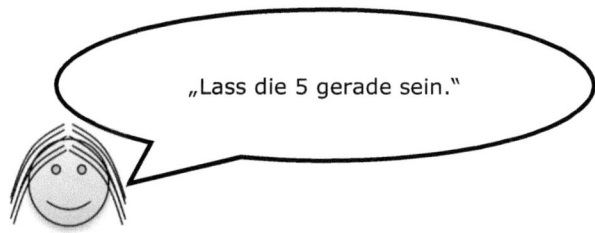

„Lass die 5 gerade sein."

Die Zahl 5 ist eine ungerade Zahl. Es wird vorgeschlagen, eine ‚abgeflachte, gerade Zahl zu nehmen. Es soll demnach etwas nicht allzu genau genommen werden. Eine 4 oder eine 6 oder eine andere gerade Zahl ist auch in Ordnung.

Nebenbei: Die Null ist weder gerade noch ungerade.

Der Vorgesetzte will sein Projekt etwas aufgeplustert erscheinen lassen und erzählt stolz:

„Wir haben unsere Aufgabe in fünf Bereiche gegliedert: die Big Five."

„Die starken Fünf in Afrika sind: Löwe, Elefant, Kaffernbüffel, Nashorn und Leopard."

Die Bezeichnung klingt stark. Sie drückt Kraft, Energie und Dynamik aus. Guten Erfolg.

Ein Blick auf die Uhr zeigt, es ist 5 vor 12.

Um 12:00 Uhr ist die Deadline. Wird diese erreicht, passiert etwas (Schlechtes). Es muss gehandelt werden, bevor es zu spät ist.

Das Schlechte, was nach der Überschreitung der Deadline geschieht, lässt sich nach diesem Gedanken nicht mehr rückgängig machen.

Umso dringlicher wird es, bis 12:00 Uhr vernünftig gehandelt zu haben.

Für andere ist es manchmal einfacher zu nörgeln, als zu handeln.

Ein anderer droht:

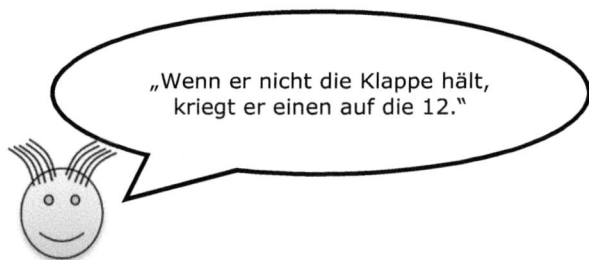

„Wenn er nicht die Klappe hält, kriegt er einen auf die 12."

Aus 7 mach viel

Der Kollege sitzt vor einer ungelösten Aufgabe, die sich nicht bewältigen lässt.

„Für mich ist das ein Buch mit 7 Siegeln."

„Kannst du es nicht öffnen?"

Der Inhalt ist sehr gut geschützt. Seien es Geheimnisse, Lösungen, Unterlagen diskreter Natur und so weiter.

Neid tritt unter Menschen immer wieder auf. Gerade dann, wenn es einem anderen besser zu ergehen scheint als einem selbst. Aber vielleicht lebt der andere nur etwas glücklicher oder genießt gerade einen besonders frohen Augenblick.

Nicht nur Neider, sondern glücklicherweise auch Gönner erkennen die gute Stimmung des Betreffenden. Sie verhalten sich wohlwollend den anderen gegenüber.

Sie meinen:

08/15

Im ersten Weltkrieg wurde im deutschen Heer ein Gewehr benutzt, das bereits ‚einige Jahre auf dem Buckel' hatte. Es hatte die Typenbezeichnung 08/15.

Das Gewehr war nichts Besonderes, tat aber seinen Dienst. Wird heute etwas als 08/15 bezeichnet, ist damit ein alltägliches, sehr gewöhnliches Vorgehen gemeint.

Alle 9e

Das Team hat sich zum Kegel spielen getroffen. Es wird eifrig gekegelt. Dann:

Ein geschäftlicher Abschluss ist gut gelungen. Wie beim Kegeln, sind alle neun Kegel getroffen.

Nicht mal zehn

Die Mitarbeiterin sträubt sich energisch dagegen, eine bestimmte Aktion durchzuführen. Sie ruft:

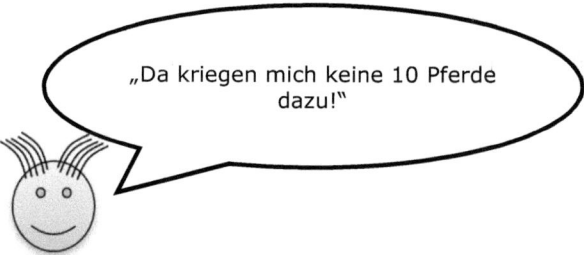

„Da kriegen mich keine 10 Pferde dazu!"

Sie wird das von ihr Erwartete auf keinen Fall tun.

Die 13 bleibt die 13

Egal, wie es gedreht und gewendet wird, die 13 bleibt immer die 13. Für viele Menschen der hiesigen Kultur ist die 13 eine Unglückszahl.

145

Wer abergläubisch ist, vermeidet beispielsweise an solch einem Tag einen Vertrag zu unterschreiben oder gar eine Reise anzutreten.

Außerdem gilt die 13 für viele als ‚blöde' Zahl, lässt sie sich doch ohne Rest nicht vernünftig teilen. Vor ihr in der Zahlenfolge ist die harmonische 12, die den Menschen im Leben an vielen Stellen begegnet.

Es gibt 12 Monate, 2 × 12 Stunden am Tag; 12 Tierkreiszeichen beeinflussen viele Menschen in ihren Entscheidungen. Und so weiter.

Wird diese harmonische Zahl 12 durch die böse Zahl 13 überschritten, kann es zu Unglück kommen. Nicht umsonst ruft jemand erbost aus, wenn er sich über ein Vorgehen sehr ärgert:

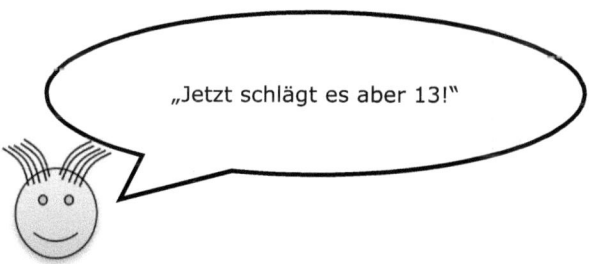

„Jetzt schlägt es aber 13!"

Einfluss der Zeit – Nach vorn schauen

„Ich werfe einen Blick in die Zukunft."

„Lassen Sie uns einen Blick in die Zukunft werfen."

Sofern es sich nicht um einen Hellseher handelt, gelingt es dem Menschen nicht, in die Zukunft zu sehen. Er kann <u>annehmen</u>, wie die Zukunft aussehen mag, aber kann es nicht <u>wissen</u>.

„Gestern übernachtete ich zu Hause."

„Das ist die Vergangenheit und die <u>Wahrheit</u>."

Es ist solange die Wahrheit, solange nicht gelogen wurde. So oder so, das Erlebte liegt in der Vergangenheit.

Da ein Mensch in der Regel nicht wissen kann, was die ‚Zukunft bringt‘, wird hier von Annahme gesprochen.

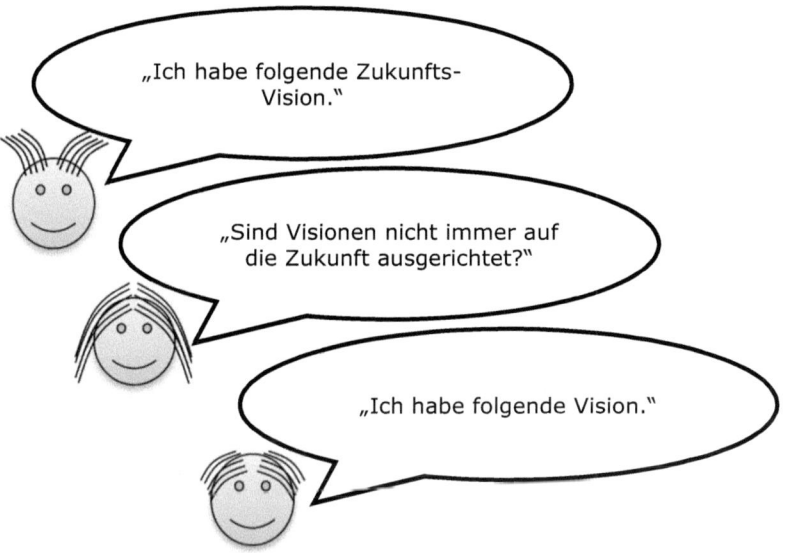

Interessanterweise wird immer wieder von <u>Zukunfts</u>-Visionen gesprochen. Eine Vergangenheit-Vision ist nicht bekannt. Rückwirkend lässt sich nichts mehr ändern – Vision hin oder her.

So lässt sich davon ausgehen, bei einer Vision sowieso in die Zukunft orientiert zu sein.

Apropos Zeit. Hier ein tatsächlich stattgefundener Dialog zur Umstellung der Uhr aufgrund der Sommerzeit.

Ist ja nachvollziehbarer Weise eigenartig, vergangene Zeit zurückstellen zu können. Wird die Uhr von 3:00 Uhr auf 2:00 Uhr zurückgestellt, kann die plötzlich erhaltene zusätzliche Stunde erneut durchlebt werden.

Ein netter Gedanke. In Wirklichkeit bewegt sich die <u>Zeit</u> unerbittlich wieter (in die Zukunft). Nur die <u>Uhrzeit</u> wird verstellt.

Einfluss des Fremden – Anglizismen

„Zahlen beweisen gar nichts."
Johann Friedrich Benzenberg, dt. Physiker
(1777 - 1846)

„In 2025 macht es keinen Sinn mehr."

In der englischen Sprache lautet es richtig „in 1789". In der deutschen Sprache hingegen soll es heißen: „Im Jahr 1789".

Lobenswert, wenn gespart werden soll – und sei es bei Wörtern. Viele hier lebende Menschen machen es sich einfach und übernehmen die englische Variante in die deutsche Sprache.

„Mir geht es gut damit."
„Mir geht es gut."

Auch, wenn es modern scheint, ‚fein' zu sein, ist die Formulierung frag-lich.

Eine ähnliche ‚Übernahme' durch die englische Sprache gibt es bei:

„Das <u>macht</u> keinen Sinn."

„Was macht es denn dann?"

„Das <u>ergibt</u> keinen Sinn."

Ist es nicht ein hoher Preis der bezahlt wird, wenn die Sprache von Fremdsprachen zu stark beeinflusst wird, und so sehenden Auges nach und nach verloren geht?

Anglizismen

Ein Begriff einer anderen Sprache (hier englische Sprache) wird in die deutsche übernommen. Die Einzahl lautet Anglizismus.

Work-Live-Balance	Airport	Surfen
Commitment	Twittern	Portfolio
Start-up	Support	E-Mail
Challenge	Backstage	Performance
Roundabout	Streamen	Download

Aber Vorsicht! Manche in der deutschen Sprache verwendeten englische Begriffe haben eine andere Übersetzung als vermutet. Hier wird der Bereich zum Denglisch erreicht. Denglisch bedeutet die Vermischung von deutscher und englische Sprache.

Updaten	Aktualisieren	Mailbox	Voicemail
Facility Manager	Hausmeister	Bodybag	Leichensack (keine Umhängetasche)
Chillen	Ausruhen	Beamer	BMW
Canceln	Absagen	Oldtimer	Classic car
Hard Work	Schwere Arbeit	Handy	Mobile phone
Undertaker	Bestatter	Timer	Personal organizer
Standing Ovation (nur im Plural mit ‚s')		Stürmischer Applaus (nicht zwangsläufig im Stehen)	

Einfluss der Minderheit – Mehrzahl, Mehrheit, Majorität

Die demokratische Mehrheit

Mehrheiten können absolut oder relativ sein.

Absolut sind sie, wenn sie (allein) mehr Prozente als der/die andere/n zusammen erzielen.	Einfach sind sie, wenn sie mehr Prozente bringen als jeder der anderen in ihrer Gesamtheit.	Relativ sind sie, wenn sie mehr als jeder andere Wertungen hat, aber gleichzeitig weniger als 50 %.
51 % für A 39 % für B 10 % für C	27 % für A 17 % für B Die anderen haben nicht abgestimmt.	40 % für A 35 % für B 25 % für C
	Bei Ja/Nein-Abstimmungen gelten Enthaltungen unter Umständen als Nein.	Bei Ja/Nein-Abstimmungen entspricht die relative Mehrheit der einfachen Mehrheit.

Mehrheit trotz Minderheit trotz Mehrheit

Acht Gruppierungen reichen ihre Vorschläge ein. Die Wahlberechtigten geben ihre Wertung ab. Die Ergebnisse lauten:

- Gruppe A erhält 16 %.

- Die sieben Gruppen B bis H erhalten je 12 %.

Mit 16 % Zustimmung zu ihrem Vorschlag erzielt Gruppe A prozentual die meisten Stimmen. Sie erhält problemlos die Mehrheit, obwohl sie mit 16 von 100 % eine Minderheit repräsentiert.

Das heißt auch, dass 84 % der Wählenden – also eine deutliche Mehrheit – nicht für den Vorschlag von A stimmten.

Die Teamer (die im Team Zusammenarbeitenden) im Team entscheiden sich mit 5 zu 3 Stimmen für Projekt A. Sie haben eine Mehrheit/Majorität erzielt. In einer demokratischen Abstimmung ist das Ergebnis akzeptiert.

Die Vorgesetzte teilt ihrem 8-köpfigen Team mit, dass das Projekt B bearbeitet werden soll. Eine Minderheit (die Vorgesetzte aufgrund der Hierarchie) hat entschieden.

Die große Minderheit 153

Ist es nicht ein Widerspruch, von einer großen Minderheit zu sprechen?

Nein, die Minderheit spiegelt keine Mehrheit wider. Trotzdem können viele Beteiligte einen großen Anteil der betroffenen Menschen sein.

51 % der Befragten sind dafür, grüne Schuhe zu tragen.

46 % stimmen für rote ab. Sie vertreten eine Minderheit. Allerdings prozentual gesehen, eine große Minderheit.

Deshalb könnte von einer kleinen Minderheit gesprochen werden, nämlich von den 3 %, die gelbe Schuhe bevorzugen.

Immer wieder ergibt sich die Situation, dass eine kleine Minderheit großen Einfluss auf die Meinung der Bevölkerung ausüben kann.

In der Talkrunde trifft ein Vertreter der Minderheit auf einen Vertreter der Mehrheit. Beide haben nun gleichviel Redezeit und können gleichviele Argumente austauschen.

Für den Zuschauenden entsteht der Eindruck, dass beide Repräsentanten eine gleichstarke/gleichgroße Gruppe repräsentieren.

Die komplizierte Mehrzahl – „Ich mag Spaghetti(s)."

„Die Niederlande hat abgestimmt."

„Nein, nein, sie <u>haben</u> abgestimmt."

154

Denn: Die Niederlande sind eine Pluralform, sowie die USA und die VAE (Vereinigte Arabische Emirate).

Deshalb ist es falsch, von diesen Ländern in der Einzahl zu sprechen.

„Die USA <u>ist</u> ein Land."

„Nein, die USA <u>sind</u> ein Land."

Die Vereinigten Arabischen Emirate, fälschlicherweise manchmal als Dubai bezeichnet, bestehen aus sieben Emiraten.

Nebenbei: Unkorrekterweise wird häufig von Holland und Amerika gesprochen, wenn die Niederlande und die USA gemeint sind.

Holland (Nord- und Südholland) sind zwei der zwölf Provinzen der Niederlande. Vergleichbares gilt für Großbritannien, das oft als England bezeichnet wird.

Die USA bestehen aus fünfzig Staaten. Amerika heißt der komplette Kontinent, bestehend aus Süd-, Mittel- und Nordamerika. Kanada gehört zu Nordamerika. Genau genommen sind die Kanadier Amerikaner.

Sofern sich ein Niederländer Holländer nennt oder ein US-Amerikaner als Amerikaner vorstellt, ist es selbstverständlich in Ordnung. Umgekehrt nicht.

Nicht jeder in Deutschland Lebende will gern als Sachse oder Bayer bezeichnet werden.

Bei dieser Gelegenheit sei darauf aufmerksam gemacht, dass nicht alle aus Asien kommenden Menschen Chinesen sind. Bei Drucklegung dieses Ratgebers leben in China ca. 1,4 Milliarden Menschen. In Taiwan 23 Millionen, in Südkorea 52 und in Japan 125 Millionen Menschen, die aus hiesiger Sicht ähnlich wie die Chinesen aussehen.

155

Kurzwörter

Werden Wörter gekürzt, ergeben sie sogenannte Kurzwörter. Hierzu gibt es drei Kategorien.

Multisegmental:	Unisegmental:	Partiell gekürzt:
Es bleiben einige Buchstaben stehen. Die meisten Buchstaben fallen weg.	Ein Wort wird geteilt und damit gekürzt.	Nur ein Wortteil wird durch einen Buchstaben ersetzt.

Zum Beispiel Lastkraftwagen, aus dem ein Lkw wird. Dasselbe gilt für den PKW. TOP ist das Kurzwort von Tagungsordnungspunkt.

Zum Beispiel Abitur. Das gilt auch für Professor und Automobil.

Kilo für Kilogramm.

Zum Beispiel Stadtbahn. Auch für U-Bahn. V-Mann (Verbindung- oder Vertrauensperson).

Zur Ergänzung: Es gibt noch das Rumpfwort, beispielsweise bei Vornamen. Annelise wird Lise genannt.

Unglückliches Plural-s

Nun gibt es eine Testfrage: Heißt es in der Pluralform Lastkraftwagen oder Lastkraftwagens? Die meisten werden sofort sagen Lastkraftwagen. Das stimmt. Wie sieht es dann mit dem Kurzwort in der Pluralform aus?

Manche Nachrichtensprecher reden von LKWs, die einen Stau verursachen. LKWs – müsste das nicht LKW heißen?

Genauso wird nicht von TOPs sondern von TOP gesprochen.

Tja, und dann gibt es noch die oben erwähnten Spaghettis. Die gibt es gar nicht. Wie lautet die Pluralform von Spaghetti? Nun, Spaghetti ist bereits die Pluralform. Und die Einzahl lautet – etwas ungefällig für die hiesigen Ohren – Spaghetto. Da Spaghetti in der Regel in Gruppen auftreten, ist die Einzahlform so gut wie unbekannt.

Analog dazu heißt es Graffiti. Ein Einzelnes ist ein Graffito.

Und wie mag das bei Konfetti aussehen? Konfetti entspricht der Einzahl. Konfetti hat keine Mehrzahlform.

Plural von Cappuccino sind laut Duden Cappuccino, Cappuccinos, Cappuccini.

Ein Gast bestellt sich einen caffè Cappuccino. Ein Pärchen bestellt sich zwei caffè Cappuccino (nicht Cappuccini). Caffè gleich Espresso.

Teil 5 – Nichts drauf geben

Singularetantum und Pluraletantum

Ein Singularetantum (lat. ‚singularis' für ‚im Singular stehend' und ‚tantum' für ‚nur') bezeichnet Begriffe, die ausschließlich in der Einzahl vorkommen.

Es gibt keine Mehrzahlform. Pluraletantum (lat. ‚pluraslis' für ‚im Plural stehend' und ‚tantum' für ‚nur') zeigt genau das Gegenteil: Es handelt sich um Begriffe, die es nur im Plural, nicht aber im Singular gibt.

Singularetantum (Mehrzahl: Singulariatantum):	Hunger	Durst
	Weltall	Klarheit
	Glück	Böse
	Das Rhetorische	Konfetti
Pluraletantum (Mehrzahl: Pluraliatantum):	Leute	Spesen
	Kosten	Tropen
	Shorts	Geschwister
	Ferien	Memoiren

Glas und Gläser

Vor dem Trübseligen an der Bar steht ein leeres Glas. Einige Minuten später steht ein zweites leeres daneben. Zu sehen sind zwei Gläser.

Nun bestellte er noch ein Glas Bier. Nach überschaubarer Zeit sagt er:

"Ich habe drei Gläser Bier getrunken."

"Trinkt er die Gläser oder den Inhalt?"

"Ich habe drei Glas Bier getrunken."

158

Geht es um die Menge des getrunkenen Biers, wird das Wort Glas als Zählwort verwendet. Er hat drei Glas Bier getrunken.

Das Zählwort (Zähleinheitswort, Klassifikator, Kategoriewort) bleibt im Plural unverändert stehen.

- Ein Sack Mehl
- Zwei Sack Mehl

Sack Mehl	Stück Vieh	Paar Schuhe
Bund Lauch	Laib Brot	Pfund Butter
Dutzend Eier	Satz Reifen	Meter Abstand

„Das Unternehmen hat 150 Mann Belegschaft."

„Es müssen nicht Männer sein, sondern können auch Frauen sein."

„Das Unternehmen beschäftigt 150 Personen."

„Immer Mann bleiben und etwas an den Mann bringen."

Wo ist die Bezeichnung ‚Frau'? (Vergleiche Einfluss des Geschlechts)

„Oh Mann!"

Einfluss des Geschlechts – weiblich versus männlich

„Der, die oder das?"

Menschen aus anderen Kulturen können ein Klagelied singen. Weshalb es der Mann und die Frau heißt, ist nachvollziehbar. Warum der Stuhl und der Tisch, aber die Lampe und die Decke? Das Glas und das Bad?

Einiges ist erklärbar, weil es mit dem sexuellen Geschlecht zu tun hat: die Löwin und der Löwe, die Katze und der Kater. In vielen anderen Fällen gibt es tatsächlich keine vernünftige Erklärung mehr.

So heißt es für den Lernenden: lernen, lernen und noch mal lernen.

Allerdings weiß auch mancher hier lebende Mensch nicht mit den Artikeln richtig umzugehen. Zu aller großen Schwierigkeit kommt dazu, dass manche Wörter zwei oder gar drei Artikel akzeptieren.

Hier eine Zusammenfassung. Einige Beispiele:

Oft verwechselte Artikel	
das Virus	nicht der
der Python	selten die
der Krake	selten die
der Elternteil	nicht das
der Pool	nicht das
die Katzenstreu	nicht das
der Toast	nicht das

das Gegenüber	nicht der

Hier besteht die Wahl des Artikels	
der oder das	Dotter
der oder das	Biskuit
der oder das	Gelee
der oder das	Prospekt
der oder das	Thermostat
die oder das	Geschwulst
der, die oder das	Joghurt

Identisches Wort, unterschiedlicher Artikel, verschiedene Bedeutung	
der Moment (Augenblick)	das Moment (Gesichtspunkt)
der Spektakel (Lärm)	das Spektakel (Veranstaltung)
der Teil (vom Ganzen)	das Teil (eine Sache)
der Verdienst (Lohn)	das Verdienst (Leistung)
der Tor (Narr)	das Tor (Tür)
der Schild (Schutzwaffe)	das Schild (Plakette)
der Kiefer (Kopfteil)	die Kiefer (Baum)
der Leiter (Führung)	die Leitung (Steiggestell)

„Mann oder Frau?"

Es ist fast erschreckend, wie häufig der ‚Mann' im Sprachschatz zu finden ist.

Nachvollziehbar ist, dass einige Formulierungen aus der Sprache der Segelschiff-Zeit kommen. Es galt früher als Unglück bringend, eine Frau an Bord zu haben, weshalb es viele Begriffe mit ‚Mann' gibt.

Ähnlich scheinen sich folgende Redewendungen aus der Berufswelt entwickelt zu haben, da der Mann, als ‚Ernährer der Familie', dem bezahlten Beruf nachging.

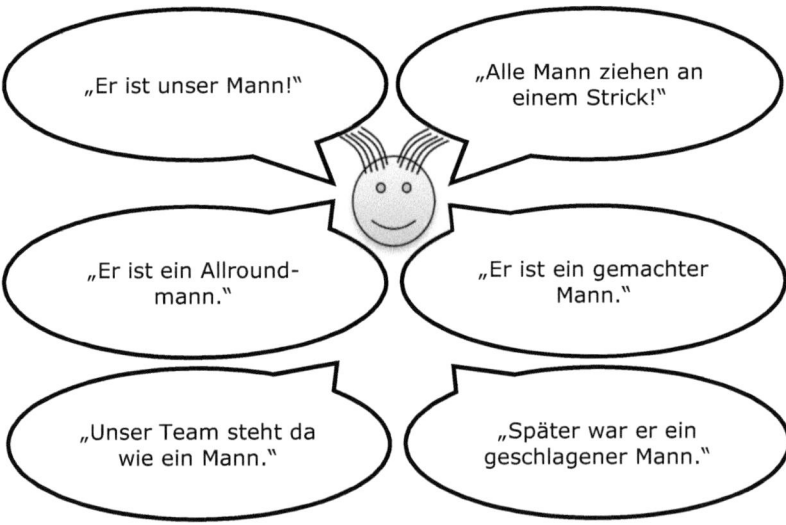

Teil 5 – Nichts drauf geben

Die letzte Sprechblase rechts unten zeigt, ‚wer hoch steht, fällt tief‘.

Dann wird von einem hart arbeitenden Durchschnittsmenschen gesprochen.

Die erste Sprechblase redet nicht von der körperlichen Größe eines Mannes, sondern von seinem sozialen Stand.

Oben rechts, der ‚kleine Mann im Ohr‘, bedeutet, dass die Person nicht ‚richtig tickt‘. Sie hat wohl jemanden im Ohr, der ihr dummes Zeug zugeflüstert. Links unten wird deutlich gemacht, dass es dem Mann so schlecht geht, dass er in keiner Tasche einen Cent übrighat. Er ist ‚abgebrannt‘, was seine Nacktheit unterstreicht.

Hin und wieder tut es gut, einen Fluch auszurufen, um Aggressionen abzubauen.

Selbstverständlich trotzt der Mann Dank seiner Muskelkraft jeglicher Gefahr.

„Lass uns von Mann zu Mann reden!"

„Er ist ein Mann wie ein Baum!"

„Er markiert den starken Mann."

Ob er wirklich so stark ist, wie er aussehen will?

„Es ist Not am Mann!"

„Es heißt: Immer am Mann bleiben!"

Tja, die Zeiten, in denen sich alles um den Mann drehte, liegen noch gar nicht so lange zurück.

Die Frau zieht gleich

Die Ehefrau nickt ihrem Mann verständnisvoll zu und erklärt ihren Freundinnen:

„Manchmal regt sich bei ihm das Kind im Manne."

Und wenn er es zu stark übertreibt, ermahnt sie ihn …

„… den lieben Gott einen guten Mann sein zu lassen."

Glücklicherweise hat frau trotz aller Widerstände ihren Platz erobert. So gibt es mehrere Sprüche, bei denen statt ‚Mann' auch ‚Frau' gesagt wird. Hier die weiblichen Varianten:

„Eine Frau der ersten Stunde."

„Etwas an die Frau bringen."

„Selbst ist die Frau!"

„Eine Frau von Welt."

„Sie steht ihre Frau!"

„Sie ist die Frau fürs Grobe."

Für alle, die sich nicht drängen lassen, sowie für die, die noch wissen, was ein D-Zug war.

„Eine alte Frau ist doch kein D-Zug."

Mond und Mars

Fairerweise soll noch der Mann im Mond erwähnt werden. Von einer weiblichen Begleitung ist bisher nichts bekannt.

Im Sinne der Gleichberechtigung und zur Vorbeugung des Vorwurfs der Diskriminierung müssten die Redewendungen auf Frau und auf Mann ausgerichtet sein.

So ließe sich bei den Marsmännchen beginnen und diese als Marsbewohner/innen oder Marsmenschen bezeichnen.

Teil 6 – Absolut cringe

Total abgefahren

> *„Die Menschen sind so notwendig verrückt,*
> *dass nicht verrückt sein nur hieße,*
> *Verrücktsein nach einer anderen Art von Verrücktheit."*
> **Blaise Pascal, frz. Philosoph**
> **(1623 - 1662)**

„To be in the pink."

Wer möchte schon gerne als verrückt bezeichnet werden? Wohl die große Mehrheit der Menschen bevorzugt, als ‚normal' eingeschätzt zu werden. In ‚normal' steckt die ‚Norm'. Das ist die von der Gesellschaft bestimmte Vorgabe. Der Mensch hat sich so und so zu verhalten.

Entsprächen alle Menschen der Norm, wären alle gleich und verhielten sich gleich. Wie langweilig. Alle wären genormt.

167

Wie gut, dass ein Mensch Ecken und Kanten hat, die sein Profil ausmachen. So entsteht das persönliche Profil mit allen Stärken und Schwächen.

Jede ‚Ecke' – im freundlichen Sinn auch ‚Macke' genannt – bedeutet, ein wenig von der Norm abzuweichen. Der Mensch rückt vom Durchschnittsmaß ab. Er ver-rückt seine Position.

Schon ist es geschehen. Er ist ver-rückt. Glückwunsch!

Je verrückter er ist, desto mehr Dynamik und Abwechslung bringt er in das blasse Leben ein. Selbstverständlich immer unter der Voraussetzung, dass er durch sein Verrücktsein anderen Menschen nicht physisch oder psychisch schadet.

Diese Art des Verrücktsein hilft, visionär zu denken, Erfindungen in die Welt zu bringen, Entdeckungen den bisherigen hinzuzufügen und so weiter.

Dies ermöglicht es der Gesellschaft, sich kreativ und vielfältig weiterentwickeln zu können.

Wandel und Neuerungen

Dass sich die Sprache ständig weiterentwickelt und wandelt, ist bekannt. Werden ältere Texte gelesen, ist die Veränderung noch deutlicher zu erkennen.

„Der junkbrunn … da dacht ich mit seufzender klag an meiner jugent gute tag, die ich so unnütz het verzert." Dieser Text stammt vom deutschen Dichter Hans Sachs (1494 – 1576). Er soll die Veränderung der Sprache erkennen lassen.

Nicht nur durch die Globalisierung schleicht sich die englische Sprache in den deutschen Wortschatz. Auch die ältere Generation, die diese Vorgehensweise oft bemängelt, mag sich erinnern, seit wann sie beispielsweise das Wort ‚Jeans' oder ‚Swimmingpool' verwendet.

‚Total abgefahren' stammt aus den siebziger Jahren. Auf vielen Partys wurde Rauschmittel eingenommen. Die Feiernden waren auf einem ‚Trip'. Das englische Wort Trip heißt übersetzt so viel wie ‚Reise'. Die Berauschten waren also auf einer Reise. Sie waren aus dem realen Zustand ‚abgefahren' und befanden sich in einer anderen Welt.

Aus neuerer Zeit kommt die Redewendung ‚To be in the pink'. Diese Redewendung steht für ‚munter sein', ‚sich wohlfühlen', ‚optimistisch sein', ‚in Hochform sein'. Sehr sympathisch.

Parallelsprache der Jugendlichen

Neben dem Phänomen der ‚Einwanderung' englischer Begriffe ist ein weiteres zu beobachten, nämlich die Jugendsprache.

Wer als Erwachsener die Chance hat, einem Dialog von Jugendlichen lauschen zu können, hat unter Umständen eine Herausforderung, den Text überhaupt zu verstehen. Und nicht nur den Text als solchen, sondern auch die Bedeutung der ausgesprochenen Wörter.

Die Wörter der Jugendsprache sind nicht statisch. Sie wandeln sich ständig. Was heute ‚in' ist, wird morgen belächelt. So wie in der klassischen Sprache auch.

So wird sogar das Jugendwort des Jahres festgelegt. Im Jahr 2021 entschied sich die Jury für ‚cringe'. Das Wort kommt aus der englischen Sprache und bedeutet übersetzt so viel wie ‚erschauern'. Cringe: Eine Person verhält sich peinlich, weswegen sich andere fremdschämen.

2023 wurde ‚goofy' für den Tollpatschigen ausgesucht.

Hier eine kleine Auswahl typischer Jugendwörter.

Save	Das Genannte ist gesichert/bestätigt	Vibe	Angenehmes Gefühl, durch andere ausgelöst
Chillen	Bequem und stressfrei die Zeit genießen	Lost	Ahnungslos, unentschlossen sein
Triggern	Gefühle auslösen	Dissen	Sich über etwas oder jemanden ab-fällig äußern

„Du hast drip."

„Du trägst ein schickes Outfit."

Hm, eine Sprache für sich.

Die verwendeten Begriffe der Jugendlichen müssen nicht zwangsläufig aus der englischen Sprache abgeleitet werden.

Und als Beleidigung:

„Du Lauch."

„Lauch ist ein ganz schlanker Mensch. Der Begriff wird hier als Beleidigung verwendet."

Abgefahrene Mischung Deutsch Englisch

So weit, so gut. Eine weitere Stufe der Herausforderung ist das Mischen englischer Begriffe in deutsche Texte. So formulieren überwiegend junge und/oder erfolgreiche ‚Manager-Typen'.

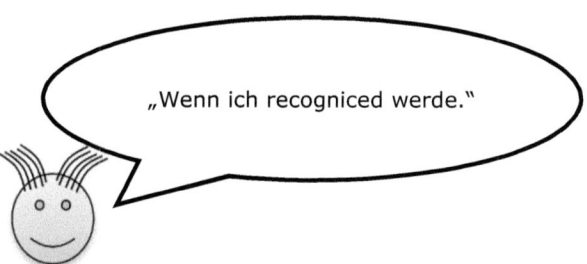

„Wenn ich recogniced werde."

Recognice = erkennen

„Das wurde mitten im Meeting outgecalled."

Out call = Ausruf

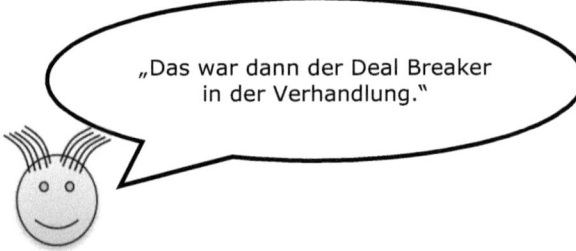

„Das war dann der Deal Breaker in der Verhandlung."

Deal Breaker = Geschäft-/Handel-Brecher

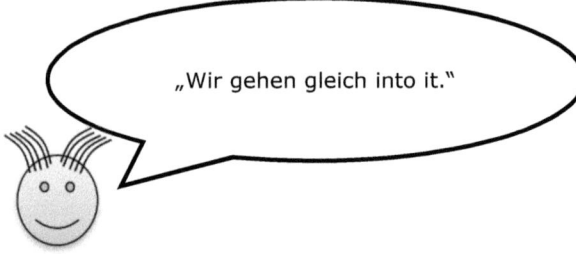

„Wir gehen gleich into it."

To go into = darauf eingehen

„Aufgrund der vielen Breaking News bekommen wir gar nicht mehr mit, was in den ärmsten Ländern Afrikas geschieht."

Breaking News = Sonder- oder Eilmeldungen

„Die Templates können Sie sich downloaden."

Template = Vorlage

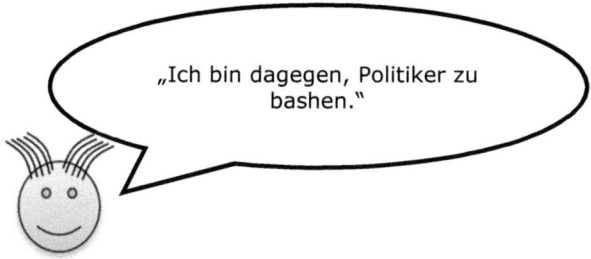

To bash = verprügeln, hier verbal auf jemanden einschlagen

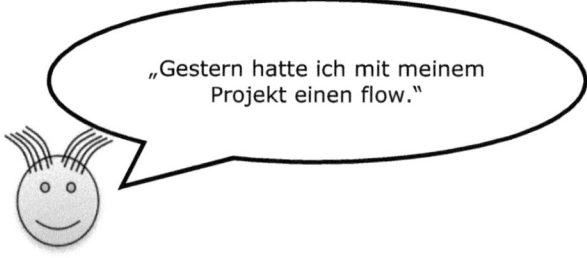

To flow = fließen. Ein positives Gefühl des Aufgehens in einer Tätigkeit

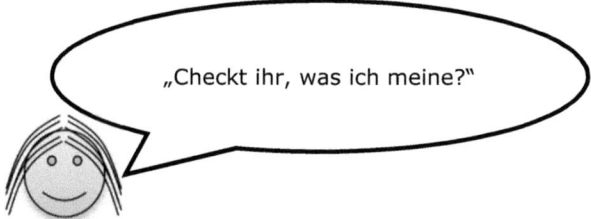

Es ist sinnlos, gegen solcherart Sätze vorzugehen. Sie entsprechen – zumindest in bestimmten Kreisen – der gängigen Kommunikation. Sie verbreiten sich oft unreflektiert, da die Menschen sie ‚einfach' übernehmen.

Es ist die Frage, ob Menschen aus anderen Kreisen verstehen, wovon die Rede ist.

Wer will, verwendet statt Wörter anderer Sprache hier übliche Begriffe, zumindest solange es sie gibt.

Hochgestochene Mischung Deutsch und Fremdwörter

Manch Diskussionspartner demonstriert sein Wissen durch die Verwendung möglichst vieler Fremdwörter. In solch einem Dialog scheinen ‚die Gebildeten' unter sich zu sein.

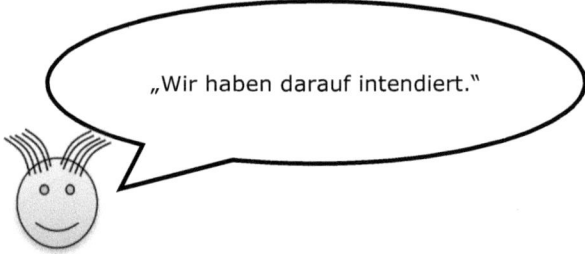

Fremdwort Intendieren = auf etwas hinzielen

Fremdwort Rekurrieren = auf früher Erkanntes zurückgreifen

Wie verhalten sich die, die das Fremdwort nicht kennen? Am besten bitten sie um Erklärung.

Wer ein Fremdwort benutzt, sollte direkt eine in deutscher Sprache übersetzte Erklärung geben.

Tote Wörter

Manche Menschen bemängeln das Verändern der Sprache. Sie möchten die Sprache weiterhin so nutzen, wie sie sie kennen.

Wörter verschwinden aus dem Wortschatz. Still und leise sind sie ‚irgendwann' in Vergessenheit geraten. Zum Beispiel, weil es keinen Bedarf ihrer Benutzung mehr gibt.

Beispielsweise:

Bandsalat (verwurschteltes Band im Kassettenrekorder)	Gabelfrühstück (zweites Frühstück, ähnlich einem Brunch)
Kommod (bequem)	Fisimatenten (Unfug machen)
Vettel (ungepflegte, ältere Frau)	Landauer (Kutschen mit aufklappbarem Verdeck)
Vatermörder (steifer Kragen am Herrenhemd)	Typenhebel (Gestänge für einen Buchstaben an einer Schreibmaschine)

Daneben gibt es viele neue Begriffe, die sich auf Technik beziehen, wie zum Beispiel rund um das Smartphone. Oder Wörter, die für veränderte Situati-onen benötigt werden.

Grüner Fußabdruck (Indikator für die Deckung benutzter Ressourcen für eine Person)	Flugscham (unangenehmes Gefühl bei der Benutzung eines Flugzeugs)
Covid 19 (Infektionskrankheit)	Pflegegrad (Stufe der Pflegebedürftigkeit)
Ampelregierung (Regierung mit den Parteien der entsprechenden Ampelfarben)	Sommermärchen (Fußball-WM 2006)

Nervende Wörter

In der deutschen Sprache gibt es Wörter, die ohne weiteres als nervend bezeichnet werden können. Sollte jemand seinen Text nicht über ein Sprachprogramm automatisch korrigieren lassen, trifft er immer wieder auf Wörter, bei deren Schreibweise er unsicher ist. Gemeint sind Begriffe wie Apetit, Appettit oder Appetit? Wie sieht es aus mit Apel, Apell oder Appell?

Bei anderen Wörtern scheint es immer wieder unklar, welche Variante wann gewählt wird. Einige Beispiele:

wann wird diese Schreibweise verwendet ...	... wann ist jene richtig eingesetzt?
Die Sonne hat geschienen.	Die Sonne hat gescheint.
Ich habe es abgeglichen.	Ich habe es abgegleicht.
Das Bild wurde aufgehängt.	Das Bild wurde aufgehangen.
Der Brief wurde versandt.	Der Brief wurde versendet.
Er hat seinen Körper abgewendet.	Er hat seinen Körper abgewandt.
Die Oma hat zum Abschied gewinkt.	Die Oma hat zum Abschied gewunken.

Linke Spalte alle richtig. Rechte Spalte sind die oberen drei falsch, die unteren drei wie ihre linken Nachbarn auch richtig, wobei die letzte Variante selten verwendet wird.

Übrigens: Korrekt ist die Schreibweise Appetit und Appell.

Ungewöhnliche Vornamen

Es bleibt nicht aus, dass auch strenge Regeln, welchen Vornamen ein Kind erhalten kann, aufgeweicht werden. Folgende Namen sind bei Drucklegung dieses Ratgebers erlaubt:

Tarzan	Barbie	Fanta
Diamond	Rapunsel	Cinderella
Winnetou	Prestige	Zorro

Beamtensprache

Der folgende Textauszug stammt aus der „Anordnung des Bundesministeriums für Digitales und Verkehr zur Übertragung von Zuständigkeiten in Angelegenheiten der Beihilfe auf die Postbeamtenkrankenkasse (BMDVBeihÜbertrAnO) vom 26. März 2025".

Satz 1 aus § 1:

„Der Postbeamtenkrankenkasse wird die Zuständigkeit für die Beihilfebearbeitung einschließlich der Beihilfefestsetzung für Beihilfeanträge der gemäß § 2 der Bundesbeihilfeverordnung beihilfeberechtigten Personen sowie der gemäß § 4 der Bundesbeihilfeverordnung berücksichtigungsfähigen Personen (Beihilfeempfangende) des Bundesministeriums für Digitales und Verkehr (Bundesministerium) und der nachgeordneten Behörden des Bundesministeriums übertragen."

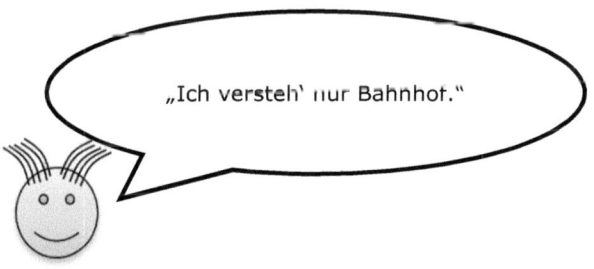

„Ich versteh' nur Bahnhof."

Total geschmacklos

„Geschmack ist das Feingefühl des Geistes."
Stanislas de Boufflers, frz. Dichter
(1738 - 1815)

„Ich vernasche dich."

Vor wenigen Jahrzehnten ,entdeckten' europäische Seefahrer die wunderschöne Insel Borneo. Heute gehört ein Teil der Insel zu Malaysia, der andere Teil zu Indonesien.

Bei der Erforschung der Insel kämpften sich die Eroberer durch den Dschungel und stießen bald auf die sogenannten Langhäuser der dortigen Bevölkerung.

Zu ihrer Verwunderung bemerkten sie aufgespießte Köpfe auf der ,Terrasse' entlang des Langhauses. Sie hatten Kontakt mit den Kopfjägern.

Kopfjäger und Kannibalen sind nicht dieselben. Es sind zwei verschiedene Gruppen von Menschen, was die Begegnung mit ihnen deswegen nicht vereinfachen muss.

Kopfjäger ,sammeln' Köpfe von Feinden. Manchmal wurde das Hirn verspeist, manchmal der Schädel als Trinkgefäß benutzt, manchmal wurde der Kopf zu Schrumpfschädeln verarbeitet. Bei einigen Völkern diente ein Schrumpfkopf als Beweis der Männlichkeit, um in den Stand der Ehe treten zu können.

Kannibalen hingegen verzehrten Menschenfleisch von (auch erkrankten) Stammesgenossen oder von Feinden.

Obwohl diese Art der Gepflogenheiten – egal ob Kopfjäger oder Kannibalen – in hiesiger Gesellschaft wie aus heutiger Sicht damals als ,animalisch' angesehen wurde, fanden sich früher weltweit Kulturen, in denen dieses Brauchtum typisch war.

Umso verwunderlicher scheint es, dass auch in der deutschen Sprache Redewendungen verborgen sind, die auf Kannibalismus schließen lassen.

Kannibalismus in der Sprache?

Und noch etwas höflicher:

interessant, dass es Formulierungen dieser Art in der Sprache gibt. Und, dass sie verwendet werden. Das müsste bei dem Menschen die Haare zu Berge stehen lassen, sobald er den ‚kannibalistischen Hinweis' wahrnimmt.

Eine Person sagt über die andere, sie sehe knackig, süß, appetitlich aus. Diese Äußerungen passen (auch) zum kulinarischen Bereich.

Wer sein Gegenüber voller Zuneigung vernascht, hat nicht lange etwas von ihm. Also – recht abgefahren die Idee des Vernaschens.

Haare vom Kopf fressen

Früher hieß es: „Die Person hat Haare" was bedeutete, dass sie reich war. Viele Haare – viel Geld. Jemand sagt:

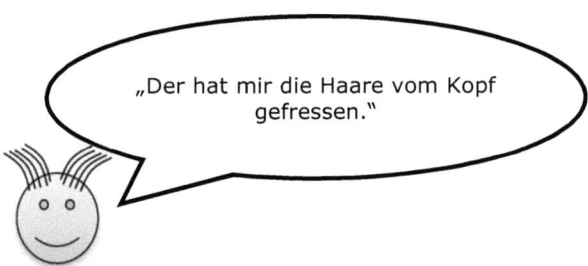

Es bedeutet, dass jemand auf Kosten dieser Person lebt und gleichzeitig relativ hohe Kosten verursacht. Nun ja, lieber Haare vom Kopf fressen, als sich an Körperteilen genüsslich halten.

Total abgesunken

> *„Was eine Sitzung ist?*
> *Der Sieg des Hintern über den Geist."*
> **Georg Wilhelm Heinrich Haering (Willibald Alexis), dt. Jurist**
> **(1798 - 1871)**

„Hier stinkt es."

Die Fäkalsprache (lat. ‚faex' für ‚Bodensatz') benutzt Wörter, die sich auf Ausscheidungen von Blase und Darm beziehen oder auf Körperteile, die mit Scham bedacht sind. Demnach auch obszöne (lat. ‚obscenus' für ‚unanständig') Begriffe.

In diesem kurzen Ausflug der Sprache werden hier bewusst * eingesetzt, um dem Wortschatz der Fäkalsprache kein zusätzliches Schriftbild zu bieten.

Zu dieser Gruppe der Wörter gehören solche, die in der Regel in der gesellschaftlichen Kommunikation nicht verwendet werden. Wenn, dann werden sie eher einer einfachen Gesellschafts-Kultur zugeschrieben.

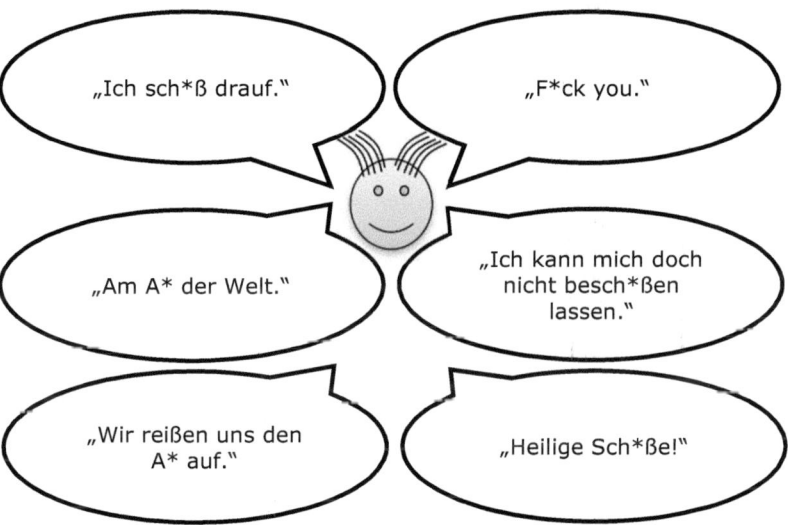

Jemand ist sehr aufgebracht und schimpft:

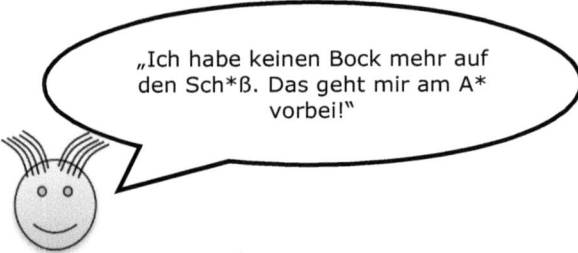

„Ich habe keinen Bock mehr auf den Sch*ß. Das geht mir am A* vorbei!"

Auch die gepflegte Literatur lässt Fäkalwörter nicht aus. Johann Wolfgang von Goethe (1749 – 1832) zitiert aus dem Mund von Gottfried ‚Götz' von Berlichingen zu Hornberg, deutscher Reichsritter (1480 – 1562):

„Er aber, sag's ihm, er kann mich im A*e lecken!"

Wolfgang Amadeus Mozart (1756 – 1791) verwendet einen ähnlichen Gruß in seinem Kanon KV 23 von 1782:

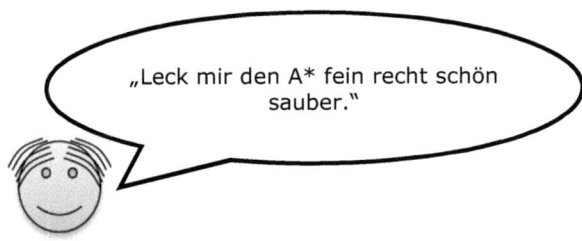

„Leck mir den A* fein recht schön sauber."

Ursprünglich stammt diese Text vom böhmischen Arzt Wenzel Trnka von Krzowitz (1739 – 1791).

Im Schwäbischen gilt der Ausruf …

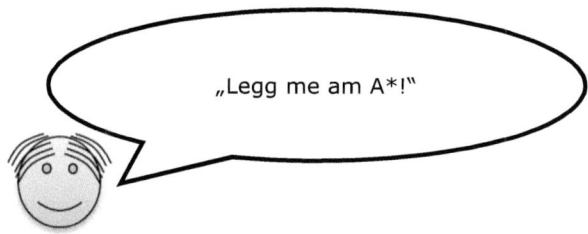

… als schwäbischer Gruß. Er wird auch dann gehört, wenn jemand von einer Information überrascht wird.

183

Zum Schluss soll der französische Philosoph Honoré de Balzac (1799 – 1850) zitiert werden:

Na bitte!

Total peinlich

„Das ist beschämend."

Manchmal ist es überraschend, was die Recherche nach der Bedeutung eines Wortes ans Licht bringt.

In heutiger Zeit wird unter ‚peinlich' etwas verstanden, was beispielsweise das Schamgefühl verletzt. Etwas, was jemanden beschämt. Im Lateinischen steht Pein für ‚poena' für ‚Strafe, Qual'.

Jemand sollte bestraft werden, er sollte gequält werden. Im Mittelhochdeutschen gibt es ‚pinlich' in der Bedeutung von ‚schmerzlich'.

Jemand wurde einer Straftat angeklagt. Genaueste Untersuchungen – ‚peinliche Befragung' genannt, wurden von Beauftragten und ehrbaren Bürgern durchgeführt. Die einzelnen Schritte der Folter waren genau vorgegeben. Alles wurde genauestens protokolliert.

Dazu gehörten zunächst körperliche Untersuchungen des kompletten Körpers – die Verurteilte war nackt – das Abscheren aller Körperhaare, damit teuflische Merkmale in Form eines Muttermals an jeder noch so versteckten Stelle aufgefunden werden konnten.

Wirklich peinlich.

Im heutigen Sinn wird es dann peinlich, wenn etwas als unangemessen, als beschämend angesehen wird. Beispielsweise, wenn es zu einer Bloßstellung und/oder einem Gesichtsverlust kommt. Das ist dann ‚cringe': Sich fremdschämen wegen des Verhaltens einer anderen Person.

Im Althochdeutschen gab es ‚scama' für ‚Beschämung', ‚Schande'.

Im Wort ‚schämen' steckt ‚Scham'.

Einige Beispiele:

Bruder und Schwester gehen gemeinsam einkaufen. Der Kassierer packt die Ware ein und fragt den Bruder:

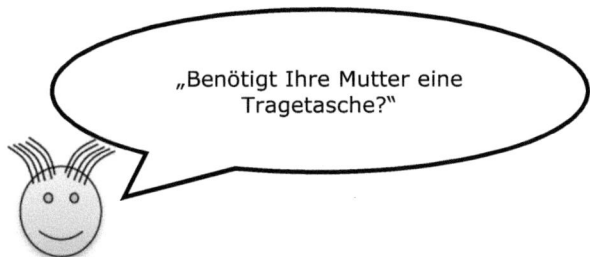

Zwei Bekannte treffen sich auf der Straße und reden kurz miteinander. Bei der Verabschiedung sagt einer:

Der Kollege sollte die Mail erhalten. Irrtümlich wurde sie an den Vorgesetzten gesendet.

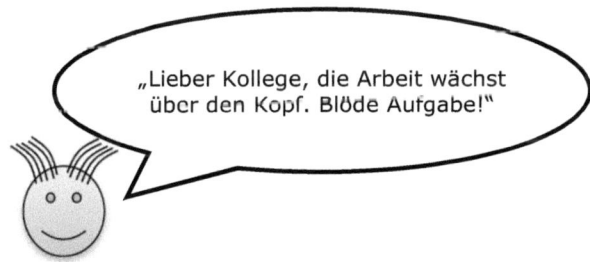

Was wird der Vorgesetzte denken?

Eine Vorgesetzte geht mit ihrer (ungefähr gleichalten) Assistentin auf den Besucher zu. Er strahlt sie an, reicht der Assistentin breit lächelnd die Hand und sagt:

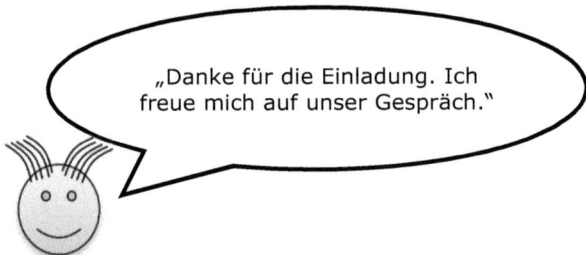

„Danke für die Einladung. Ich freue mich auf unser Gespräch."

Peinlich. Er verwechselte die Vorgesetzte mit der Assistentin. Peinlich für alle drei Beteiligten.

Eine europäische Außenministerin reist mit einem Kollegen (Außenminister eines anderen europäischen Landes) in den Nahen Osten. Der dortige Machthaber begrüßt die beiden.

Allerdings: Er reicht nur dem männlichen Diplomaten die Hand. Die Außenministerin wird nicht per Handschlag begrüßt.

Im Bereich der Umgangsformen, der interkulturellen Umgangsformen sowieso, ist es leicht möglich, in ein Fettnäpfchen zu treten. Sei es aus Unwissenheit oder aus Nervosität.

Großes Aufheben wäre an dieser Stelle unangebracht. Soweit es möglich ist, stillschweigend darüber hinweggehen oder – schon vorab – dem anderen eine Hilfestellung geben, damit keine peinliche Situation entsteht.

„Das ist überdenkenswert."

Hier werden einige Zitate und Textausschnitte zusammengestellt, um zu sehen, wie schnell eine unbedacht oder absichtlich formulierte Aussage unangenehme Konsequenzen nach sich ziehen kann. Manche der Aussagen machen nachdenklich.

Bei einigen Beispielen kann die tatsächliche Einstellung einer Person erkannt werden.

Selbstmitleid?

Der römische Kaiser Nero Claudius Caesar Augustus Germanicus (37 – 68) unterschrieb sein erstes von vielen folgenden Todesurteil. Er soll sich selbstbemitleidend beklagt haben:

„Wenn ich doch bloß nicht schreiben könnte."

Selbsterkenntnis?

Der Deutsche Kaiser Wilhelm II. (1859 – 1941, Friedrich Wilhelm Viktor Albert von Preußen) schrieb in seinem Tagebuch:

„Dreißig Jahre habe ich nun diese wahnsinnige Verantwortung auf mir, dreißig Jahre habe ich meine ganze Kraft fürs Vaterland eingesetzt. Dies ist nun der Erfolg, dies der Dank. Nie hätte ich geglaubt, dass die Marine, mein Kind, mir so danken würde. Nie hätte ich es für möglich gehalten, dass meine Armee sich so schnell zersetzen würde. Alle haben mich im Stich gelassen, für die ich so viel getan!"

Selbsttäuschung?

Die Antifeministin Helene Hummel (1877 – 1927), Mitglied im ‚Deutschen Bund zur Bekämpfung der Frauenemanzipation' vertrat folgende Meinung zum Frauenwahlrecht.

„Der Frau gehört das Haus, hier ist ihr Reich und ihre Welt, hier bildet sie sich zur Persönlichkeit, hier leistet sie ihrem Volke die allergrößten Dienste, hier schafft sie ihr Teil an dem Kunstwerk der Menschheit!" (Quelle: Bundeszentrale für politische Bildung). Das Frauenwahlrecht wurde in Deutschland am 12. November 1918 eingeführt.

Selbstbetrug?

Der Vorsitzende des Staatsrats der DDR Walter Ernst Paul Ulbricht (1893 – 1973) stellte am 15. Juni 1961 folgende Behauptung auf.

„Niemand hat die Absicht, eine Mauer zu errichten."

Ab dem 13. August desselben Jahres wurde mit dem Aufbau der Mauer begonnen.

Sensibilität?

Dem deutschen Bundespräsidenten Karl Heinrich Lübke (1894 – 1972), wird folgende Begrüßung nachgesagt. Sie soll beim Staatsbesuch in Liberia im Jahr 1962 erfolgt sein:

„Meine Damen und Herren, liebe N*."

Stimmlosigkeit?

Der deutsche Bundestagspräsident Philipp Hariolf Jenninger (1932 – 2018), hielt am 10.11.1988 eine Rede im Deutschen Bundestag zur Erinnerung der Opfer des Zweiten Weltkrieges.

„Hatten sie sich nicht in der Vergangenheit doch eine Rolle ausgemalt – so hieß es damals – die ihnen nicht zukam?"

Aufgrund unpassender Betonungen und nicht erkennbarer Zitate in der Rede wurden letztere von den Zuhörenden als eigene Meinung gedeutet. Jenninger trat am Folgetag zurück.

Strukturlosigkeit?

Der bayerische Ministerpräsident Edmund Rüdiger Rudi Stoiber (*1941) erklärte am 21. Januar 2002 anlässlich des Neujahrsempfangs seiner Partei die Vorteile, schon am Münchner Hauptbahnhof für Flüge einchecken zu können.

„Wenn Sie … vom Hauptbahnhof in München … mit 10 Minuten, ohne, dass Sie am Flughafen noch einchecken müssen, dann starten Sie im Grunde genommen am Flughafen … am … am Hauptbahnhof in München starten Sie Ihren Flug. Zehn Minuten.

Schauen Sie sich mal die großen Flughäfen an, wenn Sie in Heathrow in London oder sonst wo, meine sehr ... äh, Charles de Gaulle in Frankreich oder in ... in ... in Rom."

Subjektivität?

Der argentinische Papst Franziskus (1936 – 2025, Jorge Mario Bergoglio) wird am 11. April 2023 (Quelle: Vatican News) zitiert mit:

„Der Teufel will, dass der Mensch scheitert."

Stillosigkeit?

Der französischen Königin Marie-Antoinette (1755 – 1793) wird folgende Aussage zur Situation der hungernden Bevölkerung in den Mund gelegt:

„Wenn die Leute kein Brot haben, dann sollen sie Kuchen essen."

Am 16. Oktober 1793 wurde Marie-Antoinette von eben diesem Volk hingerichtet. (Sehr wahrscheinlich hat Marie-Antoinette diesen Satz in der Form nie gesagt. Er steht sinnbildlich für die damalige Haltung der Adligen dem Volk gegenüber.)

Total destruktiv

„Die Eitelkeit ist im höheren Menschen das erhaltende,
im niederen das zerstörende Prinzip."
Christian Friedrich Hebbel, dt. Schriftsteller
(1813 - 1863)

„Das ist zerstörend."

Artikel 5 des Grundgesetzes legt die ‚Freiheit von Meinungen, Kunst und Wissenschaft' fest.

(1) „Jeder hat das Recht, seine Meinung in Wort, Schrift und Bild frei zu äußern."

Demnach kann jeder sagen, was er möchte, Beleidigungen und Straftaten ausgenommen.

Killerphrasen

Fast in jedem Zusammenkommen mehrere Personen, sei es privat oder in einem Meeting, die in eine Diskussion geraten, gibt es Menschen, die Killerphrasen einwerfen. Killerphrasen gelten als destruktiv (zerstörend), weil sie die gedankliche Weiterentwicklung deutlich hemmen beziehungsweise hindern.

Statt eine Lösung zu suchen, wird durch den Einwurf einer Killerphrase versucht darzustellen, dass es <u>keine</u> Lösung geben kann. Einige Beispiele:

Die Spontanen

Die Skeptischen

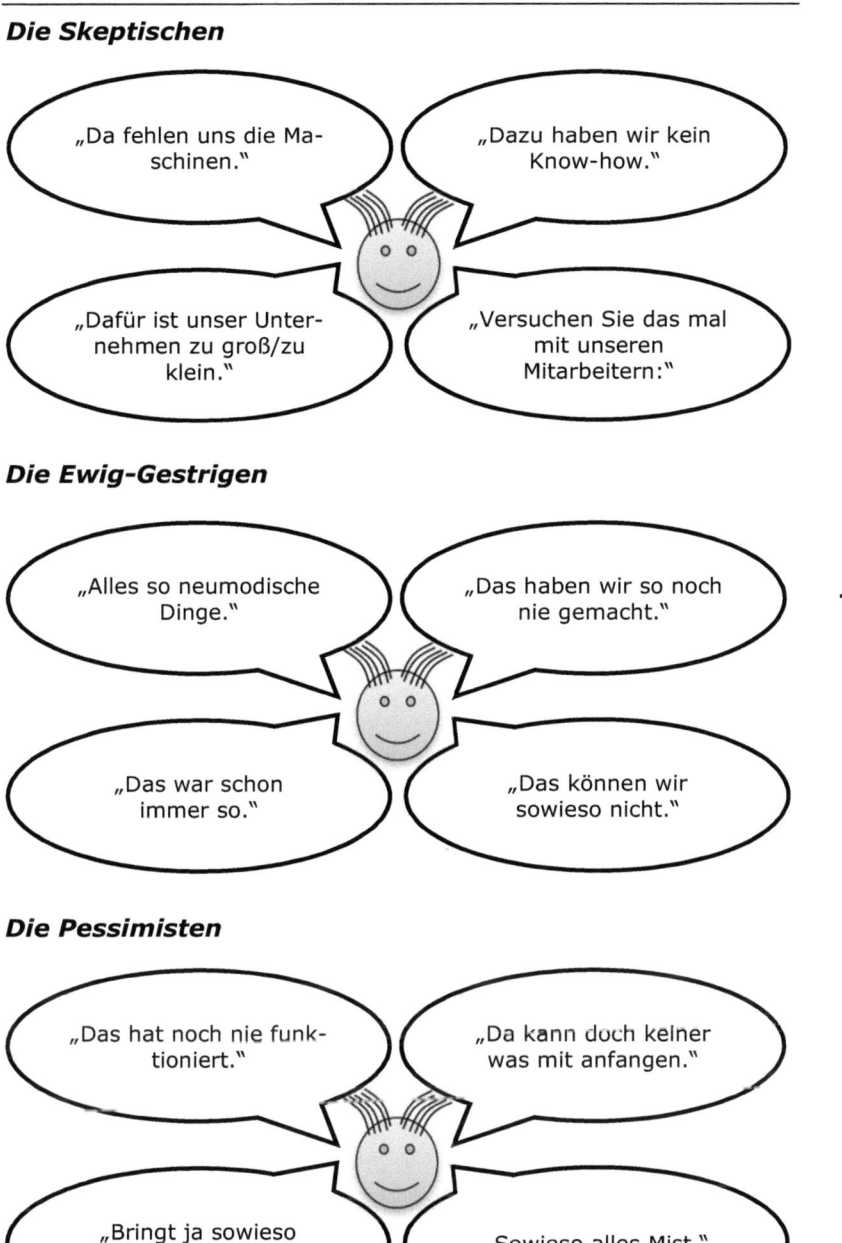

„Da fehlen uns die Maschinen."

„Dazu haben wir kein Know-how."

„Dafür ist unser Unternehmen zu groß/zu klein."

„Versuchen Sie das mal mit unseren Mitarbeitern:"

Die Ewig-Gestrigen

„Alles so neumodische Dinge."

„Das haben wir so noch nie gemacht."

„Das war schon immer so."

„Das können wir sowieso nicht."

Die Pessimisten

„Das hat noch nie funktioniert."

„Da kann doch keiner was mit anfangen."

„Bringt ja sowieso nichts."

„Sowieso alles Mist."

Die total Destruktiven

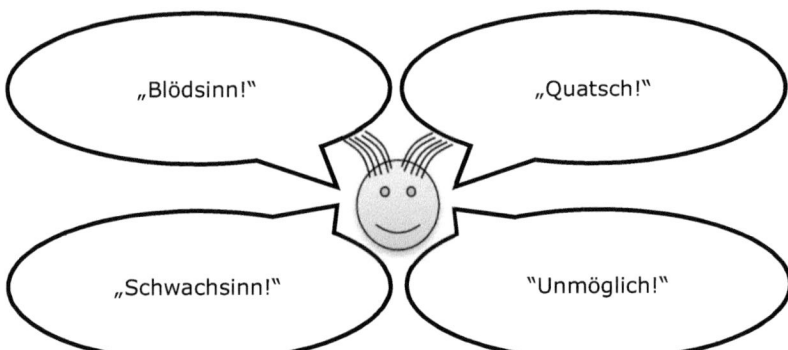

Noch unschöner, als ‚einfach nur' Killerphrasen in die Diskussion einzuwerfen ist, einen störenden Kommentar einzuwerfen, wenn ein anderer redet oder vorträgt. Der eingeworfene Kommentar soll erreichen, dass der Redner aus dem Konzept kommt. Möglicherweise verliert er sogar den Roten Faden. Wenn der Redner die Kraft hat, soll er sich nicht beirren lassen und mit seinem Vortrag fortfahren.

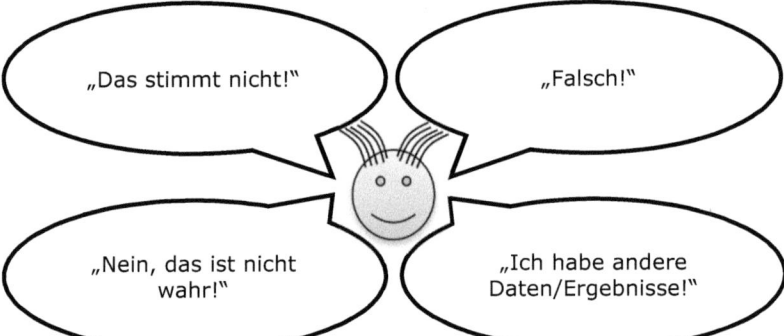

Oft genügen auch schon Gesprächspartikeln zur Störung.

„Habe keine Ahnung."

Gespannt folgt das Publikum den Ausführungen des Redners. Plötzlich bringt er diesen Einschub in seinen Redefluss:

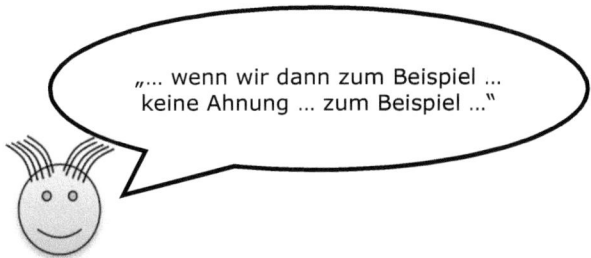

„... wenn wir dann zum Beispiel ... keine Ahnung ... zum Beispiel ..."

Erscheint es klug, wenn der Redner in seinem Text erwähnt, keine Ahnung zu haben? Wenn einer Ahnung haben müsste, dann wäre es auf jeden Fall der Redner.

Dieser Einschub ‚keine Ahnung' rutscht dem Sprechenden zwischen den Lippen raus, wenn er just in diesem Augenblick kein Beispiel findet. Das ist nicht ganz so professionell, kann aber passieren.

193

Sinnvoller wäre es, das Publikum aufzufordern, Beispiele beizusteuern. Das verschafft dem Sprechenden etwas Zeit und die Möglichkeit, auf die Vorschläge zu reagieren.

Natürlich muss ein Redner oder eine Rednerin nicht allwissend sein. Vor wenigen Jahrzehnten war es undenkbar, dass eine Führungskraft seinen Mitarbeitenden (damals: Untergebenen) ein Nichtwissen offenbare. Das wäre sofort als Schwäche gewertet worden. Die Führungskraft hat ihre eigene Position ins Wanken gebracht.

Heutzutage ist es durchaus legitim, ein fehlendes Wissen zu offenbaren. Es dürfte keinen Menschen geben, der alles weiß, weshalb sollte dann eine Führungskraft alles wissen? Das Fachliche sollte sehr wohl bekannt sein, sofern es nicht in spezielle Bereiche geht. Dafür hat er/sie die Spezialisten.

Bei anderen Unklarheiten kann die Führungskraft nachfragen und um Erklärung bitten. Im heutigen Umfeld würde solch ein Verhalten als ‚menschlich' und damit Sympathie erzeugend gewertet werden.

Der schwache Abschluss

Die Präsentation verlief flott und ansprechend. Neuigkeiten wurden auf kurzweilige Art vermittelt, es wurde sogar gelacht. Aber dann – ein flaches Ende der Präsentation.

Der präsentierenden zeigt einen schwachen Abschluss, weil er mit den halblaut gemurmelten Wörtern endet:

‚Ja' ist kein klassisches Wort am Ende einer Präsentation oder einer Rede. Es bestätigt dem Redner höchstens selbst, dass am Ende seiner Aktion angelangt ist.

Das ‚das war's' oder ‚das wär's' bringt die gezeigte Leistung in ein schwaches Gesamtbild.

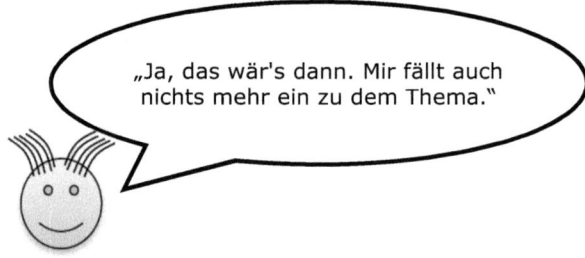

Besser:

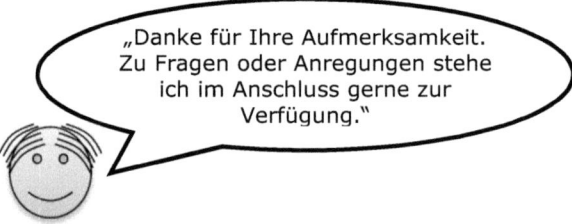

Teil 7 – Tote Leiche

Doppelt gemoppelt

„Doppelt hält besser."
Ovid, eigentlich Publius Ovidius Naso, röm. Epiker
(43 v. Chr. - 17 n. Chr.)

„Ich geh' mit dir durch dick und dünn."

Die Ehefrau streichelt liebevoll den sichtbar kräftig geratenen Bauch ihres Ehemanns.

„Ich mag dich, mein Moppelchen."

195

Erfreut über das schmeichelnde Kompliment lehnt sich der Ehemann genussvoll auf dem Sofa zurück.

Moppelchen ist eine Verkleinerungsform (siehe dort) von Moppel. Ein Moppel ist ein nicht allzu groß gewachsener aber sehr kräftiger, sprich dicker Mann.

Ein Moppelchen hat viel zu viel Kilos ‚auf den Rippen'. Mindestens doppelt so viel wie notwendig. Möglicherweise stammt die Formulierung ‚doppelt gemoppelt' von diesem Bild des Moppelchens. Jedenfalls bedeutet es, dass Unnützes, beziehungsweise zu Vieles gegeben ist, als notwendig.

Wie so oft sammelt sich im Laufe der Zeit Unnützes an. Es wird als Ballast über Jahre mitgeschleppt.

Lösung: Ballast abwerfen!

„Ich bin es, persönlich."

Der Volksmund behauptet, ‚doppelt gemoppelt' hielte besser. Nach dem Prinzip ‚sicher ist sicher'. Woher das Wort ‚moppeln' kommt ist von den ‚Nebeln der Vergangenheit' in Vergessenheit gezogen worden.

Einzig sicher dürfte sein, dass ‚doppelt gemoppelt' eine gewisse Sicherheit ausdrückt, wie aber auch mit kleinem Unterton, ‚eins hätte auch genügt, ist es zu dick aufgetragen'.

Nun gut. Dann wird die Aufmerksamkeit zuerst einmal Richtung ‚Einzelkämpfer' gelenkt. Dieser äußert mit Überzeugung:

„Ich persönlich bin dafür."

„Kannst du unpersönlich dafür sein?"

„Ich bin dafür."

In ‚persönlich' steckt die ‚Person' – und zwar die eigene Person. Das, worum es geht, betrifft demnach den Sprechenden selbst.

Betont jemand, durch die Voranstellung des persönlichen Fürworts ‚ich' vor das Wort ‚persönlich', will er meist die Wichtigkeit seiner Meinung/Überzeugung oder seines Handelns unterstreichen.

‚Ich' ist zwangsläufig immer persönlich. Deshalb ist ‚ich persönlich' so etwas wie ‚ich ich'. Damit gehört diese Formulierung zu den häufig verwendeten Tautologien. ‚Ich' unpersönlich ist nicht möglich.

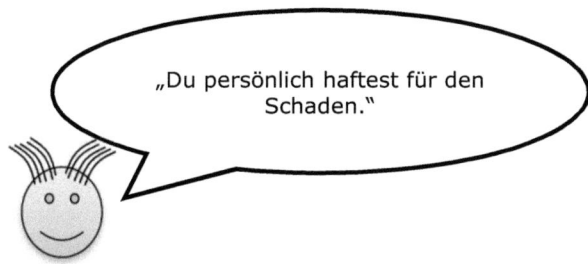

„Du persönlich haftest für den Schaden."

So, wie es ‚ich persönlich' nicht gibt, gibt es auch nicht ‚du persönlich'. Auch das ‚du' ist automatisch persönlich. Es wäre sonst ‚du du'.

Hin und wieder wird trotzdem eine Formulierung gewählt, um dem Angesprochenen deutlich zu machen, dass er und kein anderer gemeint ist. Dann ist solch eine Formulierung stillschweigend akzeptiert.

„Können wir uns persönlich treffen?"

„Lassen Sie uns das persönlich klären."

Der Chef muss dem Mitarbeiter kündigen. Er beginnt sein Gespräch so:

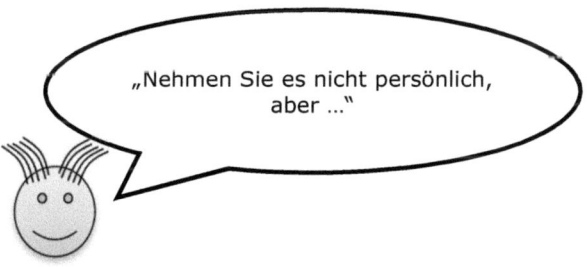

„Nehmen Sie es nicht persönlich, aber …"

Unterschiede – Abgrenzungen

Zunächst ist es sinnvoll, den Unterschied zwischen Pleonasmus und Tautologie aufzuzeigen.

Pleonasmus	Tautologie
Pleonasmus (Mehrzahl Pleonasmen, altgr. ‚hen dia dyoin' für ‚eins durch zwei'. Gr. ‚pleonasmos' für ‚Überfluss, Vergrößerung') sind Aussagen, die bereits Gesagtes wiederholen.	Tautologie (‚t'auto' für ‚dasselbe' und ‚logos' für sprechen') ist eine Häufung gleichbedeutender Wörter/Wort-Verdoppelung.
Beispiel: ‚ein weißer Schimmel.' Ein Schimmel (also das Pferd) ist in der Regel weiß – auch wenn er als junges Pferd ein dunkles Fell haben kann.	Beispiel: ‚ganz und gar'. Beide Begriffe stammen von derselben Wortart.
Deshalb ist das Eigenschaftswort ‚weiß' überflüssig, da es keine zusätzliche Information bringt.	Gar bedeutet so viel wie ‚Arbeit abgeschlossen, da sie fertig geworden ist'. Beispiel: Das Essen ist gar.

Manchmal ist es schwierig, Pleonasmus und Tautologie voneinander abzugrenzen. Das ist weiter nicht schlimm, sollten sie vermischt werden. Wichtiger ist es zu überlegen, ob entsprechende Formulierungen professionell klingen.

Das Wissen, die Erfahrungswerte, wie auch das Bauchgefühl merken ebenso, wenn hier eine Doppelung vorliegt. Dann, wie beim Ballast, abwerfen! Im Falle der Pleonasmen in der Regel nicht. Tautologische Äußerungen können zur Unterstreichung des Gesagten oder zur Manipulation des Zu-hörenden gezielt eingesetzt werden.

Pleonasmus – strotzt vor Überfluss

Zu viel ist zu viel. Aber: Muss nicht gespart werden – und wenn es Wörter sind?

Hat jemand schon mal einen kleinen Riesen gesehen? Nein. Weshalb nicht? Weil ein Riese automatisch groß ist – sonst wäre es ja kein Riese mehr. Es ist demnach überflüssig, das Wort ‚groß‘ vor den Riesen zu setzen.

Einige Beispiele von Pleonasmen:

alter Greis	großer Riese	kaltes Eis
weißer Schimmel	nasses Wasser	hohes Hochhaus
dazu addieren	kleines Zwerglein	schwarzer Rappe
neuer Anfang	leises Flüstern	seltene Rarität
die weibliche Vorgesetzte	Laola-Welle (span. ‚la ola‘ für ‚Welle‘)	neu eröffnen [er = neu]

schwere Verwüstung	tote Leiche	tiefe Kluft
falscher Fehler	karierter Schottenrock	neu renovieren [nov = neu]
falscher Irrtum	leuchtendes Licht	seltene Rarität

„Die USA erleben eine schwere Verwüstung."

„Kann eine Verwüstung leicht sein?"

„Die USA erleben eine Verwüstung."

Pleonasmen in einem Wort:

Fußpedal	Haarfrisur	Eigeninitiative
blutrot	kreisrund	frühzeitig
Zukufts-Visionen	Stillschweigen	letztendlich
Rück-Antwort	Einzel-Individuum	Rück-Vergütung

Es ist gut zu überlegen, Pleonasmen in der professionellen Kommunikation zu verwenden.

Sie sind überflüssig – und somit unnütz eingesetzt – anzusehen.

Tautologie – ewig dasselbe

Tautologien sind gleichbedeutende Wörter <u>derselben Wortart</u>. Eine Tautologie ist die Häufung sinngleicher Wörter oder sogar die mehrfache, oft umständliche Umschreibung eines Sachverhaltes in Ermangelung des betreffenden Ausdrucks.

„Du machst mir Angst und Bange."

aus und vorbei	schlicht und einfach	ich persönlich
hinein interpretieren	bereits schon	Angst und Bange
nie und nimmer	still und leise	ganz und gar
immer und ewig	hier und heute	Dienst ist Dienst
Gelaufe und Gerenne	voll und ganz	aus und vorbei

„Nach langem Hin und Her haben wir uns für diese Richtung entschieden."

Offensichtlich gab es viel Diskussionsbedarf, bevor eine Vorgehensweise festgelegt wurde.

Der Bräutigam säuselt:

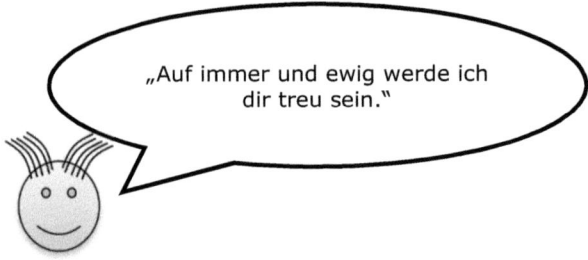

„Auf immer und ewig werde ich dir treu sein."

Bei diesen Worten schaut er tief in die Augen der Braut, die eine Träne verdrückt. ‚Immer' bedeutet bereits eine nicht endende Zeitspanne – außer dem Lebensende. ‚Ewig' beschreibt ebenfalls eine Zeitspanne, die nie endet. Abgesehen beim Lebewesen – bis zum Lebensende.

Die Verdopplung der zeitlichen Unendlichkeit ist faktisch sinnlos. Sie ergibt keine Veränderung des Treuebekenntnisses.

Rhetorisch betrachtet könnte eine Betonung des Versprechens akzeptiert sein. Denn solch ein Versprechen auf immer und ewig ist schon eine mutige Aussage.

Manche Tautologien sind etwas schwieriger als solche zu entlarven:

aus (dem Raum) hinaus/in … hinein	auseinander dividieren	zwei Zwillinge (= 4 Personen)
aufsummieren	kontrovers diskutieren	gemeinsame Teamarbeit
wieder von neuem	hinzu addieren	ISBN-Nummer

ISBN heißt Internationale Standardbuchnummer. Nummer ist doppelt vorhanden. Bei der Tautologie wird ebenso ewig ‚doppelt gemoppelt'. Viele Redewendungen verstärken das Gesagte.

Etwas ist aus. Etwas ist vorbei. Etwas ist aus und vorbei. Punkt – aus – fertig.

Verum – immer wahr

In dieser Welt, in der so unglaublich viel gelogen wird, so viel geschummelt und getrickst, hintergangen und betrogen wird, in der so viel Unwahres verbreitet wird, ist es wohltuend, davon ausgehen zu dürfen, dass eine Aussage immer wahr ist. Egal wie sie gedreht und gewendet wird. Und zwar, immer und ewig wahr, mit einem tautologischen Augenzwinkern vermerkt.

Das Wort Verum (lat. ‚verum‘ für ‚wahr‘) steht auch für die Tautologie. Es handelt sich dann um eine Aussage, die immer wahr ist, da durch die Doppelung ein Teil der Aussage ein zweites Mal bestätigt wird. Gleichzeitig wird sie durch die Bestätigung ‚bewahrheitet‘.

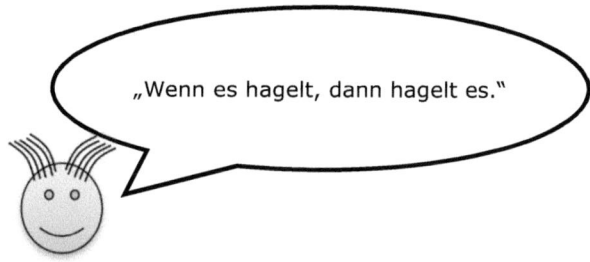

„Wenn es hagelt, dann hagelt es.“

Der Satz ist zweifellos wahr, weil die Logik im Satz erkennbar ist. Es kann nur entweder das eine oder das andere sein: es kann nicht <u>gleichzeitig</u> hageln und nicht hageln.

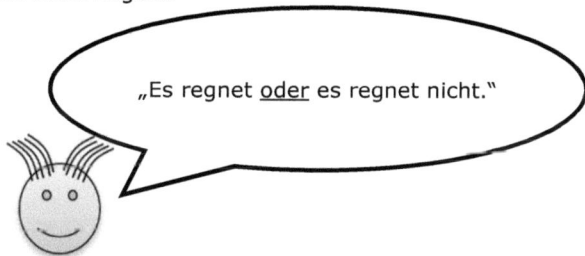

„Es regnet <u>oder</u> es regnet nicht.“

Auch diese Information zum Regen ist eindeutig eine nicht anzuzweifelnde Aussage.

204 Das ,oder nicht' ist überflüssig, da es sowieso nur diese beiden Varianten gibt. Wird die Erstgenannte erfüllt, ist es gut. Wird sie nicht erfüllt greift automatisch die andere Variante (das ,oder nicht').

Kontradiktion – widerlegbarer Widerspruch

In der lateinischen Sprache steht ‚contra‘ für ‚gegen‘ und ‚dictio‘ für ‚Rede‘. Kontradiktion entspricht etwa dem Begriff Widerspruch.

Es wird ein direkter Widerspruch beschrieben, der einen tieferen Sinn vermisst.

Die Kontradiktion birgt jeweils einen Widerspruch (oder eine falsche Aussage) in sich.

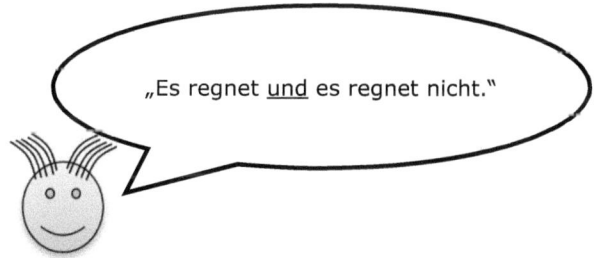

Diese Situation kann nicht eintreten. Es kann nicht gleichzeitig regnen und nicht regnen.

Paradoxon – unauflösbarer Widerspruch

Ein Gegensatz zu einer logischen Aussage ist eine paradoxe Aussage. Eine paradoxe Aussage ist eine scheinbar sich selbst widersprechende Aussage oder ein scheinbar (siehe dort) sich selbst unauflösbarer Widerspruch.

„Je mehr er lernt, umso mehr vergisst er.“

„Wenn ich meine Freude teile, profitieren zwei Leute davon.“

„Weniger Verordnungen heißt effektiver arbeiten.“

„Es ist paradox, dass ich weiß, dass ich nichts weiß. “

206

Die letzte Aussage ist frei nach dem römischen Rhetoriker Sokrates (469 – 399 v. Chr.) gestaltet.

Über solche Paradoxen (‚para‘ für ‚gegen‘ und ‚doxa‘ für ‚Meinung‘. Paradoxon, Mehrzahl Paradoxa) lässt sich schön philosophieren. Vielleicht sind sie gar nicht so haarsträubend, wie sie sich im ersten Moment anhören. Und zwar deshalb, weil sich aus dem Philosophieren oder Diskutieren neue Erkenntnisse ergeben können.

Was sehr wohl als haarsträubende Überlegung gedeutet werden kann, sind sogenannte paradoxe Fragen.

„Was musst du tun, um gefeuert zu werden?“

„Wie musst du vorgehen, dass du verarmst?“

„Was müssen Sie tun, damit Sie keine Aufträge mehr erhalten?“

Es wird gefragt, wie etwas Unangenehmes zu erreichen ist. Durch die tiefgängige Diskussion bei solch einer Frage ergeben sich automatisch Antworten, die zeigen, wie sich ‚anständig' zu verhalten ist.

Doofer als doof

Am haarsträubendsten sind allerdings bestimmte paradoxe Behauptungen.

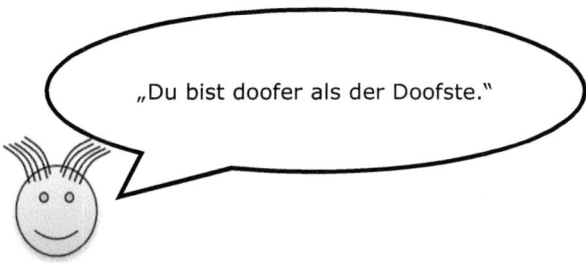

„Du bist doofer als der Doofste."

Diese Behauptung ist hochinteressant, zumindest aus rhetorischer Betrachtung. Das Adjektiv ‚doof' ist steigerbar in ‚doofer', ‚am doofsten'. Wer immer der Doofste ist, beansprucht die Spitze einer Pyramide aller Doofen.

Nun wird behauptet, dass auf diese unangefochtene Spitze noch eine Person aufgesetzt wird. Jemand, der doofer ist als der Doofste. Genau genommen kann es niemanden geben, der den Doofen übertrifft. Da dieser an der höchsten Stelle der Spitze steht, sind zwangsläufig alle anderen weniger doof.

Findet sich überraschenderweise jemand, auf den eine Steigerung zutrifft, dann ist der bisherige Rekordhalter nicht mehr der Doofste. Genug der Bedauernswerten, die solch einen schlechten Leumund mit sich herumtragen.

„Wie kann ‚man' nur so doof sein?"

Der älteste Mensch

„Der älteste Mensch ist gestorben."

In dem Moment, in dem der Älteste stirbt, ist er nicht mehr der Älteste. Der Zweitälteste rückt auf und nimmt den ersten (ältesten) Platz ein.

Der älteste Mensch ist immer der, der am längsten lebt. Stirbt er, hat er sofort diesen Rang eingebüßt.

Hübscher als hübsch

„Du bist hübscher als die hübscheste Frau dieser Welt."

Das flüstert der Verliebte seiner Partnerin ins Ohr. Dieser Standpunkt ist genauso paradox. Wohl aber viel schmeichelhafter als der Vergleich mit dem Doofen.

Tja, offensichtlich lebt der Mensch in einer widersprüchlichen Welt.

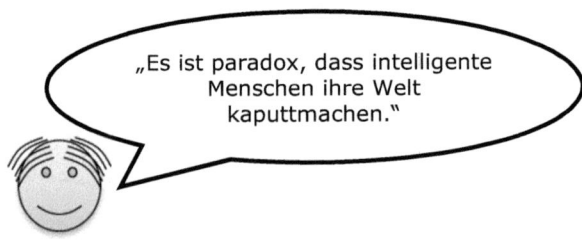

„Es ist paradox, dass intelligente Menschen ihre Welt kaputtmachen."

Oxymoron – scharfsinnig aber dumm

Bei einem Oxymoron (gr. ‚oxys' für ‚scharfsinnig' und ‚moros' für ‚dumm')
werden zwei sich widersprechende Begriffe zu einer Aussage kombiniert.

Oder passt die Kombination doch?

junger Rentner	alter Knabe	schön hässlich
bittersüß	offenes Geheimnis	kluger Narr
Hassliebe	beredtes Schweigen	süßsauer
„Komm, geh!"	„Geh, setzt' dich!"	vorläufiges Enderergebnis

Überlegung als Hinweis: Tatsächlich könnte es einen jungen Rentner geben. In der öffentlichen Meinung aber wird in einem Rentner eine über 65-jährige Person gesehen.

Nach gängiger Überlegung darf ein Narr sagen, was er will. Er scheint nicht ‚alle Sinne beieinander' zu haben. Deshalb wird er nicht als besonders klug, geschweige denn seriös, betrachtet. Tatsächlich darf davon ausgegangen werden, dass ein Narr ein kluger Mensch ist. Stellvertretend soll der Hofnarr stehen, der früher der regierenden Person alles (die Wahrheit) sagen durfte, ohne dass es ihm nachgetragen würde.

Im Film ‚Pater Brown – Das schwarze Schaf' von 1960 spricht der dort handelnde Schauspieler Heinrich ‚Heinz' Wilhelm Rühmann (1902 – 1994) folgenden Satz:

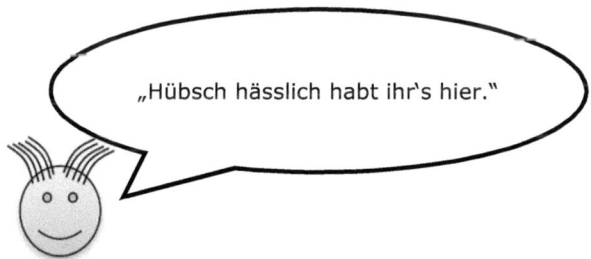

„Hübsch hässlich habt ihr's hier."

These – die Behauptung

Eine gewagte These? Die These ist eine Behauptung. Die Behauptung kann der Beginn einer Diskussion sein, in der Pro – und Contra diskutiert werden könnten.

Die These ist knapp formuliert; oft besteht sie nur aus einem Satz. Sie ist richtig (wahr) oder falsch, was es zu beweisen gilt.

Hypothese

Die Hypothese ist im Gegensatz zur Behauptung eine unbewiesene Annahme, wie mit Daten, Fakten, Untersuchungen und so weiter bewiesen oder belegt widerlegt werden kann.

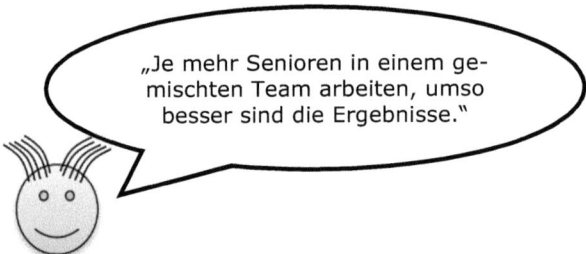

Antithese – tiefsinnige Gegenbehauptung

Bei einer Antithese (gr. Antithesis' für ‚Gegensatz') findet die Gegenüberstellung gegensätzlicher Ideen statt. Es liegt eine Gegenbehauptung zu einer These vor. Die Antithese ermöglicht es, gegensätzliche Ideen in einem Satz zu vermitteln. „Die Deutschen sterben nicht aus!"

In der folgenden Satzgestaltung zeigt sich das so, dass zuerst eine Behauptung aufgestellt wird und dann die Gegenbehauptung folgt.

Der Mensch denkt, Gott lenkt.	Harte Schale, weicher Kern.
Der Geist ist willig, das Fleisch ist schwach.	Des einen Freud, des anderen Leid.
Der Aufwand war groß, der Gewinn klein.	Reden ist Silber, Schweigen ist Gold.
In seiner schlimmsten Zeit hatte er den besten Einfall.	Wer hoch fliegt, fällt tief.
Einmal ist keinmal.	Außen ruhig, innen pfui.

Es ist auch möglich, dass der Gegensatz die Aussage betont.

Der deutsche Schriftsteller Heinrich Christian Wilhelm Busch (1832 – 1908) formuliert in einem seiner Texte:

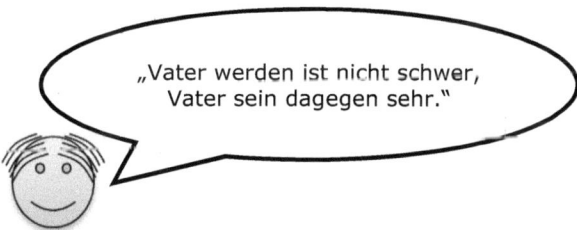

„Vater werden ist nicht schwer,
Vater sein dagegen sehr."

Das trifft auf die Mutter bestimmt auch zu.

Hendiadyoin, Hendiatris, Hendiattetris – doppelt, dreifach, vierfach

Bei einem Hendiadyoin, einer Paarformel, wird eine stärkende Verbindung zwei Synonyme angegeben.

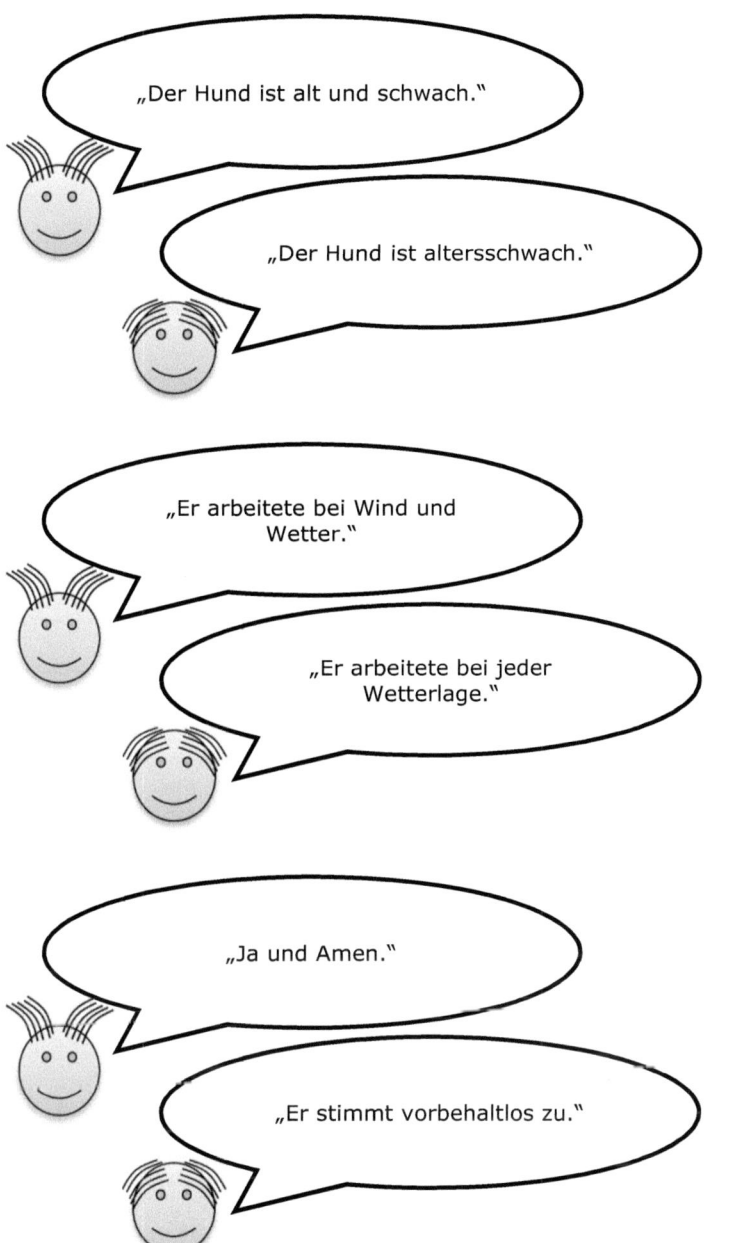

Drillingsformel

Hendiadyoin kommt aus der griechischen Sprache: ‚hen dia dyoin' für ‚eins durch zwei'. Das Hendiatris (‚treis' für ‚drei') heißt übersetzt die Drillingsformel – eine Idee durch drei Wörter.

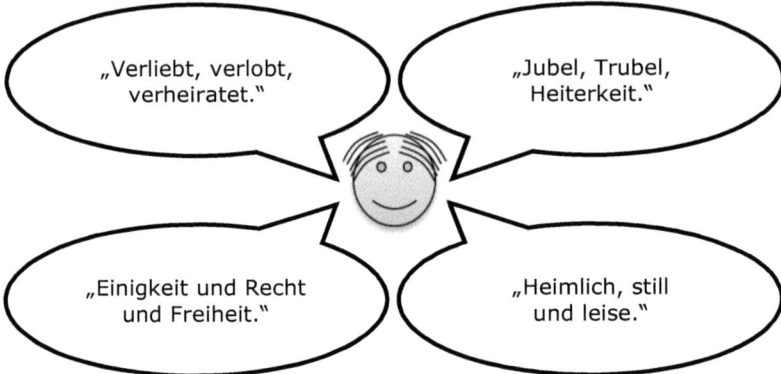

„Verliebt, verlobt, verheiratet."

„Jubel, Trubel, Heiterkeit."

„Einigkeit und Recht und Freiheit."

„Heimlich, still und leise."

Drillingsformeln hören sich gefällig an und bilden durch ihren Dreiklang eine harmonische Einheit.

Der Vorgesetzte sagt:

„Wir werden nun drei Schwerpunkte verstärkt beachten. Erstens …, Zweitens…, Drittens…"

In einem anderen Unternehmen:

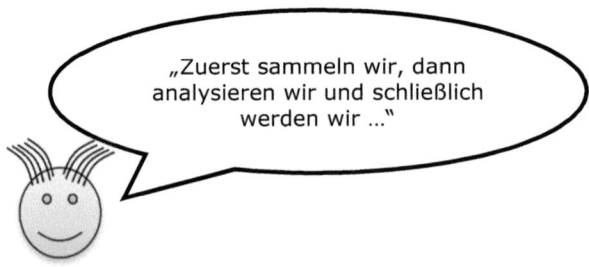

„Zuerst sammeln wir, dann analysieren wir und schließlich werden wir …"

Vierlingsformel

Und schließlich bleibt das seltene Hendiatetris (auch Hendiatetrakis), die Vierlingsformel.

Die Entwicklung der Sprache über die letzten Jahrhunderte/Jahrtausende zeigt, dass die Vierlingsformel kaum im Wortschatz vertreten ist. Wenn der Volksmund behauptet(e), ‚der kann nicht bis drei zählen', wäre vier jedenfalls zu viel.

215

Folgende Vierlingsformel zeigt, wie ‚tiefgründig' die Aussage ist.

Tote Hose

In der ‚Toten Hose' passiert nichts (mehr). Die ‚Tote Leiche' ist ebenso von jeglicher Aktion ausgeschaltet.

Die Beispiele in diesem Teil des Buches zeigen, wie oft Unnützes (weil doppelt gemoppelt) gesagt oder geschrieben wird.

Die Kommunikation wird dadurch möglicherweise ‚blumiger' und bildhafter. Das könnte verglichen werden mit: Die Doppelung ist so sinngleich, dass sich die Meinung der Begriffe aufs Haar gleichen."

Wie meinte der Vorgesetzte?

- Statt dazu addieren → addieren

- statt auseinanderdividieren → dividieren

Die Kommunikation könnte mehr gestrafft werden, wenn gewünscht. Die Doppelungen sind wie ‚toter' Ballast, der über Bord geworfen werden kann.

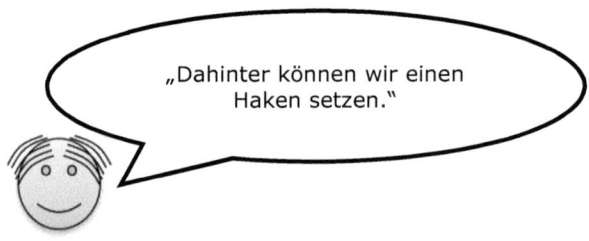

Teil 8 – Jeder muss sterben

Verallgemeinerungen

> *„Alle Verallgemeinerungen sind gefährlich. Auch diese!"*
> **Alexandre Dumas der Jüngere, frz. Schriftsteller**
> **(1824 - 1895)**

„Das stimmt immer."

Jeder muss sterben. Tja, das ist eine Verallgemeinerung, die stimmt. Außer Romanfiguren oder Wesen aus dem Aberglauben, ist kein Mensch vor seinem Ableben gefeit.

Nahezu alle anderen Verallgemeinerungen stimmen hingegen nicht. Auch die im Titel genannte Aussage „stimmt immer" gilt nur in wenigen Ausnahmefällen.

Ein Studierender behauptet:

„Jeder Mensch hat Angst vor anderen zu reden."

„Naja, natürlich nicht jeder. Aber fast jeder."

„Fast jeder hat Angst vor anderen zu reden."

Wirklich jeder? Hat tatsächlich jeder Mensch auf dieser Erde Angst vor anderen zu reden?

Es ist anzunehmen, dass es Menschen gibt, die Angst haben, einen Vortrag oder eine Rede vor Publikum zu halten. Es wird auch Menschen geben, die locker und ohne Herzklopfen zu anderen reden können.

Die Verallgemeinerung stimmt demnach nicht. Die Aussage ist falsch.

Ein Redner steht auf der Bühne und spricht zu seinem Publikum. Bei einer Verallgemeinerung besteht das Risiko, dass die getätigte Aussage auf einen der Zuhörer nicht zutrifft.

Diese Person fühlt sich möglicherweise ungerecht oder gar falsch behandelt. Vielleicht auch unverstanden oder übergangen. Oder sogar persönlich angegriffen. Will der Redner das? Nein, das beabsichtigt er nicht.

Hat er Pech, ruft ein Anwesender mit lauter Stimme:

„Ich nicht!"

Der Einwurf unterbricht die Rede und ruft Gelächter oder Verstimmung hervor. Weshalb das Risiko eingehen, einen ‚Gegner' zu etablieren?

Alexandre Dumas der Jüngere räumt ein, dass alle Verallgemeinerungen gefährlich seien, auch diese. Das heißt, dass es Verallgemeinerungen geben müsste, die unverfänglich sind. Sozusagen die Ausnahmen der Regel.

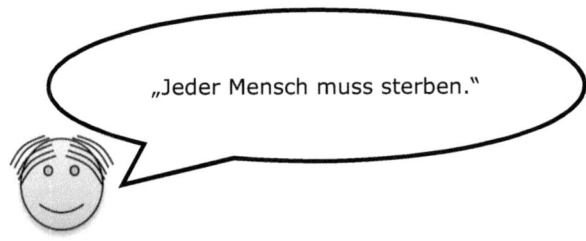

„Jeder Mensch muss sterben."

Diese Verallgemeinerung ist korrekt. Da beißt wohl keine Maus den Faden ab.

Abgesehen davon treffen die meisten Verallgemeinerungen eh nicht vollumfänglich zu, wie diese Beispiele zeigen sollen:

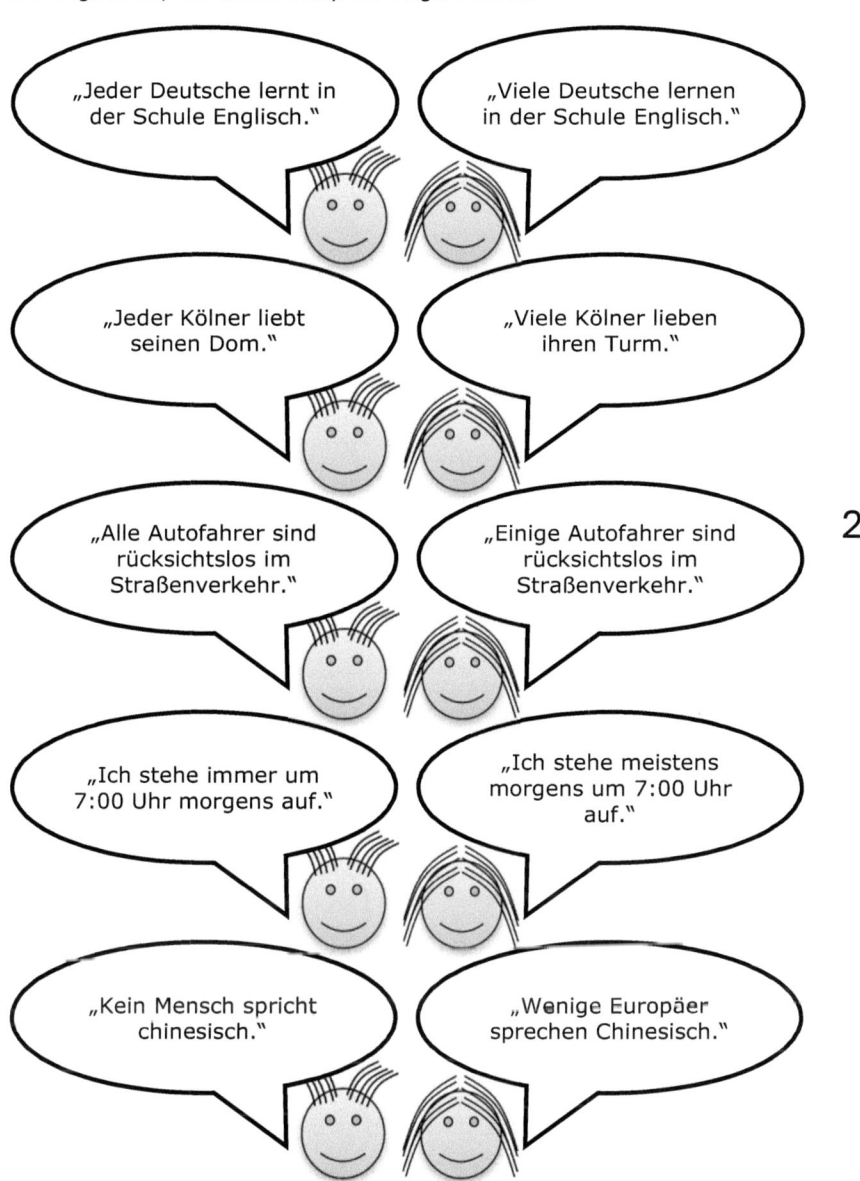

220

Mögliche Unannehmlichkeiten wären dadurch vermieden, dass die Verallgemeinerung mit einem einschränkenden Wort entschärft wird. Verallgemeinerungen können wie folgt eingeschränkt werden:

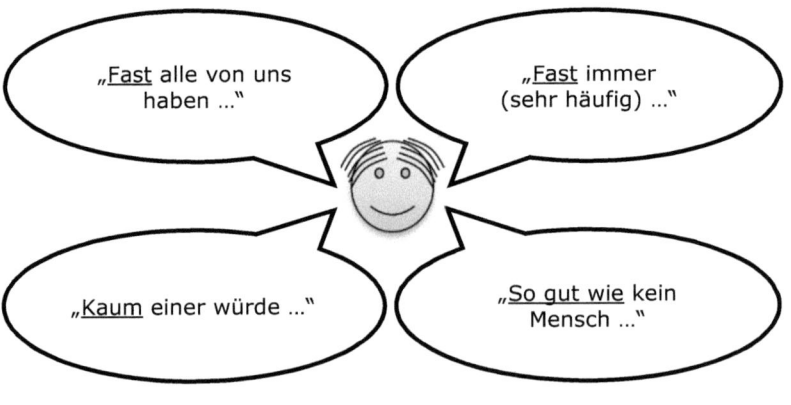

Wird eine verallgemeinernde Aussage auf einen Gesprächspartner nicht zutreffen, so wird dieser sich durch die Einschränkung kaum persönlich angegriffen fühlen.

Denn er könnte ja gerade derjenige sein, der nicht unter <u>fast</u> <u>alle</u> fällt.

221

Der Redner macht sich durch diese Einschränkung unangreifbarer. Mit seinen Aussagen trifft er dann die Zustimmung derjenigen, die betroffen sind, sowie derjenigen, die nicht gemeint sind. Alle Zuhörenden fühlen sich angesprochen.

Verallgemeinerung angreifbar

Einschränkung   Verallgemeinerung mit Hintertür

fast, kaum, meist ...

Vereinnahmung

*„Jeder kriegt, was er tut,
Schlechtigkeit bekommt nicht gut."*
Heinrich Christian Wilhelm Busch, dt. Schriftsteller
(1832 - 1908)

„Das weiß doch jeder."

Der rhetorisch geschulte Redner steht auf der Bühne, um seine Zuhörer zu überzeugen, zu begeistern oder zu manipulieren. Sei es der Gewerkschaftsführer, der Politiker, der Vorstandssprecher und viele andere mehr, denen Aufgaben dieser Art zufallen.

Vor oder unter ihnen sitzen oder stehen Hunderte Zuhörende, die sich beeindrucken lassen sollen. Ob sie alle die rhetorischen Kunstgriffe durchschauen?

So kann es sein, dass der Redner bewusst Verallgemeinerungen, Behauptungen, versteckte Drohungen einbringt oder etwas als logisch, als eindeutig, als unumstößlich darstellt, ohne dass es in der Realität so sein muss. Beispielsweise betont er eindrücklich via Mikrofon:

Hört sich das nicht so an, als würde der Zuhörende für dumm verkauft werden?

Oder, um den ehemaligen deutschen Bundeskanzler Konrad Hermann Joseph Adenauer (1876 – 1967) zu zitieren:

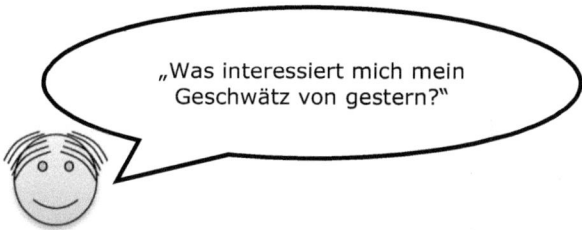

In dieser Art ließe sich leicht leben, würde das Vergangene unabhängig des Wahrheitsgehalts oder mögliche Folgen mit einer Handbewegung weggewischt werden können. Damit wäre sie sofort irrelevant.

Der eine oder andere aus dem Publikum mag sich Folgendes denken:

Da der Einzelne aber nur denkt und seine Gedanken nicht ausspricht, wissen die anderen Anwesenden nichts von dieser Überlegung.

Sollten die Zuhörenden organisiert auftreten und einen Sprecher oder eine Sprecherin haben, kann diese Person unter Umständen reagieren und die Anwesenden mobilisieren zu widersprechen.

Passiert nichts, lässt sich der Redner ganz sicherlich ‚keine grauen Haare wachsen'. Er weiß ja, was er will.

Im Einzelgespräch empfiehlt es sich sowieso, solche Versuche der Vereinnahmung direkt anzusprechen.

Aus Sicht des Redners mögen seine Behauptungen rhetorisch sinnvoll sein. Will er doch die Zuhörenden überzeugen oder sogar manipulieren.

Welches Gefühl wird beim Zuhörenden erzeugt, wird behauptet „Jeder weiß doch …"? Der Zuhörende weiß unter Umständen nicht und traut sich nicht zu fragen. Aber – er muss sich ja nicht vereinnahmen lassen.

„Ich kann mich nicht erinnern."

Die Gehirnzellen eines Menschen arbeiten Tag und Nacht auf Höchsttouren. Sie verarbeiten ständig nicht zählbare Informationen, die über die fünf Sinne wahrgenommen werden.

Blitzschnell entscheidet das Gehirn eines Menschen, ob eintreffende Informationen für die Zukunft seines Trägers wichtig sind. In diesem Fall werden sie gespeichert. Erscheinen sie unwichtig – das sind die meisten – verlassen sie das Gedächtnis schnell wieder. Sie werden nicht gespeichert.

Informationen, die einmal im Langzeitgedächtnis festgehalten sind, können – im Idealfall – ein Leben lang abgerufen werden.

Hin und wieder klagt einer:

„Das habe ich vergessen."

Hat er es wirklich unwiderruflich vergessen? Oder findet er momentan lediglich die gespeicherte Information nicht?

Natürlich gerät auch einiges in Vergessenheit, was fast jeder Lernende bestätigen kann.

Das kann biologische oder medizinische Gründe haben. Oder die Informationen gelangen vorab nicht ins Langzeitgedächtnis.

Aber ob komplexe Zusammenhänge ‚einfach so' aus dem Gedächtnis gelöscht werden?

„Was weg ist, ist weg"

Das würde der Volksmund möglicherweise sagen – zumindest die Bewohner des Rheinlands.

Tatsächlich ist es für den Fragenden fast unmöglich zu <u>wissen</u>, ob der Befragte tatsächlich vergessen hat – oder einfach die gespeicherten Informationen nicht preisgeben will.

Sehr verwunderlich, wenn ein ansonsten mental fitter Politiker vor einem Untersuchungsausschuss behauptet:

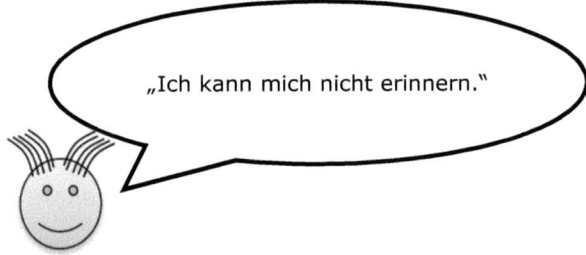

„Ich kann mich nicht erinnern."

Solange die Wissenschaft noch nicht eindeutig Gedanken lesen kann, lässt sich gut hinter mangelnder Erinnerung verstecken.

Veralberung

> *„Versprechen machet Schuld."*
> **Friedrich von Hagedorn, dt. Dichter**
> **(1708 - 1754)**

„Das verspreche ich."

Sehr schön, wenn der Politiker vor der Wahl etwas verspricht. Sehr unschön, wenn der Politiker nach der Wahl behauptet, er habe sich versprochen.

Wer kennt das nicht? Versprechen vor der Wahl werden nach der Entscheidung des Wählers gekippt. Manchmal wird sogar das Gegenteil des Versprochenen angestrebt. Werden die Politiker um eine Erklärung gebeten, werden die wundersamen Rechtfertigungen gegeben.

„Die weltpolitische Lage hat sich geändert."

„Die weltpolitische Lage ändert sich täglich!"

Gut, dass es professionell arbeitende Journalisten gibt, die die Möglichkeiten nutzen, investigativ (enthüllend) vorzugehen und/oder rhetorische Manipulationen zu entlarven.

Wird ein Redner ‚überführt' und hat keine vernünftigen Argumente mehr für sein Vorgehen, kommen oft leere Phrasen, die das Vorgehen entschuldigen sollen.

„Wir müssen uns nun auf die Zukunft orientieren."

„Wir sind nicht nachtragend, sondern schauen nach vorn."

„Ist nun mal so."

„Kann ich mich nicht erinnern, das so gesagt zu haben."

„Gestern war gestern. Wir konzentrieren uns auf das vor uns Liegende."

Oder ganz banal:

Es ist unter Umständen rhetorisch intelligent, die Verantwortung auf andere zu schieben.

Dann ist der Redner aus der Schusslinie. Ein anderer kümmert sich. Wieter ist Zeit gewonnen. Und wer weiß, ob kritische Beobachter morgen noch an einer Auflösung/Antwort interessiert sind.

Im Geschäftsleben würde solch ein Verhalten als unlauter (nicht ehrlich, nicht fair, anrüchig) angesehen. In der Politik erkennen manche Bürger und Bürgerinnen das zweifelhafte ‚Umkippen' des Politikers und strafen ihn bei der Wahl ab, indem sie ihr Kreuz bei einer anderen Partei setzen. Der Wähler fühlt sich veralbert.

„Ich antworte ausweichend."

Die Bevölkerung ist interessiert an Entscheidungen, die Politiker treffen. Sie wollen auch wissen, was geplant wird und welche Vor- und Nachteile sich daraus für sie ergeben.

Aus diesem Grund gibt es Journalisten, die Politiker befragen. Es ist unter anderem ihre Aufgabe, Informationen zu erhalten und an die Öffentlichkeit weiterzuleiten.

Der Politiker wiederum will – speziell in der Planungsphase für neue Entscheidungen – möglichst wenige Details offenbaren. Er versucht ausweichende Antworten zu geben. Beispielsweise antwortet er nicht im Geringsten auf die gestellten Fragen.

Wen wundert es, dass der Politiker die zuerst gestellte Frage nicht im Ansatz beantwortet?

Viele Politiker sind rhetorisch geschult und in diesem Bereich ausgezeichnet. Das hilft Ihnen in vielen Reden, Verhandlungen und natürlich auch Interviewsituationen.

Der aufmerksame Zuhörende bleibt hingegen oft ratlos zurück, sobald er merkt, dass der Interviewer den Befragten keine vernünftige Antwort entlocken kann.

Wer die Beiträge der Politiker analysiert wird feststellen, dass häufig Dynamik und Aktivität vermittelt wird, ohne dass Konkretes festgehalten oder versprochen wird. Die Aussagen sind auf die Zukunft ausgerichtet. Zum Beispiel so:

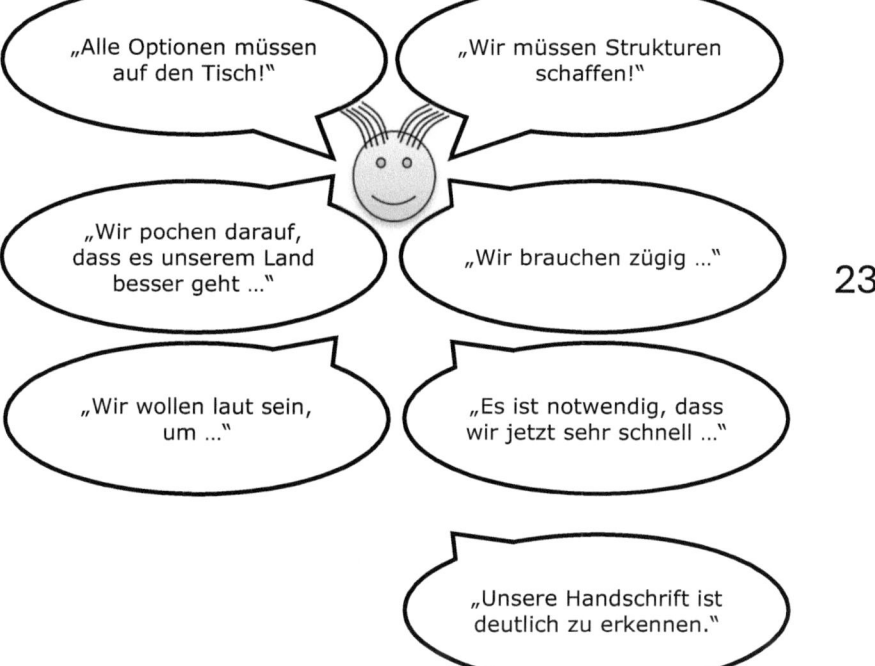

231

Sehr unschön, wenn der Befragte die gestellte Frage infrage stellt.

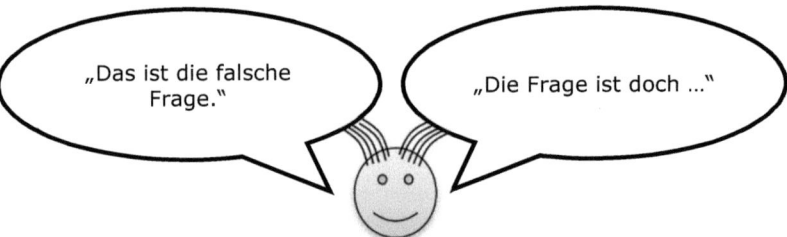

Die Befragten maßen sich an, den Fragenden zu korrigieren und gleichzeitig ihre Professionalität infrage zu stellen. Dadurch haben sie die Möglichkeit, ausreichend zu antworten.

Was soll der Journalist und das Publikum mit solchen logisch klingenden, aber trotzdem leeren Phrasen anfangen?

Verbrüderung

*„Wollte dem Freund man sofort bös werden um jedes Versehen,
wäre die Freundschaft bald, bald die Verbrüderung hin."*
**Theognis von Megara, altgr. Dichter, dt. Dichter
(um 540/570 - 500/485 v. Chr.)**

„Das verstehe ich."

Grundsätzlich ist es schön, wenn Menschen gut miteinander auskommen. Es ist wunderbar, wenn zwei sich mit ihren Stärken ergänzen und somit schneller ihrem Ziel nahekommen.

Finden sich zwei Personen zusammen, um gemeinsam ein Ziel zu erreichen, wird manchmal vom ‚Vereinbarten' gesprochen. Richtet sich das Ziel gegen ein anderes Unternehmen oder die Regierung, wandelt sich die Vereinbarung in eine Verbrüderung.

Die Verbrüderten rücken und halten noch enger zusammen. Tatsächlich müssen sich nicht nur zwei gegen einen anderen verbrüdern. Nicht umsonst heißt es, dass ‚eine Gruppe stark macht'. Gegebenenfalls verbrüdern sich zig Tausende, um beispielsweise gegen das Vorgehen ihrer Politiker zu demonstrieren.

Sie entwerfen griffige und einprägsame Slogans, vereinbaren Treffpunkte und gehen auf die Straße, um ihren Unmut öffentlich zu bekunden.

Die Verbrüderten fühlen sich stark. Als Geschwister haben sie sozusagen die gleichen mentalen Gene und verstehen einander sehr gut.

Fraternisierung

Das Wort Fraternisierung leitet sich vom lateinischen Wort ‚frater' für ‚Bruder' ab und beschreibt die Zusammenarbeit von zwei oder mehr Individuen.

In der französischen Sprache steht ‚fraternité' für ‚Brüderlichkeit'. Gemeint ist der Zusammenhalt von Personen, häufig mit gleicher Gesinnung.

233

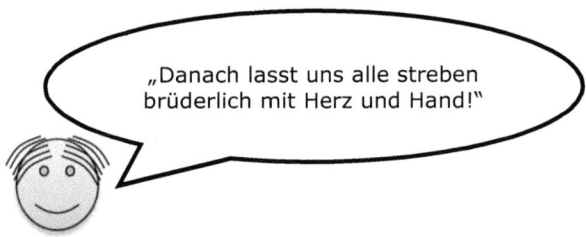

... riefen die Bürger anlässlich der Französischen Revolution beim Sturm auf die Pariser Bastille im Jahr 1789.

Mit Herz und Hand

Im hiesigen Sprachgebrauch wird der Begriff Brüderlichkeit selten verwendet. Obwohl er im ‚Das Lied der Deutschen' zu finden ist. Das Lied zeigt folgenden Textauszug:

> „Danach lasst uns alle streben brüderlich mit Herz und Hand!"

Manchmal klingt ein warnender Unterton für den Machthaber oder den Unternehmer mit dem Begriff Brüderlichkeit im beruflichen Kontext. Speziell dann, wenn sich Personen verschiedener Hierarchieebenen ‚verbrüdern'.

Manche Unternehmen machen deutlich, dass eine Verbrüderung dieser Art nicht gewünscht ist.

Verständnis miteinander ist selbstredend in Ordnung. Schimmert bei den folgenden Aussagen die gewünschte Verbrüderung durch?

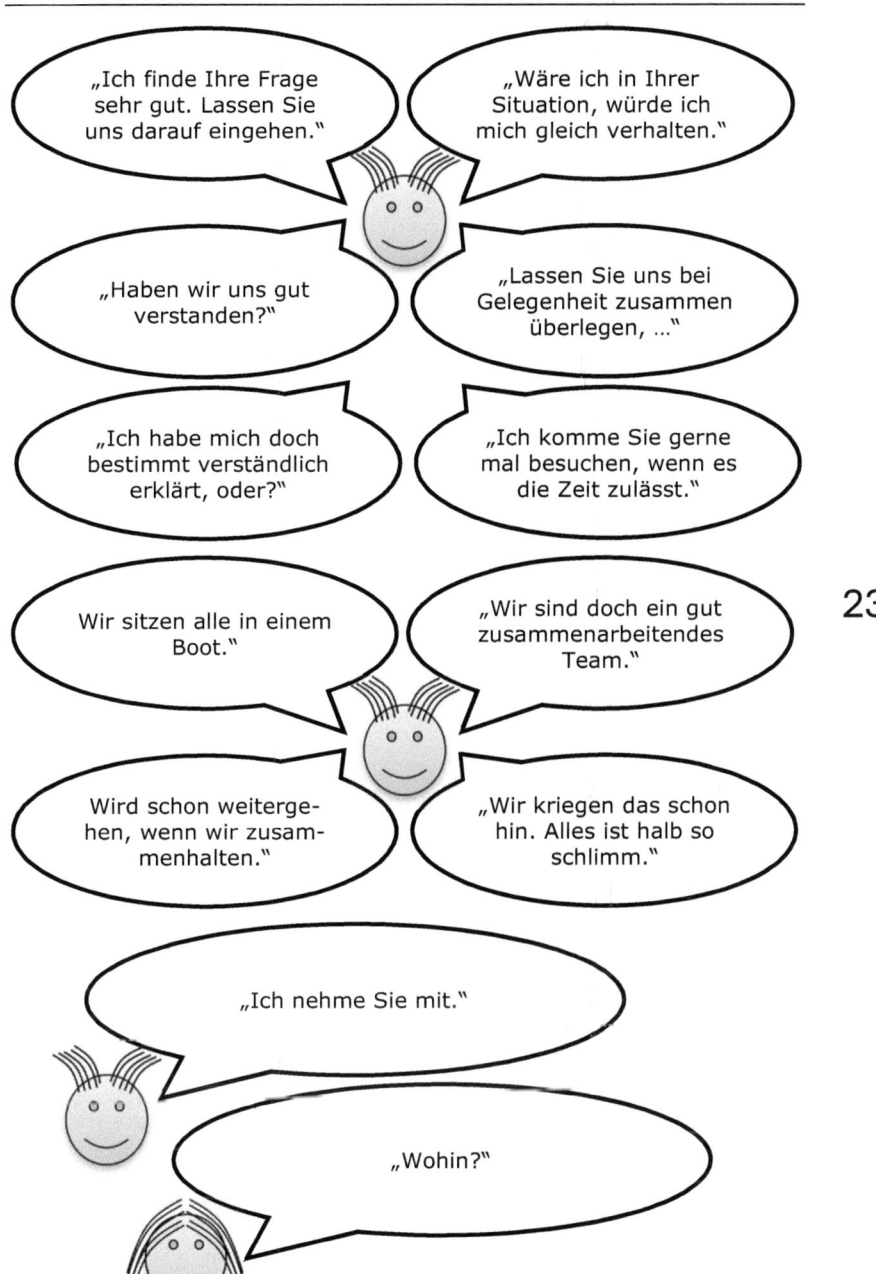

Einschleimen

Ein weiterer negativer Touch ergibt sich bei der Bezeichnung ‚Einschleimen'. Dann wird von einem Schleimer oder Kriecher gesprochen. Der Schleimer ist unterwürfig und tut alles Mögliche, um den anderen (oft Vorgesetzten) zufriedenzustellen.

Es sollte in Erinnerung gerufen werden, dass jeder gleichwertig ist. Ein Einschleimen sollte nicht notwendig sein. Fraglich, ob bei solch einem Vorgehen noch von einer Verbrüderung gesprochen werden kann.

Von Ver-Schwesterung ist übrigens nichts bekannt.

Teil 9 – Zweifelhafte Wahrheit

Tatsächliche oder virtuelle Wahrheit?

„Zweifel ist der Weisheit Anfang.“
René Descartes, frz. Philosoph
(1596 - 1650)

„Du weißt, was ich vorhabe?“

Nicht jeder Dialog ist dazu angelegt, sich durch harmonischen und gleichwertig schätzenden Charakter auszuzeichnen.

In manchen Gesprächen sollen die Dialogpartner gelenkt oder gar manipuliert werden, in anderen wird ihnen geschmeichelt. Gelegentlich soll jemand ‚über den Tisch gezogen werden‘.

Mal wird diplomatisch und sensibel vorgegangen, manchmal wird offen oder versteckt gedroht. Mit Worten können Liebesbeweise formuliert, wie auch verbale Kriegsgefechte abgehalten werden.

237

Ob immer wirklich ehrlich und der Wahrheit entsprechend geredet wird, darf mit einem großen Fragezeichen versehen werden.

Gerade in der aktuellen Zeit (Drucklegung des Ratgebers) wird unglaublich viel getrickst, gelogen und mithilfe von Fake News erfundene ‚Wahrheiten‘ unter die Menschen gebracht.

Und zwar auf allen Kanälen: in den Printmedien, im TV, im Radio, auf den sozialen Plattformen, im Internet und so weiter. Aber auch im Privatleben und im gesellschaftlichen Kontakt.

Es wird für viele Menschen immer schwieriger bis unmöglich einzuschatzen, ob eine Nachricht wahr oder falsch ist.

Es gilt also, höllisch aufzupassen, damit der Gesprächsteilnehmer im Dialog nicht um die Finger gewickelt wird. In Folge wird auf einige Kategorien dieser Vorgehensweise hingewiesen.

Hinterlistige Wahrheit

„Es ist Hinterlist, nach Ruhm und Reichtum
zu streben ohne Verdienste.“
Lü Bu We, chin. Politiker
(um 300 - 235 v. Chr.)

„Sie wissen, weshalb ich Sie zu mir bitte?“

So gibt es beispielsweise die raffinierte, hinterhältige Fragestellung. Der Befragte soll verlockt werden, eine – unter Umständen verräterische – Antwort zu geben.

Das Risiko, das besteht: Er offenbart etwas, was dem Fragenden bisher unbekannt war. Die Antwort kann zu einem – zu seinem – Nachteil führen.

Der Polizist:

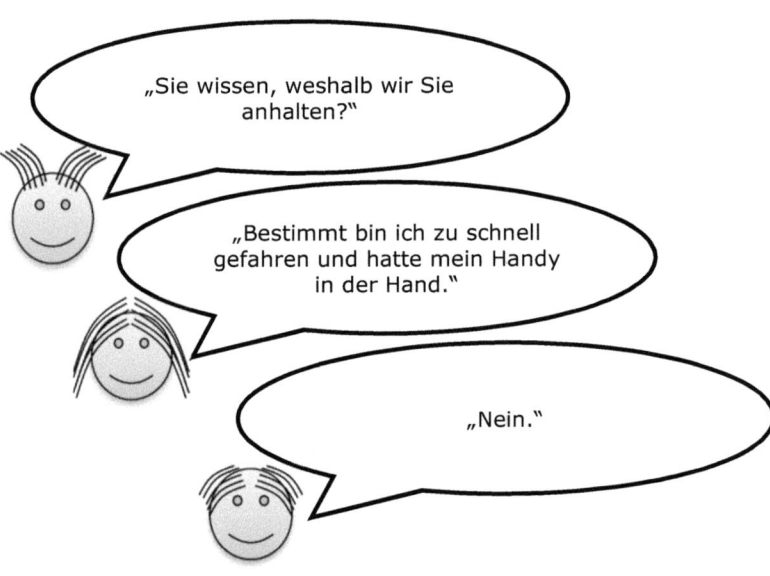

Die Vorgesetzte:

„Sie ahnen, weshalb ich Sie zum Gespräch bitte?"

„Weil ich heute wieder zu spät zur Arbeit kam?"

„Nein."

239

In beiden Fällen wurden dem Fragenden Vorteile in die Hand gespielt. Er weiß nun mehr, bevor das tatsächliche Gespräch beginnt.

Hinterlist – Arglist – Heimtücke

Der Wortteil ‚hinter' deutet bereits an, dass nicht ‚vorn', im Sinne von ‚offen' gehandelt wird. Es wird im Hintergrund, im Verborgenen gehandelt – und zwar im feindlichen Sinn. Arglist, im Althochdeutschen ‚arglist' für ‚Schlauheit', ‚Bosheit'; ‚arg' bedeutet ‚schlimm', ‚böse'. Hinter der Arglist versteckt sich eine Böswilligkeit.

‚Tücke' findet sich im Mittelhochdeutschen ‚tuc' für ‚Stoß' im Sinn von ‚arglistig vorgehen'.

Geht jemand listig vor, kann sein Verhalten als clever, als geschickt, als raffiniert, als Täuschung bezeichnet werden. Und zwar deshalb, weil das Vorgehen nicht sofort erkennbar ist.

Manch einer wird ‚rhetorisch' in einen Hinterhalt gelockt. Tja, die eine oder der andere geht mit ‚List und Tücke' (vergleiche Tautologie) vor. Also: Aufpassen!

Telepathische Wahrheit

„Lasst uns ferne sein, auf dass wir uns nahekommen!"
Hans Much, dt. Arzt
(1880 - 1932)

„Sie ahnen, weshalb wir hier zusammenkommen?"

In anderen Gesprächssituationen scheinen telepathische Kräfte vonnöten.

Das Telepathische ist eine Art kommunikativer Austausch über Gedanken. In der griechischen Sprache gibt es ,tele' für ,fern' und ,pathos' für ,Gefühl'. Das lässt erkennen, dass der gefühlte Gedankenaustausch über Ferne, sogar über sehr weite Ferne geschehen kann.

Nicht umsonst wird Telepathie in den Bereich der Parapsychologie eingeordnet. In real stattfindenden Dialogen wird bei der telepathischen Wahrheit allerdings tatsächlich durch Austausch mit Wörtern gesprochen.

Der Boss sagt zu einem Mitglied des Clans:

„Du weißt, was ich von dir erwarte."

„Ja. Ich werde dafür sorgen, dass du ihn nie wiedersiehst."

„Nein."

Teil 9 – Zweifelhafte Wahrheit

In folgender Situation wird der Satz nicht bis zu Ende ausformuliert. Das Ende beziehungsweise der Appell/Auftrag bleibt unausgesprochen. Das Nichtausgesprochene wird aber vom Gesprächspartner verstanden.

Der Angesprochene kann später nicht behaupten, einen Auftrag erhalten zu haben. Der Boss wäscht seine Hände in Unschuld.

„Die gehen mir auf die Nerven. Du musst das klären. Du … … …"

„Die werden dich in Zukunft nicht mehr stören."

241

Der Vater spricht mit seinem Sohn:

„Die Nachbarn haben wieder ihr Fahrrad im Treppenhaus stehen. Ich finde das überhaupt nicht gut. Und deshalb … … …"

„Bald werden sie keinen Platz mehr zum Abstellen brauchen."

Wie der Sohn wohl das Fahrrad verschwinden lassen will?

Im harmlosen Fall fragt die Professorin während des Gesprächs ihren Studierenden:

Was soll der bedauernswerte Studierende schon antworten? Na gut, dann ist ja alles klar.

In der Lehre der Kommunikation ist bekannt, dass eine Frage, so wie oben gestellt, kaum Vorteile für den Befragten bringt. Er bestätigt zwar, verstanden zu haben. Wobei nicht sicher ist, ob er einem nicht erkannten Missverständnis unterliegt.

Die Professorin müsste zum Beispiel bitten, eine Rückfrage zu stellen oder ihre Erklärung mit anderen Worten wiederholen zu lassen.

Oder:

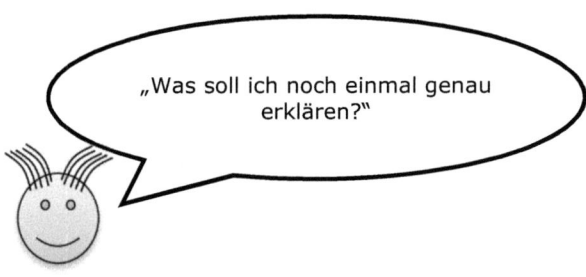

Diplomatische Wahrheit

„Diplomatie ist Polizei in Galauniform."
Napoleon I. Bonaparte, frz. Kaiser
(1769 - 1821)

„Wir werden die Gespräche fortführen."

Die weltweit aktiven Diplomaten sind hervorragend darauf geschult, ‚diplomatisch' vorzugehen.

Gerade in der diplomatischen Sprache wird eine sensible, feinfühlige Redekunst erwartet.

In der Diplomatie (gr. ‚diploma' für ‚Empfehlungsschreiben', ‚Geleitbrief') ist das Bedingung, drückt es doch nicht nur den <u>Wunsch</u> des Vorgeschlagenen aus, sondern das tatsächlich Folgende/die tatsächliche Verhandlung. Es wird nichts gefordert, sondern darum gebeten.

Diplomaten versuchen, die Gesprächsbeteiligten in die möglichst beste Konstellation zu bringen, was oft Kompromisse einzugehen bedarf.

243

Das Gesicht wahren

So verliert keiner sein Gesicht, zumindest nicht das gesamte Gesicht. In der Diplomatie wird in der Regel niemand bloßgestellt, denn das würde zwangsläufig das ungewollte Verlieren des Gesichts beinhalten.

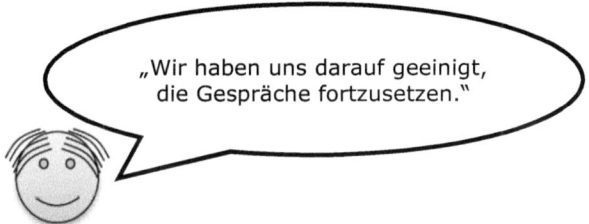

„Wir haben uns darauf geeinigt,
die Gespräche fortzusetzen."

So verkündet der Diplomat vor der Presse. Konkret bedeutet das allerdings, dass im Gespräch keine Ergebnisse vereinbart wurden.

Das wäre aber ungeschickt, dies bekannt zu geben, denn es würde zeigen, dass Gesprächspartner nicht in der Lage waren, einen kleinen gemeinsamen Nenner zu finden.

Heißt es hingegen, dass die Gespräche fortgesetzt werden, kann ja ganz deutlich von einem hervorragenden Ergebnis gesprochen werden.

Alle Beteiligten scheinen der Aussage nach gut gelaunt und erpicht darauf zu sein, weiter miteinander zu reden.

Durch diese diplomatische Wahrheit können alle Gesprächsbeteiligten als Gewinner aus der Verhandlung gehen. Was gibt es Angenehmeres, als als Gewinner aus einem Gespräch zu gehen?

Versteckte Botschaften

In der Diplomatie geben die bewusst gewählten – verbalen – Formulierungen versteckte, gleichzeitig aber auch deutliche Bestimmungen und Ergebnisse wieder.

Bei einem ‚aufregenden' Austausch gab es wohl mehrere unterschiedliche Auffassungen.

Bei einem ‚fruchtbaren' Austausch ergaben sich wohl mehrere gegenläufige Ideen.

Offensichtlich konnte in beiden Fällen nicht unbedingt eine Gemeinsamkeit definiert werden.

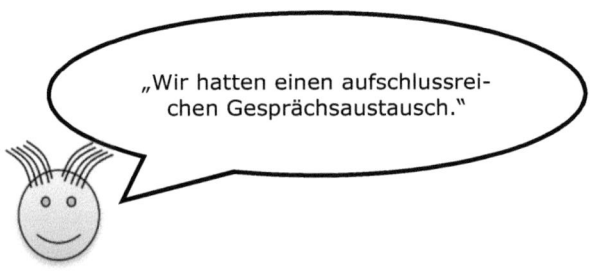

Das gilt auch, wenn es heißt, dass das Ergebnis des Gesprächs ‚aufschlussreich‘ war. Diese Formulierung hört sich für Außenstehende positiv an, so, wie es sein soll. Tatsächlich wurde aber keine Einigung erreicht.

Hier folgen einige Formulierungen der links abgebildeten Person, die vorteilhaft klingen, aber eine diplomatische (versteckte) Botschaft übermitteln. Die Person rechts entlarvt das Versteckte.

245

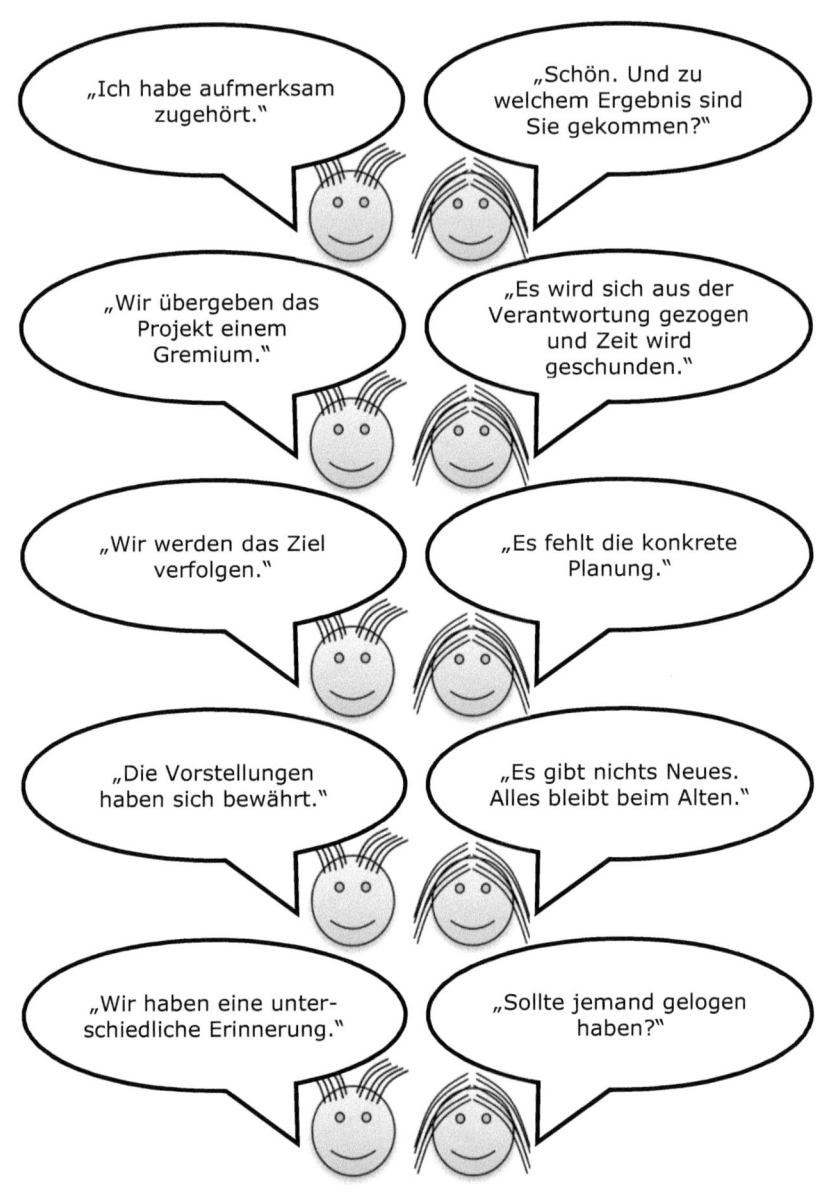

Diese Beispiele der diplomatischen Wahrheit sollen zeigen, wie ein einträchtig klingendes Statement vor der Presse abgegeben werden kann. Die Aussagen hören sich in der Regel sehr gut und harmonisch an.

Unbedarftes Publikum freut sich über den guten Ausgang der Verhandlungen. Tatsächlich ist wenig oder nichts Greifbares geschehen.

Also heißt es mit strahlenden Augen:

247

Es freut natürlich alle Beteiligten, solch eine Aussage zu hören. Höchstwahrscheinlich waren bisher keine Erfolge zu erzielen oder es stehen noch viel zu viele ungeklärte Punkte offen.

Im Geschäftsleben

Auch im täglichen Geschäftsleben werden diplomatische Formulierungen verwendet. Es soll zwar zu greifbaren Ergebnissen kommen, aber im gegenseitigen Einvernehmen beziehungsweise als richtungsweisender Kompromiss.

Nicht etwa:

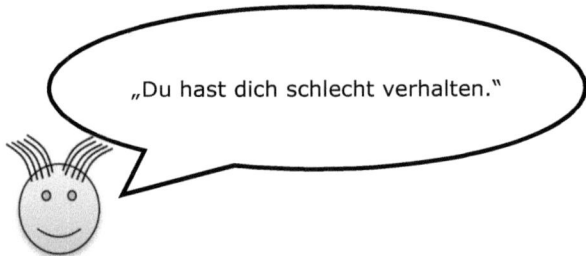

Bei solch einer Formulierung liegt eine klare Schuldzuweisung vor. Eine Du-Botschaft wurde formuliert und Menschliches mit etwas zu kritisierendem Sachlichem verknüpft.

Der Gesprächspartner wäre nicht erbaut.

So kann es zu keinem Ergebnis kommen.

Besser:

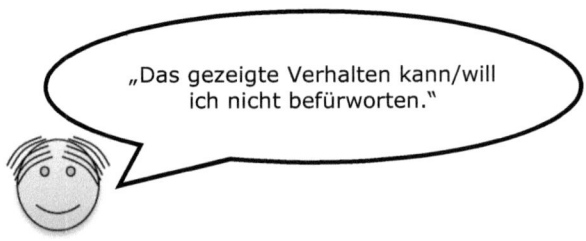

In der letzten Aussage ist zwar eine Kritik zu erkennen, aber es erfolgte keine Schuldzuweisung. Im Gegenteil. Es wurde eine ich-Botschaft geäußert: „... will ich nicht ...". Das Sachliche wird erwähnt: „... gezeigte Verhalten ..." Und das ‚du' wurde geschickt vermieden.

Der Angesprochene erkennt das Missfallen, ohne <u>direkt</u> kritisiert zu werden.

Strenger Ton?

Manche Unternehmer und Geschäftsleute sind der Meinung, dass eine direkt und klar ausgedrückt Aussage sofort deutlich macht und machen soll, worum es geht. Diese Überlegung stimmt grundsätzlich. Trotz allem ist es unvorteilhaft, einen Gesprächspartner vor den Kopf zu stoßen.

Bekanntlich sind viele Menschen sensibel. Fühlen sie sich durch eine ungeschickte Aussage persönlich angegriffen, kann es sein, dass das Fachliche, das Geschäftliche darunter leidet. Es wäre nicht mehr weit bis zur kriegerischen Wahrheit.

249

Also vielleicht doch lieber diplomatisch vorgehen?

Sollte die Diplomatie nicht mehr ausreichen, wird der Ton strenger. Dann wird von kriegerischer Kommunikation gesprochen.

Kriegerische Wahrheit

„Krieg aber erzeugt Krieg."
Gaius Plinius Caecilius Secundus der Jüngere, röm. Politiker
(um 61/62 - 113/115)

„Ich meine es todernst."

Die meisten Menschen ziehen Frieden dem Krieg vor.

Trotz allem finden sich überraschend viele kriegerische Wörter im deutschen Sprachschatz. So soll gleich mit dem Wort ‚kriegen', abgeleitet von ‚Krieg' begonnen werden.

Krieg bedeutet der Wortherkunft nach, etwas (oder jemanden) mit Gewalt in seinen Besitz zu bringen.

Glücklicherweise deutet nicht jede Vokabel aus dem kriegerischen Umfeld auf ebensolche Absichten hin. Manche werden auch bewusst eingesetzt, um einen Lacher oder zumindest ein Schmunzeln zu erzeugen.

Trotzdem soll es klar bleiben, dass Krieg und das dafür benötigte ‚Drumherum' nicht zu den freundlichen Seiten des Lebens gehören. Wenn es schon so viel Böses auf der Welt gibt – warum nicht das Böse aus dem Wortschatz verbannen?

Weg mit dem Krieg aus am tückischen Wortschatz!

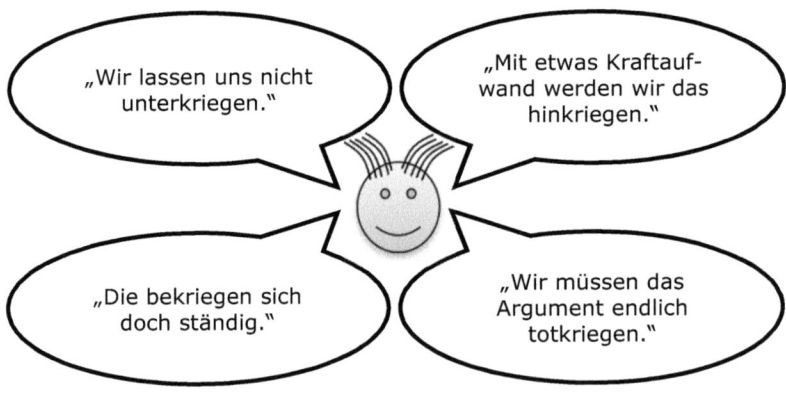

„Wir lassen uns nicht unterkriegen."

„Mit etwas Kraftaufwand werden wir das hinkriegen."

„Die bekriegen sich doch ständig."

„Wir müssen das Argument endlich totkriegen."

Gegebenenfalls soll eine Situation auch lediglich ‚gefährlicher', zum Beispiel herausfordernder, kritischer, aufwendiger und so weiter dargestellt werden. Gleichzeitig demonstriert der Redner seine Macht, da er den anderen versteckt droht.

251

Ein Freund empfiehlt aufzupassen:

Weshalb werden diese kriegerischen Empfehlungen als zu befolgende ‚Wahrheiten' gewählt? Zieht der Angesprochene in eine kriegerische Auseinandersetzung oder in eine friedliche Verhandlung?

Sieht der Gesprächspartner das Gegenüber als Feind an, den es zu bekämpfen gilt? Welch eine haarsträubende Einstellung ist das, mit solch einer Einstellung in ein ausgewogenes Gespräch zu gehen, in dem beide gewinnen sollten?

Soll wirklich erbarmungslos gekämpft werden? Muss es zwangsläufig einen Verlierer geben?

Bis zum ‚bitteren Ende'? Oder: „Am Ende sitzen alle da und müssen ihre Wunden lecken."

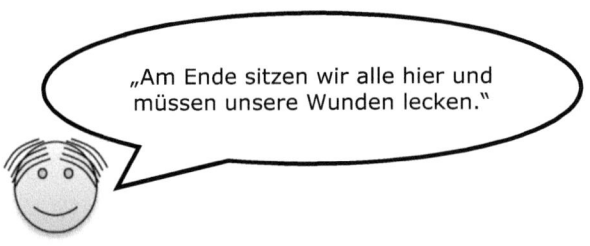

Besser:

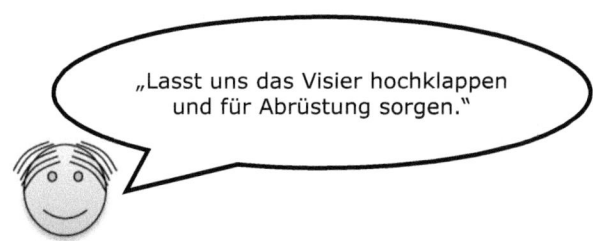

Sportliche Wettkämpfe

Sportliche Wettkämpfe bereichern das Leben und gehören zu diesem.

Allerdings sind auch hier kriegerische Begriffe zu hören.

Wer hat nicht schon von einem ‚olympischen Wettkampf' gehört, bei dem der sportliche Mitkämpfer ‚ausgestochen', ‚niedergerungen', auf alle Fälle ‚geschlagen' werden soll.

Im Sport greift manchmal auch eine ‚Finte', ein sogenanntes ‚Scheingefecht'.

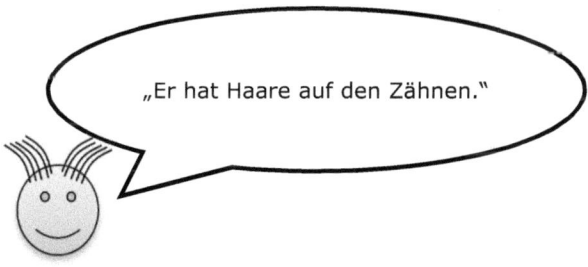

Das heißt sinngemäß, dass die Person ,vor Kraft strotzt'. Im sportlichen Wettkampf ist Kraft bestimmt eine gute Voraussetzung, solange sich die Person nicht überschätzt.

Im Mittelhochdeutschen gibt es ,strozzen' für ,angeschwollen sein'. Vielleicht sollte der ,vor Kraft Strotzende' erst einmal tief durchatmen, bevor er vernichtend losschlägt.

Erbitterter Preiskampf

Die Discounter liefern sich einen erbitterten ,Preiskampf'. Tatsächlich scheint der Konsument der lachende Dritte zu sein, der sich über purzelnde Preise freuen kann.

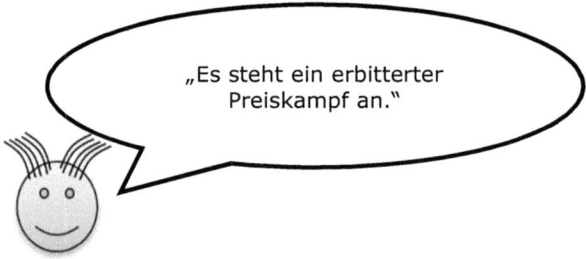

Im Geschäftsleben können einige beschwichtigende Einwürfe die Angriffslust lindern.

Die Rote Linie

Bekannt ist die Formulierung der ‚Roten Linie'. Diese ‚Rote Linie' darf nicht überschritten werden, sonst … Ja, was? Hinter dem ‚sonst' müsste eine Konsequenz ergänzt werden. Offensichtlich steht eine Drohung im Raum.

„Die Rote Linie ist klar gezogen. Sie darf nicht überschritten werden."

„Was geschieht, wird sie überschritten?"

„Was müssen wir tun, damit dies oder das nicht geschieht?"

Wird die Rote Linie überschritten, ist eine ‚Grenze überschritten' – und zwar die Grenze des Zumutbaren. Die Person ist ‚einen Schritt' zu weit gegangen. Unter Umständen gibt es ab hier kein Zurück mehr.

In den meisten Fällen kann hier von zweifelhafter Wahrheit gesprochen werden, sofern nicht eine Aktion der Abwehr erfolgt. Wer Dialoge analysiert, wird überraschend oft auf Konstellationen oben gezeigter Art treffen.

Jeder kann und darf rhetorisch so reden, wie er will. Und genauso kann jeder aufpassen, wie mit ihm kommunikativ vernünftig umgegangen wird.

Drohung

Im zivilisierten Leben sollte weder in beruflichen noch in privaten Angelegenheit die Notwendigkeit bestehen, drohen zu müssen.

Eine Drohung wird ‚nicht einfach so' dahingesagt. Sie darf als ehrlich gemeinte Ankündigung einer zweifelhaften/unangenehmen Aktion gesehen werden.

Der Angesprochene soll durch die übermittelte Botschaft animiert werden, eine Handlung nach Wunsch des Drohenden zu begehen.

„Auf die eine oder andere Art und Weise kriegen wir es."

„Gebt ihr es uns nicht freiwillig, holen wir es uns."

„Sie wollen doch in Zukunft auch noch bei uns arbeiten?"

„Gefällt es ihnen nicht mehr bei uns?"

Eine Drohung ist in den meisten kommunikativen Fällen unpassend.

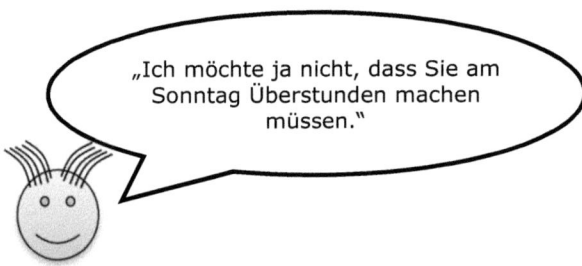

„Ich möchte ja nicht, dass Sie am Sonntag Überstunden machen müssen."

(vgl. Diabole bei manipulierender Emotion)

Eine geniale Drohung, da vom Chef betont wird, das Erwähnte <u>nicht</u> entstehen zu lassen. Es sei denn, der Mitarbeitende verhält sich nicht so, wie vom Chef erwartet.

Bombe mit Schlagkraft

Die eingesetzte Bombe zeigt die Konsequenz einer nicht erfüllten Drohung. Positiv gemeint: „Das ist ja eine Bombenstimmung hier".

„Das Ergebnis ist bombastisch."

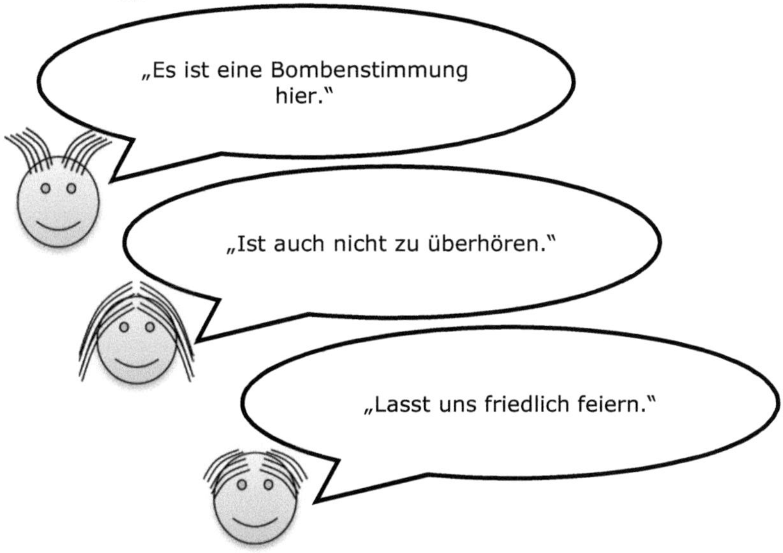

„Es ist eine Bombenstimmung hier."

„Ist auch nicht zu überhören."

„Lasst uns friedlich feiern."

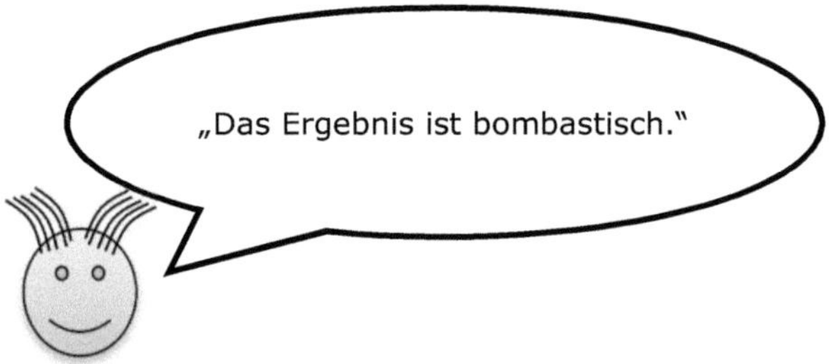

Weniger positiv gemeint: Die Mutter sagt tadelnd zu ihrem Nachwuchs, als sie die Tür zum Kinderzimmer öffnet:

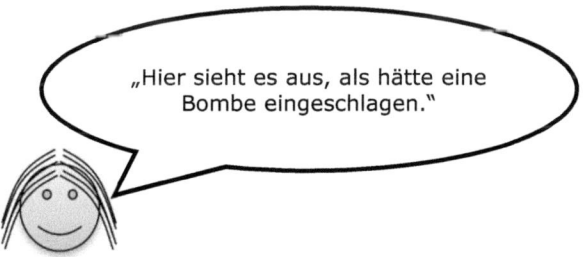

„Hier sieht es aus, als hätte eine Bombe eingeschlagen."

„Aha."

„Bitte räume die am Boden
liegenden Dinge weg."

Bevor etwas geschieht:

Die Bombe wird scharf gestellt. Sie tickt. Eine überschaubare Zeit bleibt.
Dann löst die Bombe eine Explosion aus.

„Die Bombe tickt."

„Die Bombe platzen
lassen."

Will jemand ein freudiges Ereignis oder eine unheilbringende Nachricht
verkünden, die erhöhte Emotionen auslöst, kann er ‚die Bombe platzen
lassen'.

Die anderen sind verblüfft, überrascht, geschockt, begeistert oder zeigen
weitere starke Emotionen. Die Nachricht schlägt wie eine Bombe ein.

„Liebe Eltern und Schwiegereltern. Meine Frau wird Drillinge zur
Welt bringen."

Verlogene Wahrheit

> *„Nimm dein Lippenpaar zurück,*
> *das so süß verlogen schwur."*
> **William Shakespeare, engl. Dichter**
> *(1564 - 1616)*

„Ich schlafe gerade."

Auf das Thema Lügen inklusive Fake News sowie Deepfakes und so weiter wird hier bewusst nicht eingegangen.

Böse Lügen mit der Absicht, anderen zu schaden oder einen eigenen Vorteil zu erzielen sind nicht nur haarsträubend, sondern tendieren zum Kriminellen.

In der aktuellen Zeit scheint es fast schon zum täglichen Umgang zu gehören, zu lügen ‚auf Teufel komm raus'.

Es scheint vielen Menschen nichts (mehr) auszumachen, Lügen zu kaschieren. Die Nachwachsenden lernen, dass böse Lügen nicht nur zum Leben gehören, sondern offensichtlich zum ‚guten Ton'.

259

Glatt gelogen

Nachvollziehbar ist es, wenn ein Gesprächspartner im Dialog seine Leistung, sein Angebot ins ‚beste Licht' stellt. Es ist auch zu verstehen, Unangenehmes wegzulassen, sofern nicht ausdrücklich nach konkreten Schwachstellen gefragt wurde.

Je näher an der Wahrheit geblieben wird, umso besser für einen vertrauensvollen Austausch.

Die Welt als solche ist schließlich nicht verlogen. Es sind die Menschen, die auf ihr leben. Die bewusst eingesetzte böse Lüge ist mit nichts zu entschuldigen.

Sogenannte Notlügen hingegen werden toleriert. Lügen, mein soziales Zusammenleben zu ermöglichen, werden akzeptiert.

Auch das Weglassen von Wahrheiten entspricht eine Lüge.

Und was ist mit dem gekauften Polo und der Hose?

Glaubwürdige Wahrheit

> *„Abgesehen davon aber bin ich fest überzeugt,*
> *dass man jedem die Freiheit lassen muss,*
> *das zu glauben, was er für glaubhaft hält.“*
> **Pierre-Auguste Renoir, frz. Maler**
> **(1841 - 1919)**

„Ich hab' nichts gemacht."

Die Moderatorin hat die Teilnehmenden ihrer Talkrunde begrüßt. Nun wendet sie sich dem ersten Gast zu.

Nichts gegen Glauben oder gegen jemanden, der glaubt.

Bei – nicht religiösen – Themen kann in der Kommunikation üblicherweise der Glaube ausgelassen werden.

Die Moderatorin im oben genannten Beispiel verwendete zweimal ‚ich glaube'. Als Moderatorin ist sie vorbereitet und müsste ‚wissen'.

Es gibt einen kleinen Unterschied zwischen glaubhaft und glaubwürdig:

glaubhaft	glaubwürdig
Bezug auf die Sache.	Bezug auf die Person.
Etwas wird so dargestellt, dass es für wahr gehalten wird.	Inwieweit die angesprochene Person die Aussage des Redners akzeptieren wird. Akzeptiert sie sie 100-prozentig, wird der Person Glauben geschenkt.

Der Volksmund sagt:

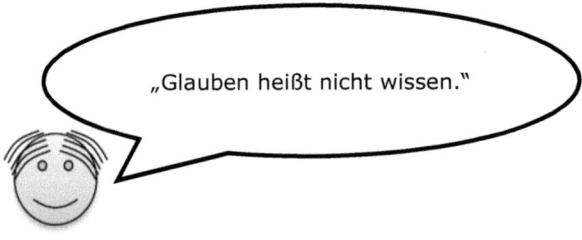

In einer Moderationsrunde wird verständlicherweise Unbekanntes er-fragt.

Die Moderation wird als professionell vorgehende Leitung der Gesprächs-runde gesehen. Von ihr wird erwartet, dass sie sehr gut vorbereitet ist. Basisdaten ihrer Gäste gehören zum vorher zu besorgenden Wissen dazu.

Bei Unsicherheiten kann sich die Moderation versichern mit:

Wer die Wahrheit nicht in Zweifel zieht, kann sagen:

Das Wort ‚glauben/Glauben' ist unabhängig des religiösen Gedankens im Wortschatz gut vertreten.

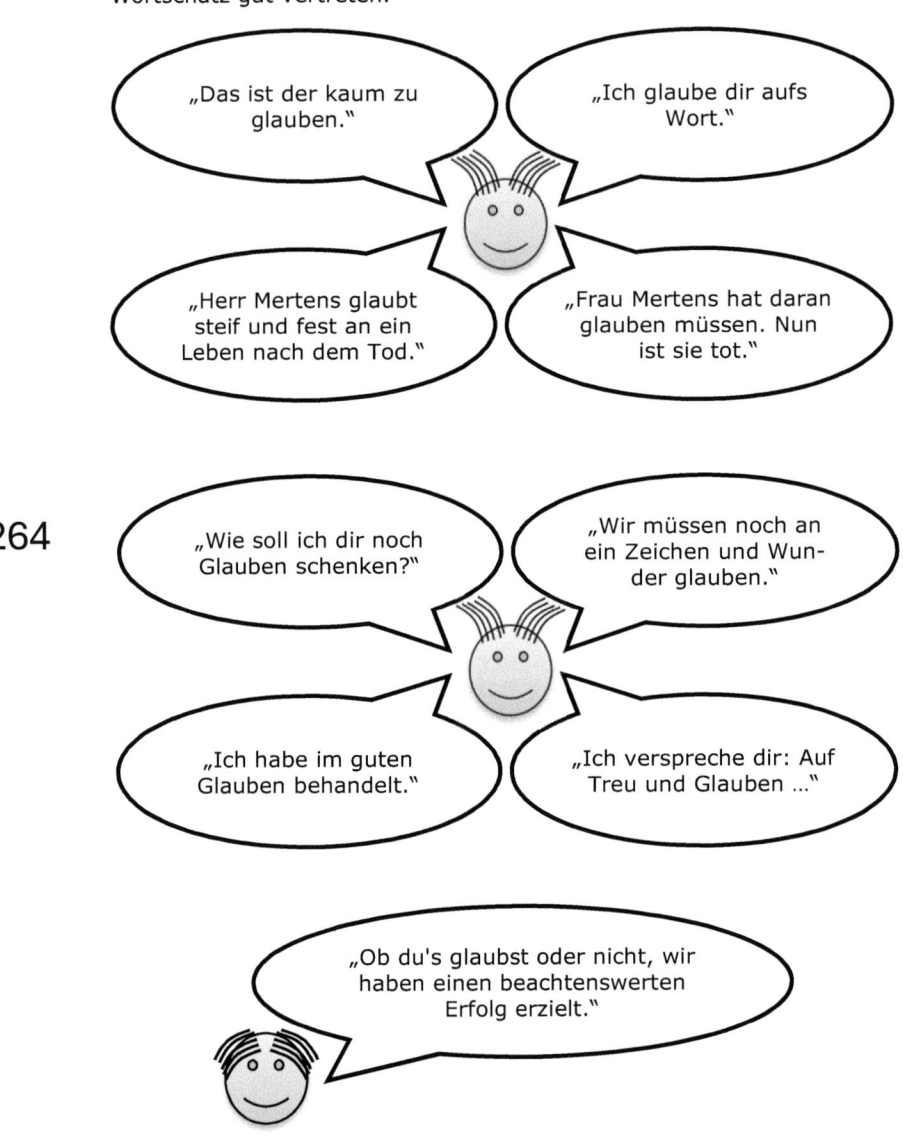

Teil 10 – Schönreden

Kontrafaktizität – Gunst der verdrehten Tatsachen

> *„Man muss Ideen die Chance geben, sich zu verwirklichen."*
> **Thomas Alva Edison, US-am. Erfinder**
> *(1847 - 1931)*

„Hätte, hätte, Fahrradkette."

Bei all diesen unangenehmen und beängstigenden Dingen, die im eigenen Land und auf der Welt geschehen, ist es schön, Gutes, Friedvolles und Stressfreies zu hören.

Die meisten Menschen mögen eine harmonische Atmosphäre um sich herum. Sie gestalten ihr Zuhause gemütlich und nach ihrem Geschmack. Viele Menschen investieren viel Geld in ansprechende Kleidung sowie in Accessoires. Noch mehr Menschen geben viel Geld für ihr körperliches Aussehen aus: Tinkturen, Cremes, Pillen und sonstige Wundermittel aller Art.

Es sieht so aus, als wolle der Mensch nach außen hin schöner wirken als er tatsächlich ist. Das ist absolut legitim und gehört zum Erfolg in diesem Leben.

Denn die wenigsten Menschen wollen sich mit hässlichen und bemitleidenswerten Personen umgeben. Schönheit ist gedanklich verknüpft mit Glück, Erfolg und Genuss. Diese sollen das erfolgreiche Zusammenleben mit anderen versprechen.

Weshalb dann nicht auch die Kommunikation und die Redekunst etwas ‚aufpolieren'. Hier und dort etwas schöner gestalten um ein ansehnlicheres Bild, sprich Wort, zu erzielen. Gleichzeitig werden durch eine gepflegte Kommunikation die anderen beeindruckt und gegebenenfalls manipuliert.

Die Rhetorik bietet zu diesem Vorgehen glücklicherweise mehrere Möglichkeiten.

Kontrafaktischer Konditionalsatz – „Wäre ich damals ...“

Es gibt allgemein anerkannte Fakten. Weshalb über solche diskutieren? Viel reizvoller ist es, diese Fakten infrage zu stellen, also ‚contra Fakten‘ zu sein.

Die Kontrafaktiziät behandelt Fakten, stellt sie aber in Frage. Sie argumentiert gegen tatsächliche und bestätigte, allgemeingültige Gegebenheiten.

Wer kennt solcherart Sätze nicht, die sich auf die verpasste Möglichkeit in der Vergangenheit beziehen? Soll die Fahrradkette mit ihrem ‚hätte, hätte‘ als stellvertretendes Symbolbild aufgerufen werden.

Es nutzt nichts, vergangenen Zeiten und verpassten Chancen hinterherzutrauern. Es lässt sich mit diesen Konditionalsatzformen wunderbar ausmalen, wie was hätte anders sein können. Aber:

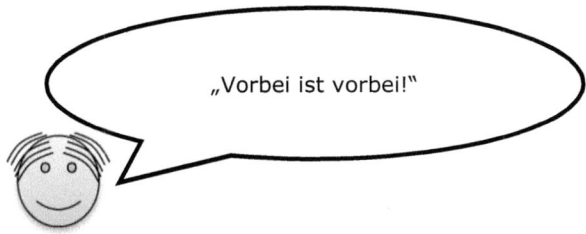

„Vorbei ist vorbei!"

Bei dieser Art der ‚Hätte-Sätze' ist es klar, dass sich die Situation anders entwickelte, als sie sich hätte entwickeln können.

Virtuelle Geschichte – Uchronie

Die Rhetorik spricht hier von einem kontrafaktischen Konditionalsatz.

Das lateinische ‚contra facta' heißt so viel wie ‚entgegen der Tatsachen'. Manchmal wird auch von virtueller Geschichte oder von Uchronie gesprochen. Erfunden hat das Wort der französische Philosoph Charles Renouvier im Jahr 1876. Er lebte von 1815 bis 1903.

Der Begriff ist angelehnt an das Wort Utopia (gr. ‚ou' für ‚nicht' und ‚topos' für ‚Ort, Nicht-Ort). ‚Chronos' steht für ‚Zeit', Uchronie (Nicht-Zeit)

Uchronie bedeutet ungefähr eine ‚Alternativweltgeschichte'.

Historisches Wissen

Beim Kontrafaktischen wird von seriösen Wissenschaftlern eine Hypothese aufgestellt, die dem historischen Wissen widerspricht, um mögliche Folgen zu erörtern.

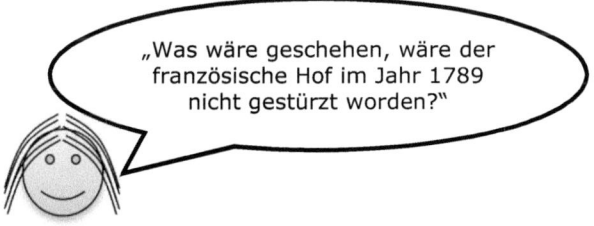

„Was wäre geschehen, wäre der französische Hof im Jahr 1789 nicht gestürzt worden?"

267

„Wie wäre die Geschichte verlaufen, wäre Gaius Julius Caesar im Jahr 44 vor Christus nicht ermordet worden?"

„Wie hätte sich die Geschichte weiterentwickelt, wäre die Mauer 1989 nicht gefallen?"

Es ist deutlich erkennbar, dass es die in den Beispielen genannten historischen Ereignisse tatsächlich gab, nur mit bekanntem, tatsächlichem Verlauf. Deshalb kann hier von historischer Wahrheit, von historischem Wissen, gesprochen werden.

Die Forscher erwarten nun, wie die Geschichte ohne das historische Ergebnis weiter verlaufen wäre. Und welche Folgen sich daraus ablesen lassen.

Falsche Prämisse

„Wenn ich damals fleißiger gewesen wäre, dann wäre ich jetzt Millionär."

„Zu spät."

Ein kontrafaktischer Konditionalsatz ist ein Satz, der immer wahr ist, weil er bewusst von einer falschen Prämisse ausgeht.

Der erste Satzteil (Vordersatz) ist so nicht geschehen (Faulheit). Im Nebensatz werden Konsequenzen (Millionär) beschrieben. Eine Prämisse ist ein Vordersatz/Voraussetzung eines scheinbar logischen Schlusses.

Rhetorisch gesehen ist ein solcher Satz nur dann sinnvoll, wenn eine Diskussion oder Präsentation auf einer Annahme aufgebaut wird.

269

Gleichzeitig wird vermieden, dass die Richtigkeit der Annahme bezweifelt wird.

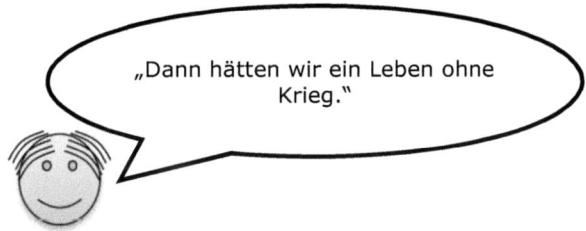

Dadurch, dass der erste fiktive Satzteil zur Wahrheit ‚definiert' wird, wird der komplette Satz zur Wahrheit. Entspräche der erste Satzteil tatsächlich der angenommenen Realität, wäre diese eine falsche Prämisse (… alle Menschen wären intelligent …), womit der entstandene Satz nicht stimmte.

Schöne Erkenntnis

Es lässt sich auch harmonisch mit solchen Sätzen verfahren. Die Welt lässt sich ‚schönreden'.

„Hätten wir uns damals nicht kennengelernt, könnten wir heute nicht die Silberne Hochzeit feiern."

„Hätte ich damals nicht am Wettbewerb ‚Iron Man' teilgenommen, könnte ich heute keine Medaille von dort vorweisen."

270

Die Aussage im ersten Satzteil ‚Hätte …' bezieht sich auf real Stattgefundenes. Das Beschrieben entspricht der Wahrheit.

Der Inhalt des zweiten Satzteils ist die Konsequenz aus dem ersten Satzteil. Der in der Aussage beschriebene Vorgang stimmt demnach.

Es lässt sich wunderbar und risikolos Schwelgen in nie stattgefundenen oder stattfindenden Situationen. Durch solch ein mentales Spiel können Alternativen zum Geschehenen gefunden werden, falls Ähnliches erneut eintreten sollte.

Bei negativen Erkenntnissen nutzt es auch nichts, nach verlorener Chance endlos zu jammern oder sich die Haare zu raufen.

Einmal tief durchatmen – die nächste Chance wird sich bald bieten.

Verdrehte Tatsachen – „Wer macht was?"

Manchmal dreht sich die Welt so schnell, dass sich Ereignisse regelrecht überschlagen. Der Überblick, wer was macht, geht verloren.

Allerdings können auch einfache Sätze Tatsachen verdrehen.

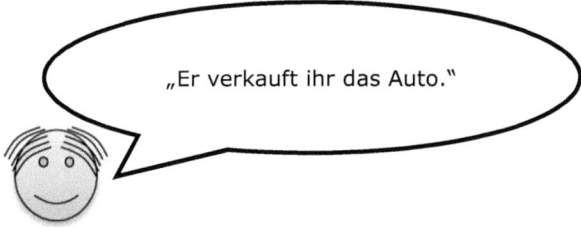

Kauft die weibliche Person ein Auto, das ihr von der männlichen Person verkauft wird?

Oder macht sich die männliche Person die Mühe, im Namen der weiblichen Person ihr Auto an einen Dritten zu verkaufen?

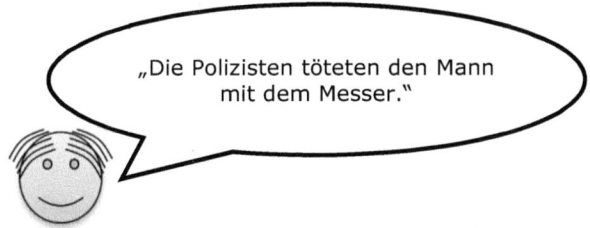

Wurde der Mann mit dem Messer von den Polizisten getötet?

Oder töteten die Polizisten mit einem Messer den Mann?

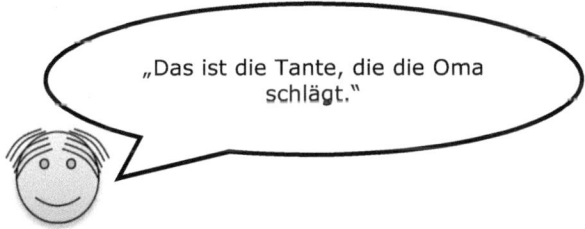

Schlägt die Tante die Oma?

Oder wird die Tante von der Oma geschlagen?

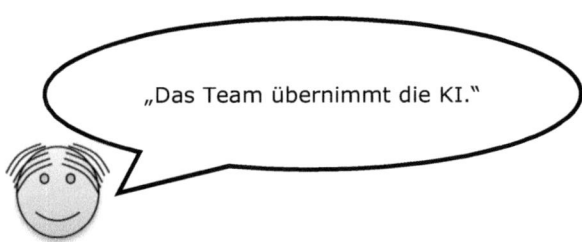

Arbeitet das Team in Zukunft mit der KI? Oder ist die KI mittlerweile stark genug, um das Team und die Teamarbeit zu übernehmen?

Nur nicht festlegen! Wie windet sich der Politiker heraus?

Die Reporterin interviewt den Politiker. Hier werden Tatsachen verdrängt.

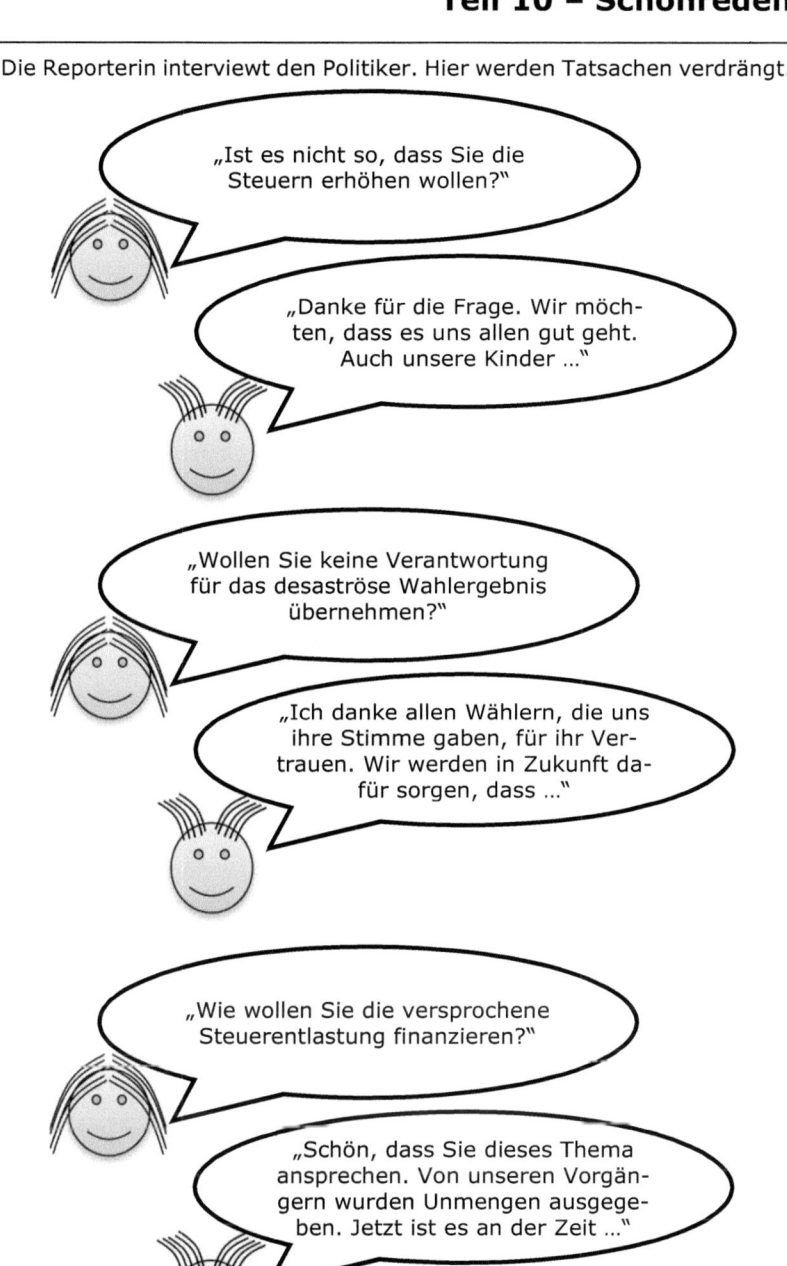

273

Euphemismus – Gunst der Beschönigung

„Nur schön zu leben oder schön zu sterben geziemt den Edlen."
Sophokles, gr. Schauspieler
(um 497 - 405 v. Chr.)

„Die reife Haut."

Viele Wörter lösen beim Zuhörer ein Gefühl aus. Wer als Gewinner dastehen will, sollte seine Wörter überlegt wählen, um verbal genau diesen Eindruck zu vermitteln.

Beispielsweise werden in Pressemitteilungen verschiedener Unternehmen ‚verjüngen' oder ‚verschlanken' gewählt. Jung klingt gut, schlank ebenso. So kann es sich bei den beschriebenen Vorgängen nur um Positives handeln. Wunderbar, es droht keine Gefahr.

274

Tatsächlich ist gemeint, dass ältere Mitarbeiter durch jüngere ersetzt werden. Oder, dass einige Mitarbeiter entlassen werden, um Kosten einzusparen. Also doch nicht mehr so gut wie anfangs angenommen.

In diesem Zusammenhang wird von ‚Schönfärberei' oder Gutsprechen gesprochen, von Euphemismus (auch Glimpfwort, Hehlwort, Hüllwort, Verbrämung, Beschönigung). Ein klassisches Beispiel hierzu ist die sogenannte ‚Reichskristallnacht', tatsächlich die Nacht der antijüdischen Übergriffe und Zerstörungen, bekannt unter dem Namen Pogrom.

Die Gesichtscreme für die ‚reife Haut' soll ältere Menschen ansprechen. Der (Zu-)Hörende der Schönmalerei kann fast nicht anders, als in eine positive Grundstimmung zu gelangen.

Im Altgriechischen steht ‚euphemia' für ‚Worte von guter Bedeutung'.

Etwas Unangenehmes, eine schlimme Situation oder Sache wird angenehm oder beschönigend formuliert, indem ein positiv konnotierter Begriff (Nebenbedeutung) verwendet wird.

Die Gruppe des Euphemismus gehört zu den sogenannten ästhetisch anschaulichen Redefiguren in der Rhetorik.

Aufwertung	Der Wortteil Heim wird gegen Residenz aufgewertet, aus Alter wird Senioren.	Seniorenresidenz statt Altersheim
Milderung	Das Wort Tod oder tot wird vermieden. Die Beschreibung mildert die Situation.	jemand ist verblichen
Verhüllung	Die tatsächlich fürchterliche Situation wird verhüllt. Es heißt nicht der getötete Mensch, sondern der gefallene, was bei wietem nicht so schlimm klingt wie es ist.	der Gefallene [Soldat]
Fachsprache	Adipös ist als Fremdwort nicht so bekannt wie beispielsweise fettleibig, übergewichtig und so weiter.	adipös für übergewichtig
Fremdsprache	Hier wird ein Fremdwort in englischer Sprache eingesetzt. Manager klingt mehr als Hausmeister.	Facility Manager für Hausmeister

Etwas wird ‚harmloser' dargestellt, als es in Wirklichkeit ist.

„Wo kann ich mir die Hände waschen?"	= „Wo ist die Toilette?" Toilette ist bereits ein Euphemismus, denn es ist eine Umschreibung. Ursprünglich heißt Toilette: Seidentüchlein, mit dem die Person sich erfrischen konnte.

„30 plus" oder „Ü 30"	= Personen, die über dreißig Jahre alt sind.
„Generation Silber"	= Die Weißhaarigen, ältere Menschen.
„Freisetzung von Mitarbei-tern"	= Kündigung
„Engelmacher"	= Personen, die illegal Schwanger-schaftsabbrüche vornehmen.
„Warmer Abriss"	= Feuer ist gelegt, um die Versiche-rungssumme zu kassieren.
„Reichskristallnacht"	= Zerstörung und Plünderung jüdischen Eigentums vom 9. auf den 10.11.1938.

Also: Wird eine Situation, ein Wort oder ein Sachverhalt verbal schöner oder harmloser dargestellt, als es sonst klingen würde, greift der Euphemismus.

Verständlicherweise kann auf diese Art eine Begebenheit auch vertuscht werden. Und genau das ist das Ziel der Beschönigung.

Durch die euphemistische Gestaltung hört sich die schlimme Nachricht harmlos an, der fast schon wünschenswert.

Es ist nachvollziehbar und legitim, sich die Welt so schön wie möglich zu gestalten.

Das ist nicht gleichzusetzen, aus der nicht so schönen Realität – auf Dauer – zu flüchten.

Diskussionspartner sollten Euphemismus erkennen und ins ‚rechte Licht' rücken, also das Beschönigte realitätsnah benennen (zum Beispiel Kündigung).

So beruhigt der Arzt den Patienten.

Die euphemistische Erklärung soll den Patienten beruhigen. Der Stress soll möglichst ‚flach' gehalten werden.

Das verkündet der Vorgesetzte: Das klingt immer noch besser als Kündigung. Für den Mitarbeiter – Schönmalerei oder nicht – hat das dieselben Konsequenzen.

Bei einer Versammlung der Beschäftigten offenbart der Geschäftsführer:

Ist es nicht schön zu sehen, wie traurige oder tief einschneidende, negative Aussagen in harmonisch klingende Worte gewandelt werden können?

Wer diese Art der Schönfärberei einsetzen kann, zeigt seine Fähigkeit in der Redekunst.

Pejorativum – Bedeutungsverschlechterung

Das Wort Pejorativum (pl. Pejorativa) stammt aus der lateinischen Sprache. ‚Peior' für ‚schlecht. Es handelt sich um Beleidigungen, Geringschätzung, Herabwürdigung.

Im Gegensatz zum Dysphemismus, wo ein neues Wort verwendet wird, genügt bei der Pejorisierung/Pejoration das Voranstellen eines Präfixes oder das Anhängens eines Suffixes an den Wortstamm. Einige Beispiele:

Gerücht	Getue	Gepantschte
ein gewöhnlicher Mensch	eine gemeine Person	eine billige Handlung
Heulsuse	Immobilienfritze	Schlafmütze

Fräulein (stellvertretend für unverheiratete Frau). Der Begriff wurde vom Innenminister 1972 ‚abgeschafft'.

Dysphemismus

Wo es eine Sonnenseite gibt, gibt es auch eine Schattenseite. Das Gegenteil von Euphemismus ist der Dysphemismus (pl. Dysphemismen), auch Kakophemismus (gr. ‚kakos' für ‚schlecht') genannt. Die verwendeten Bezeichnungen haben eine negative Konnotation.

Im Fall von Beleidigungen richtet sich diese auf Sachen oder einen Beruf oder Tätigkeiten, manchmal auch direkt auf Menschen.

Tatsächlich ist es eine scheinbare (siehe dort) Sonnenseite, da ja Unangenehmes, Schattiges kaschiert werden soll. Beim Dysphemismus werden Begriffe negativ ‚gedreht'. Ein angenehmer oder neutraler Begriff wird durch einen schlechten ersetzt. Einige Beispiele: Aus … ➜ wird …

Villa	➜	Schuppen/Hütte
Ware	➜	Krempel/Plunder/Zeug
Urheberrecht/Verantwortlicher	➜	Drahtzieher/Hintermann
Gruppe	➜	Bande
Obdachlose	➜	Penner
Polizist	➜	Bulle
Jurist	➜	Rechtsverdreher
Presse	➜	Lügenpresse
Gesellschaft, die Unternehmen aufkaufen und mit deutlichen Gewinnen wieder abschlagen	➜	Heuschrecken
Urheberrechtliche Vervielfältigung	➜	Raubkopie
Hund	➜	Köter

In der Verhandlungspause bei Gericht:

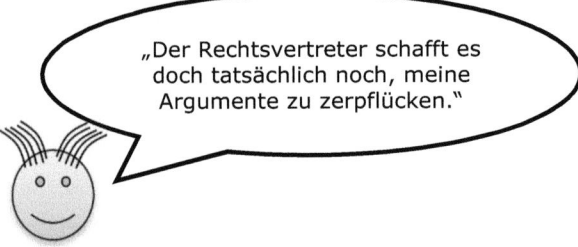

„Der Rechtsvertreter schafft es doch tatsächlich noch, meine Argumente zu zerpflücken."

Auf dem Flohmarkt:

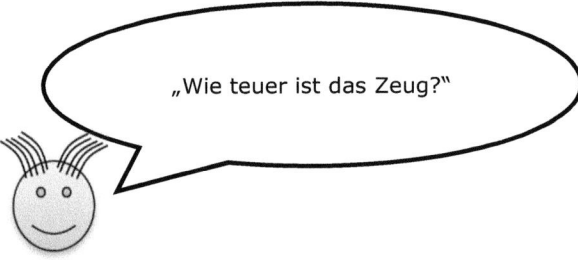

„Wie teuer ist das Zeug?"

Beim Opernball:

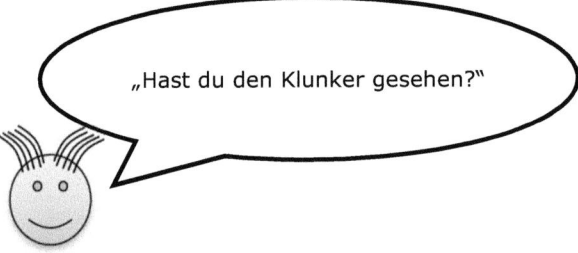

„Hast du den Klunker gesehen?"

Über den Vorgesetzten:

„Weißt du, in welche Hütte der lebt?"

Tierische Verstärkung

Manchmal muss ein unschuldiges Tier als Beleidigung für einen Menschen herhalten (siehe hierzu auch Beleidigungen bei Pejorativum). Personen werden abwertend mit Tiernamen bezeichnet/beschimpft.

„Du Kamel."

„Du bist ein Esel."

„Blöde Kuh."

283

„Du bist ein Schwein!"

„Selber Schwein!"

Bei Beleidigungen werden häufig ältere Tiere bemüht.

„Du alte Ochse."

Bei Verliebten beziehen sich viele Tier-Kosenamen auf kleine Tiere: Kätzchen, Piepmatz, Vögelchen.

Bemerkenswert sind dabei die Verkleinerungsformen – auch von größeren Tieren.

„Na, du Schweinchen, hast du wieder gekleckert?"

„Oh, ich bin ein Ferkelchen. Wie konnte mir das passieren?"

Beim verkleinerten Tier scheint eher liebevoll miteinander umgegangen zu werden. So wie bei Häschen, Rehlein und anderen.

Verstärkungswörter heben den genannten Ausdruck auf eine besonders hohe Ebene. Vor das entsprechende Wort könnte geschrieben werden: sehr, extrem, großartig, wunderbar oder vergleichbare Wörter.

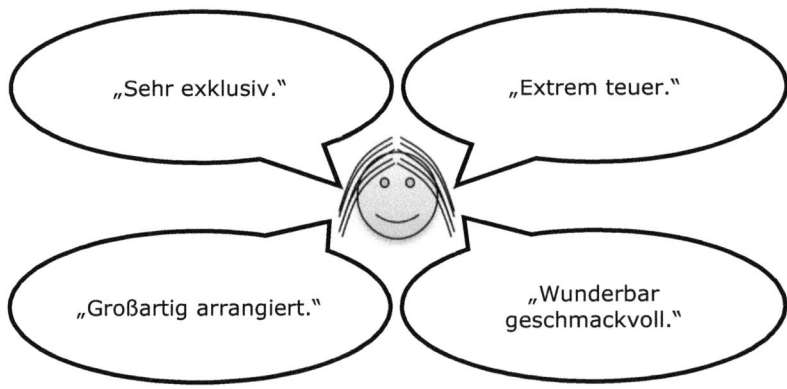

„Sehr exklusiv."

„Extrem teuer."

„Großartig arrangiert."

„Wunderbar geschmackvoll."

Lustigerweise zählen tierische Wortverbindungen zu dieser Gruppe.

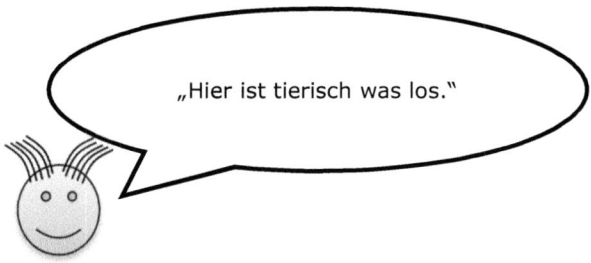

„Hier ist tierisch was los."

Tierische Verstärkungswörter

Immer wieder muss die bedauernswerte Tierwelt herhalten, um stellvertretend für den vorhandenen Wortschatz aktiv zu werden.

Die folgenden Tiere stehen als Verstärkung für bestimmte Begriffe. Zum Beispiel solche, die mit ,sau' beginnen:

saukomisch (sehr lustig)	saugeil (erotisch stark anziehend)	sauteuer (extrem teuer)
saustark (sehr stark)	saukalt (extrem kalt)	saugut (sehr gut)
saumäßig (zum Beispiel eine Handschrift, die unleserlich ist)	saufrech (übertrieben frech)	saudoof/saudumm (ausgesprochen wenig Intelligenz)

Die ,arme Sau' muss vielfältig sein und für vieles bereitstehen. Ein paar Beispiele, bei denen andere Tiere bemüht werden:

bärenstark (sehr stark)	affengeil (großartig schön)	schweineteuer (extrem teuer)
pudelwohl (fühlt sich angenehm)	aalglatt (kaum zu greifen)	kohlrabenschwarz (sehr dunkel)

rattenscharf (erotisch ansprechend)	mausetot (ohne Zweifel und eindeutig tot)	lammfroh (sehr religiös)

Die Vorausstellung des Tiernamens steigert den zweiten Wortteil. Es ist kalt. Es ist mehr als kalt, nämlich saukalt.

Nicht immer ist der zweite Wortteil ein Adjektiv, wie in den Tabellen oben.

Hier sind einige Beispiele, die Kombinationen von Tier und Nomen bilden. Zuerst wieder einige, die sich der bedauernswerten Sau bedienen.

Sauwetter (schlechtes, stürmisches Wetter)	Saubande (Gruppe von Personen, die sich schlecht verhält)	Saustall (Zimmer, das nicht aufgeräumt ist)
Saukälte (Außentemperatur extrem unter null Grad)	Sauleben (genussvolles,leicht unmoralisches Leben)	Sauklaue (kaum entzifferbare Handschrift)
Saufraß (nicht genießbares Essen)	Sauhaufen (großes Durcheinander)	Sauarbeit (sehr anstrengende Arbeit)

Andere Tiere kommen seltener vor, werden aber auch nicht ausgelassen.

Schweineigel (unmoralischer Mensch)	Katzenbuckel (Mensch mit gekrümmtem Rücken)	Schweinegeld (sehr viel Geld)
Hundswetter (schlechtes, regnerisches Wetter)	Hamsterbacke (Mensch, der nichts wegwerfen kann)	Spatzenhirn (Mensch mit schwachem Gedächtnis)
Affenliebe (übertriebene Liebe)	Affenhitze (sehr heiße Temperatur)	Bullenhitze (unerträgliche Hitze)

Das Tier in der Redewendung

287

Auch hier soll wieder das Hausschwein bemüht werden.

"Der benimmt sich wie ein Schwein."

"Er schwitzt wie ein Schwein."

"Es ist ein fettes Schwein."

"Ich glaub, mein Schwein pfeift."

Ein ‚gutes' Schwein unterliegt. Die unangenehmen Schweine sind viel häufiger vertreten. Und das obwohl:

"Ein gutes Schwein frisst alles."

"Ein Silvester bekommt jeder Gast ein Glücksschweinchen aus Marzipan."

Das Glücksschwein rettet die Ehre des sonst gedemütigten Schweins.

Populismus – Gunst der Massen

„Was das Volk nicht weiß, macht das Volk nicht heiß."
Bernd Heinrich Wilhelm von Kleist, dt. Schriftsteller
(1777 - 1811)

„Was euch gefällt."

Für einen Populisten ist es unter anderem wichtig, dass er a) schnell und b) viele Menschen überzeugen kann. Aus wenigen Anhängern werden schnell viele und schließlich Massen (bei denen ein Einzelner fast nicht mehr bemerkbar ist).

Der Angesprochene ist dem Populisten gewogen. Er steht ihm wohlwollend gegenüber. Und zwar deshalb, weil der Populist ,ihm aus der Seele spricht'.

Die Masse der Angesprochenen erweist dem Populisten die Gunst, ihm zu folgen.

Populismus – Stimmungsverstärkung

Im Wort Populismus (lat. ,populus' für ,Volk') zeigt sich bereits, dass es um eine große Anzahl Menschen geht, die der Populist manipulieren will. Sein hochgestecktes Ziel ist es, eine Volksstimmung zu erzeugen, zum Beispiel in einer bestimmten politischen Denkrichtung (Meinung).

Sobald diese Stimmung ,greift', will der Populist die Stimmungslage in der Gesellschaft verstärken und beeinflussend oder lenkend eingreifen.

Je mehr Menschen aus der Gesellschaft die Stimmung verstärken, umso ,populärer' wird die Idee des Populisten. So scheint sich die ,Stimmung des Volkes' beziehungsweise ,die Stimme des Volkes' zu erheben.

Der sich im Geheimen freuende Populist greift die (von ihm provozierte) Stimme des Volkes genüsslich auf und unterstützt sie aufgrund seines (politischen) Amtes, das er innehat.

Er redet dann ,im Sinne des Volks'. Er hinterlässt den Eindruck, Sprachrohr des Volks zu sein.

Damit der Populismus deutlich greift, soll auf der einen Seite das ‚gemeine Volk‘ (der brave Normalverdiener) stehen, und auf der anderen Seite die ‚abgehobene Elite‘.

Dieses Gegenüberstellen der Einstellungen macht der Populist deutlich – und sich zu Nutze. Hier wird die Dichotomie sichtbar.

Dichotomie – Entweder-Oder-Gegensätze

Dichotomie (gr. ‚dicha‘ für ‚doppelt‘, ‚tomé‘ für ‚Schnitt‘; ‚dichotomes‘ gleich Schwarz-Weiß-Denken).

Der Entweder-Oder-Gegensatz beziehungsweise das Schwarz-Weiß-Denken zeigt zwei gegensätzliche Varianten, die sich deutlich widersprechen.

So, wie hell und dunkel. Hell kann es nicht gleichzeitig dunkel sein – und umgekehrt. Wer arm ist, kann nicht gleichzeitig reich sein. <u>Entweder</u> ist jemand arm, <u>oder</u> er ist reich.

Oft ist im Entweder-Oder-Gegensatz auf der einen Seite etwas Gutes, auf der anderen Seite des schlecht Bewertetes dargestellt.

Beispiele für den rhetorischen Einsatz:

Gut und Schlecht	Reich und Arm	Richtig und Falsch
Die einen arbeiten und die anderen erben	Geringverdiener und Millionär	Die kriminellen und die ehrlich Arbeitenden
Die der oben, wir da unten	Die Egoisten und die Hilfsbereiten	Wir und die anderen

Aus dem letzten Beispiel ist folgendes ablesbar: ‚Wir', das sind die angesprochenen des Populisten, zum Beispiel das Volk. Aus Sicht des Populisten das Gute. ‚Die anderen' oder ‚Die da oben' stellen den Gegenpol zum ‚Wir' dar. In der Regel, ohne dass genau definiert ist, wer ‚die da oben' tatsächlich sind. Jedenfalls sind es die, gegen die gekämpft werden muss (aus Sicht der Populisten). Und damit das Schlechte.

Das ist im ersten Moment auch nicht ausschlaggebend, wer gemeint ist. Hauptsache, es gibt einen Widersacher. Kristallisiert sich ein tatsächlicher Gegner heraus, ist das nicht abträglich für das Ziel des Populisten.

Durch das diffuse ‚die da oben' umfasst die Bandbreite der vermeintlichen Gegner eine viel größere oder stärkere Menge der ‚Bösen'.

Forderung zurückweisen, die es nie gab

Weiter kann jeder, der dem Populisten folgt, unter mehreren Gegnern wählen und gleichzeitig eine gleiche Einstellung wie andere Angesprochene haben.

Ein weiterer Trick der Populisten (lat. ‚populos' für ‚Volk') besteht darin, Forderungen zurückzuweisen, die es nie gab. So geht auch der Redner, der in seinem Vortrag vor gerade den populistischen Trick anwenden will.

Er behauptet etwas, was niemand infrage gestellt hat. Der Behauptung können viele Menschen zustimmen, und schon riskieren sie, in die Falle des Populisten zu geraten.

Für den Populisten ist es einfach, solch eine populistische Behauptung aufzustellen.

Wer genau aufpasst und Aussagen/Behauptungen analysiert, kann kritisch mit Gesprächspartnern umgehen und seine eigene Meinung bilden.

In der Rhetorik ist es einfach, eine beliebige Behauptung – oder Lüge – aufzustellen. Es ist dann die Aufgabe des Gesprächspartners, einen Beweis einzufordern. Diesen wird er nicht erhalten, da es ihn nicht gibt. Die Behauptung entbehrt jeglicher Grundlage.

Als es der Gesprächspartner gezwungen, mit eigenen Argumenten gegen die Behauptung anzugehen, was viel schwieriger ist.

Polytomie

Während die Dichotomie <u>zwei</u> gegensätzliche Varianten aufzeigt, bietet die Polytomie eine größere Auswahl an.

Polytomie (gr. ‚polys' gleich ‚mehr') entspricht der polytomen Variable (veränderliche Größe). Das bedeutet, es gibt mehr als zwei Wahlmöglichkeiten.

Beispielsweise wird nach der Sympathie zu einer Partei in der Demokratie gefragt.

„Würde Sie bei der nächsten Wahl der Partei X Ihre Stimme geben?"

Die Merkmalsausprägung ist vielfältig. Zum Beispiel:

ja	eher ja	eher nein	nein

Oder

immer	oft	hin und wieder	selten	nie

Der Populist wird die Dichotomie bevorzugen, weil er deutlich das Gegenstück kenntlich macht.

ja	nein

Der Begriff Polytomie findet sich auch in der Biologie. Dort bedeutet er die Verzweigung/vielfach Verzweigung der Äste oder Sprossspitzen.

Diminutiv – Gunst der Verniedlichung

„Der Ursprung aller Dinge ist klein.“
Marcus Tullius Cicero, röm. Staatsmann
(106 - 43 v. Chr.)

„Dauert nur noch ein Stündchen.“

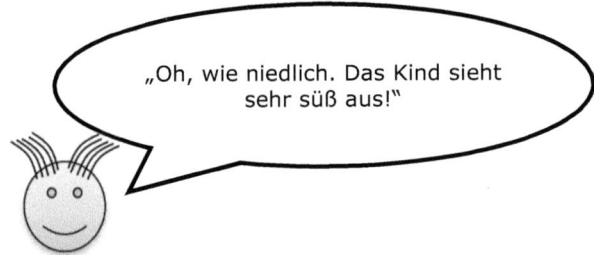

„Oh, wie niedlich. Das Kind sieht sehr süß aus!"

So ruft die Nachbarin entzückt aus beim Blick in den Kinderwagen auf das dort liegende Baby. ‚Niedlich' heißt so viel wie ‚zierlich' oder ‚Entzückungen hervorrufend'.

Ja, es bringt viele erwachsene Menschen in Entzückung, wenn sie vom ‚unschuldigen' Kleinen mit Kulleraugen angelächelt werden.

Personen, die klein sind, vermitteln oft ein gewisses Schutzbedürfnis – zumindest haben die ‚Größeren' das Gefühl, Schutz bieten zu müssen. Schutz geben heißt auch, Macht auszuüben.

Vielleicht ist das mit ein Grund, weshalb Verkleinerungen auf viele Personen angenehm wirken.

Nicht umsonst werden deshalb immer wieder sogenannte Verkleinerungsformen in der Sprache verwendet, wenn Zustimmung oder Verständnis erreicht werden sollen.

Bei einer Verkleinerungsform, einem Diminutiv (lat. ‚deminuere' für ‚verringern') wird das Suffix (Nachsilbe) ‚lein' oder ‚chen' an das Wort gehängt.

Die Verkleinerung lässt ein größeres Teil auf eine sympathische ‚Kleine' reduzieren.

Aus der Katze wird ein Kätzchen. Aus dem Hund wird ein Hündchen. Aus der Pfote wird ein Pfötchen.

Interessanterweise werden wenige Hundebesitzer ihren Vierbeiner bitten, die Pfoten zu zeigen.

Der kleine Apfel ist übrigens ein Äpflein.

Aus einem großen Schiff wird ein Schiffchen – halt, das stimmt nicht! Aus dem Schiff wird ein Boot. Der Unterschied in der Größe liegt bei der maximalen Länge von ca. 50 Meter. Weniger als 50 Meter, dann ist es ein Boot. Aus einem kleinen Boot wird irgendwann ein Bötchen.

Ein Schiffchen tragen Soldaten und Soldatinnen beim Militär als Kopfbedeckung oder es ist das Teil, das bei Nähmaschinen hin und her saust.

Aus seinem großen Brot wird ein kleines Brot, nicht aber ein Brötchen. Ein Brötchen, egal wie gebacken, bleibt immer ein Brötchen.

Für das Fischstäbchen oder ein Gebäckteilchen gibt es auch keine Vergrößerungsform.

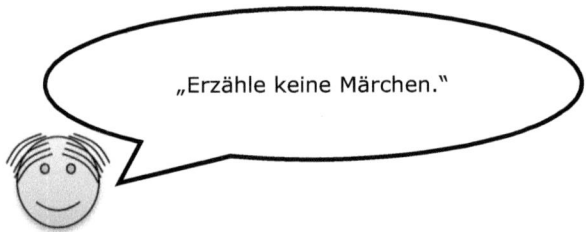

Im Mittelhochdeutschen findet sich ,maere' für ,Kunde', ,Nachricht'. Aus der Mär wurde die heute übliche Bezeichnung Märchen.

Es ist interessant zu erkennen, wie in der Rhetorik ,das Kleine' als schätzenswert oder schwach dargestellt wird. ,Das Große' hingegen als bedrohlich oder stark.

Augmentativ – Vergrößerungsform

Wen wundert es, wenn es neben der Verkleinerung auch eine Vergrößerung gibt. Scheint die Verkleinerung die Macht bei den anderen zu vergrößern, wird bei der Vergrößerung die drohende Gefahr von außen verbalisiert.

Augmentativ: ‚Augmen' für ‚Vermehrung', ‚Zuwachs'; ‚augmentare' für ‚vermehren'. Das Gegenteil von Diminutiv ist Augmentativ/Augmentativum. Eine Vergrößerung benötigt ein (vorausgehendes) Präfix. Solche wie:

Aber	Erz	Super
Groß	Mega	Un

So ergeben sich Begriffe mit emotional verstärkender Bedeutung.

Abermillionen	Erzfeind	Supermacht
Großmutter	Megaangebot	Unsummen

Der Redner will dem Zuhörer oder dem Gesprächspartner die Gefährlichkeit zeigen, sodass diesem die Haare zu Berge stehen.

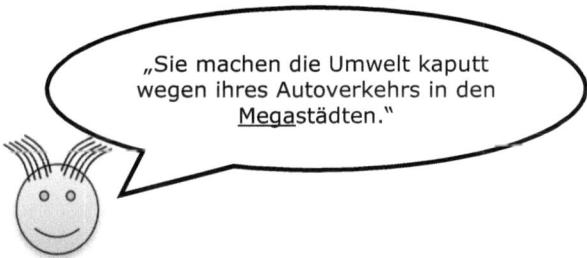

„Sie machen die Umwelt kaputt wegen ihres Autoverkehrs in den Megastädten."

Der Erzfeind ist der schlimmste, langjährige Feind. Erz bedeutet sinngemäß: ‚von Grund auf', ‚durch und durch'. So finden auch in sehr seltenen gewählten Wörtern wie: Erzdemokrat (völlig überzeugter), erzkonservativ und erzkatholisch (beide oft abwertend).

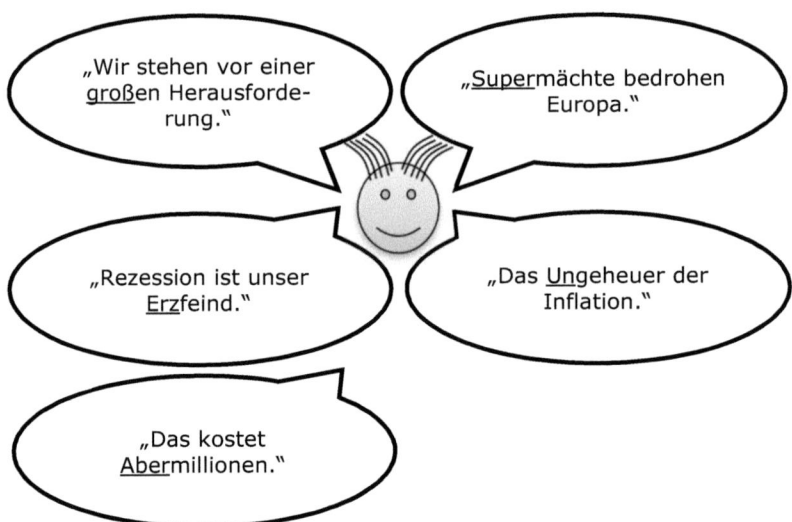

Verstärkungselement Gar

Durch die Verwendung des Wortteils ‚gar' wird das Ausgesprochene in seiner Bedeutung verstärkt.

- Der Film ist nicht empfehlenswert.

- Der Film ist gar nicht empfehlenswert.

‚Gar' ist ein sogenanntes Verstärkungselement, wie Garaus, sogar, gar keiner und andere.

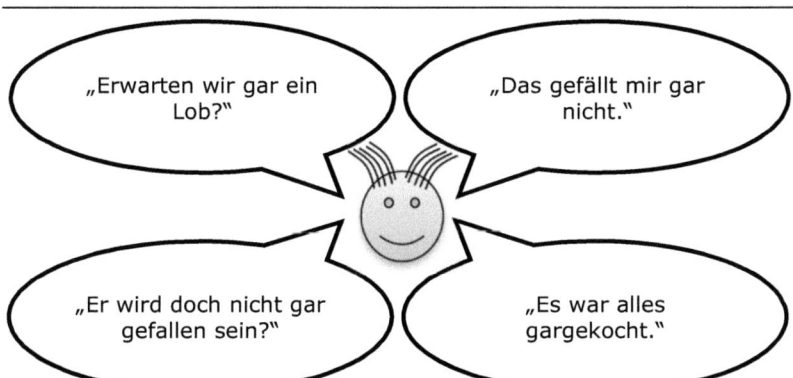

Im letzten Beispiel wird das Garkochen als fertiggekocht, als verzehrbereit definiert.

Sogar kann ‚nichts‘ gesteigert werden:

- nicht(s) – gar nicht(s) – rein gar nicht(s).

Die Verstärkung ist erkennbar am vorangestellten Wort ‚am‘ oder dem nachgestellten Wort ‚zu‘ oder ‚so‘.

299

In anderen Fällen liegt eine Vermutung vor.

Verneinungen von schön

Das Wort ‚gut' wird in hiesiger Sprache gesteigert: aus ‚gut' wird ‚sehr gut' und eine Steigerungsstufe weiter ‚ausgezeichnet'.

Die Unterschiede der verschiedenen Stufen kennen viele Schüler und Schülerinnen.

Statt schlecht sagt mancher ungut. Im zweiten Begriff ist zumindest ein positiver Gedanke, nämlich ‚gut' untergebracht. Ungut hört sich in manchen Ohren besser als ‚schlecht' an.

Durch eine Verneinung ergeben sich beispielsweise folgende Varianten:

unschön (Verneinung)	keinesfalls nicht schön (doppelte Verneinung)
nicht unschön (doppelte Verneinung)	keinesfalls nicht unschön (dreifache Verneinung)

Wie lässt sich ‚schön' steigern? ‚Schön', ‚sehr schön', ‚hervorragend'.

Was ist der Unterschied zwischen ‚schön' und ‚sehr schön'? Falls ‚sehr schön' eine Steigerungsform von ‚schön' ist, dann bedeutet das, dass ‚schön' ‚weniger schön' bedeutet. Es sieht nach einem Denkfehler aus.

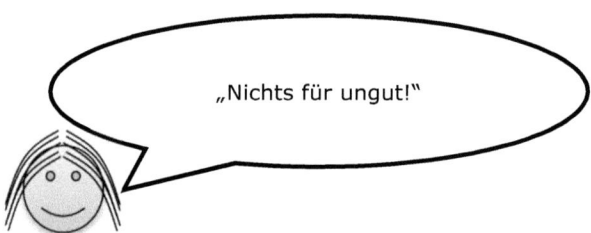

„Nichts für ungut!"

Negation des Gegenteils

nicht viel = wenig	gar nicht viel = (noch) weniger

Fazit: Schönreden scheint besser als schlechtreden.

Untertreibung – Übertreibung

Die Frau des Hauses begrüßt die Gäste und bittet sie einzutreten:

„Willkommen in unserem
bescheidenen Heim."

Natürlich ist ihr Heim mindestens eine großzügig eingerichtete Wohnung und von Bescheidenheit kann auch nicht gesprochen werden.

Die Gäste überreichen ein hübsch verpacktes Geschenk, wofür sich die Gastgeber bedanken.

„Das wäre doch nicht nötig
gewesen."

„Ist nur eine Kleinigkeit."

Gänzlich überholt sind Formulierungen, die das frühere Obrigkeitsdenken widerspiegeln:

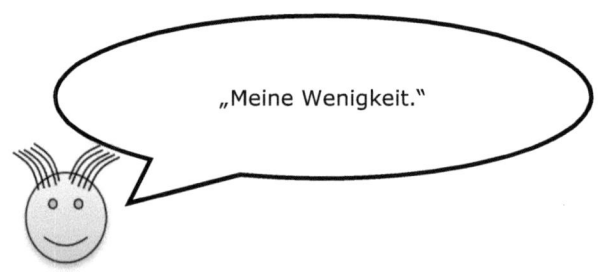

„Meine Wenigkeit."

Fishing for Compliments – Komplimente einfordern

Die Assistenz überreicht der vorgesetzten Person schnell noch einen Stichzettel, bevor diese das Haus verlässt, um am geplanten Treffen teilzunehmen.

Das ‚Fischen nach Komplimenten' ist leicht zu durchschauen. Deshalb wird das ‚Fischen' auch manchmal mit einem Lächeln quittiert, oder mit dem ausgesprochenen englischen Wortgebilde ‚Fishing for Compliments'.

Die eigene erbrachte Leistung wird bewusst schwach oder sogar negativ beschrieben; auf jeden Fall abgewertet.

Das veranlasst das Gegenüber zur – oft übertriebenen – ‚Korrektur' der Aussage in Form eines Kompliments. Das Geleistete wird in einem besseren Licht dargestellt als die selbstgeäußerte, bescheidene Meinung.

Die Verkäuferin am Marktstand wendet sich an die Kundin, die sichtbar im ‚Herbst ihres Lebens' steht.

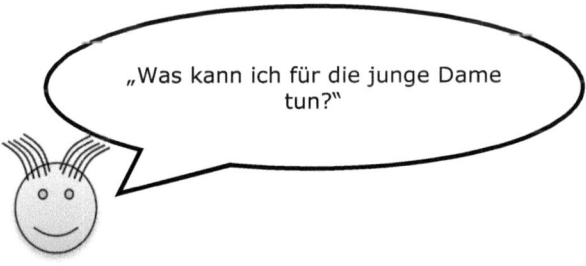

Lob

Lobt die Gesprächsleitung in einer Gesprächsrunde beispielsweise einen Vorschlag überschwänglich und sofort, haben diejenigen, die möglicherweise Bedenken gegen diesen Vorschlag äußern wollten, es nun deutlich schwieriger, genau diese zu äußern.

Selbstverständlich steht es der Moderation frei, Lob auszusprechen. Die Empfehlung allerdings ist eindeutig: Lob dafür, dass jemand einen Gesprächsbeitrag bringt ist in Ordnung. Auch ein Lob, wenn Vereinbartes aus dem letzten Meeting umgesetzt wurde.

Lob für einen Vorschlag – hier muss vorsichtiger umgegangen werden.

Loben, dass ein Vorschlag eingebracht wurde – ist gut. Die Qualität des Vorschlags bewerten – kann beeinflussend auf den Gesprächsverlauf wirken.

Linke Sprechblase: Lob dafür, dass ein Vorschlag eingereicht wurde. Das ist ohne eine Wertung und daher gut.

Rechte Sprechblase: Hier erfolgt ein Lob zur Qualität des Vorschlags. Es wird durch das Lob manipuliert und ist deshalb nicht gut.

Teil 11 – Am Ende des Tages

Unsinnige Sätze

„Weisheit, du wirst Unsinn im Mund des Schwärmers!"
Otto Ludwig, dt. Erzähler
(1813 - 1865)

„Das Haus brennt."

Bei der phänomenal gigantischen Masse an Wörtern, die die deutsche Sprache besitzt, lassen sich fast unendlich viele Wortkombinationen zu Sätzen bilden.

Daneben machen sich Redewendungen breit, die weitestgehend verstanden werden, manchmal aber genau genommen Unsinn darstellen. Im Deutschunterricht würden sie als Fehler angestrichen.

Da bleibt es nicht aus, dass immer wieder Missverständnisse auftreten. Manchmal sind diese ärgerlich, manchmal verleiten sie zu einem Lächeln oder Lachen.

305

Irreführende Beschreibungen

„Die Hütte brennt!"

Sollte das Haus brennen, wäre das sicherlich nicht gut. Die Feuerwehr muss schnellstens anrücken. Heißt es: „Die Hütte brennt", dann ist lediglich mehr Aktion erwartet.

Offensichtlich ist irgendetwas passiert, das die Beschäftigten aus der Lethargie wachrüttelt. Es muss ganz schnell gehandelt werden. Der Einsatz der Feuerwehr ist nicht nötig.

„Der Baum brennt."

Ruft jemand – eventuell sogar mit Stolz – aus „der Baum brennt", wird Freude, Begeisterung oder Erleichterung wahrgenommen.

Es ist nicht so, dass ein Baum brennt, sondern die am (Tannen-)Baum befestigte Lichterkette. Kein Birnchen hat ‚den Geist aufgegeben', geschweige denn die komplette Kette.

Der Weihnachtsbaum erstrahlt aufgrund der gut verteilten Lichter. „Der Baum brennt."

PS: Sollte der Baum tatsächlich in Flammen stehen, sind sinnvollerweise direkt geeignete Maßnahmen umzusetzen.

Die Kollegin will unbedingt etwas erzählen. Sie hat wohl wieder Neuigkeiten erfahren.

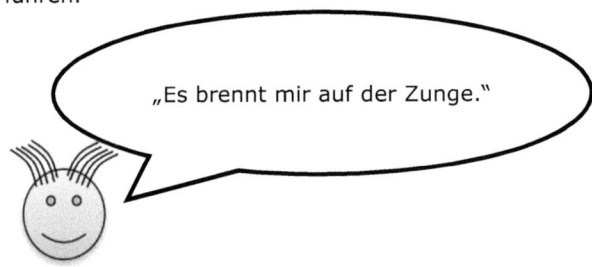

Der Kollege hingegen will unbedingt mit einem Auftrag beginnen. Die Zeit drängt. Er sagt:

Der Computer will nicht, wie er soll. Alle Versuche des Sachbearbeiters, ihn zum Laufen zu bringen, sind gescheitert.

Der hinzugerufene IT-Techniker erscheint und grüßt mit folgenden Worten:

„Wo brennt es denn?"

Eigenartige Formulierung

Eigenartige Formulierungen bereichern den deutschen Wortschatz. Gleichzeitig machen diese rhetorischen Konstrukte für Sprachunkundige beziehungsweise für Lernende das Verstehen der Texte noch schwieriger.

Wie häufig ist beispielsweise zu hören:

„Am Ende des Tages werden wir wissen …"

„… dass der Tag vorbei ist?"

„Am Ende des Projekts werden wir wissen …"

Das ‚Ende des Tages' ist nicht wörtlich gemeint. Gemeint ist, dass der ‚Morgen nicht vor dem Abend gelobt' werden soll. Erst zum Ende eines Arbeitsprozesses kann das Ergebnis bewertet werden.

Es geht also nicht um Tag und Nacht, sondern um das Ende einer Aufgabe.

Eine ähnliche Aussage ist:

„… am Ende des Weges …"

Ein anderes Beispiel: Zwei Kollegen diskutieren über ein Projekt. Wie viel mag das geplante Produkt später im Verkauf kosten? Einer fordert den anderen auf:

„Gib mir mal eine Hausnummer, was das Produkt kosten darf."

„35 B"

Mit einer echten Hausnummer hat die Frage überhaupt nichts zu tun. Die Hausnummer steht stellvertretend für einen Wert, einen Euro-Betrag wie in diesem Fall, über den dann diskutiert werden könnte.

Überlegenswerte Bildbeschreibungen

Zu dieser Gruppe verbal gezeichneter Bilder zählt zum Beispiel:

In der Tat. Wer am Abgrund steht, wird beim Weitergehen abstürzen. Das kann nicht das Ziel sein. Eher ist gemeint, positiv weiterzuhandeln, wenn ein Projekt kurz von dem Aufgeben steht.

Gut überlegen, ob es sinnvoll ist, auf einen fahrenden Zug auf zu springen.

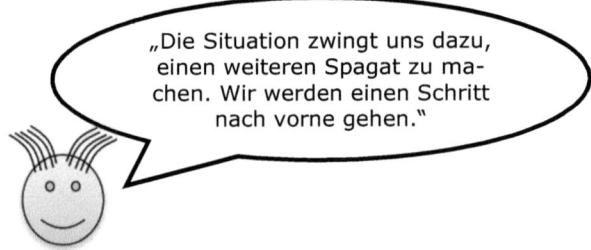

Aus einem Spagat heraus, bei denen die Beine breit gespreizt stehen, einen Schritt nach vorne zu den, erfordert einige körperliche ‚Feintuning‘. Kaum vorstellbar und für den Laien sehr wahrscheinlich gar nicht möglich.

Konfuse Aufforderungen

„Komm, geh." ist ein Oxymoron (siehe dort).

Solch eine Aussage ist beispielsweise zu hören, wenn sich eine nervende Fliege nicht verscheuchen lässt.

311

Lustiges Nichtssagendes

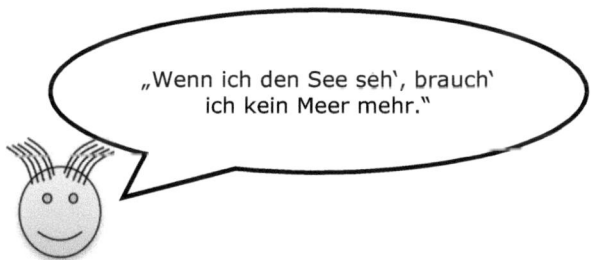

Solch ein Spruch beruht auf dem Gleichklang zweier Wörter, die eine unterschiedliche Bedeutung haben.

Homophone (gr. ‚homophonos‘ für ‚gleichlautend‘) sind ähnlich klingende Wörter.

Homophon – Homophonie	Homonym – Homonymie
gleichlautend	gleichnamig
Die Wörter werden gleich ausgesprochen, werden verschieden geschrieben und haben unterschiedliche Bedeutungen.	Das Wort wird gleich geschrieben und gleich gesprochen. Aber es unterliegt verschiedenen Bedeutungen.
Lid und Lied	Bank – Geldinstitut oder Sitzmöbel
Wände und Wende	Maus – Nagetiere oder Eingabegerät am Computer
leeren und lehren	Nagel – Fingernagel oder Metallstift
Mal und Mahl	Ton – Klang oder Lehm
Küste und küsste	Birne – Obst oder Glühlampe

Die Wetterfrau im Radio kündigt an:

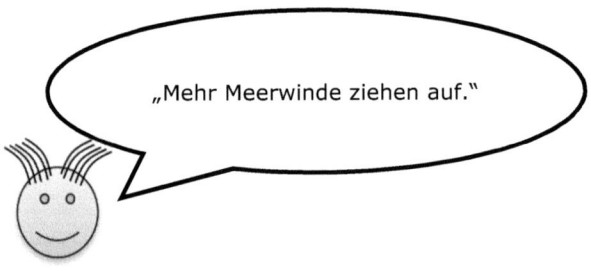

Unsinnige Wortwahl

„Es ist viel klüger, Unsinn zu reden,
als Unsinn anzuhören."
Oscar Wilde, Oskar Fingal O'Flahertie Wills, ir. Schriftsteller
(1854 - 1900)

„Sag ich mal."

Wie nervig, wenn im Gespräch einer der Dialogpartner immer wieder betont: „Sag ich mal." Wer kein Problem mit dem Gehör hat, erkennt, dass der andere spricht. Deshalb muss dieser Hinweis nicht sein.

Auf den folgenden Seiten wird auf sogenannte Füllwörter/Unwörter eingegangen. Unwörter sind solche, die in einem Vortrag, einer Präsentation oder in einem klassischen Gespräch in der Regel nicht benötigt werden. Sie können ersatzlos gestrichen werden.

Bei den Unwörtern fällt auf, dass derjenige, der sie – manchmal unbewusst – einsetzt, diese bedauerlicherweise sogar sehr häufig verwendet.

Nicht verwunderlich, dass deswegen in manchen Redebeiträgen 3, 4 oder 5 Mal ein ‚also' oder ein ‚halt' auftritt. Pro Beitrag/Wortmeldung wohl gemerkt!

Unsinnige Unwörter

„So ist jedes Unwesen noch mit einem goldenen Bändchen an die Menschlichkeit gebunden."
Gottfried Keller, schweiz. Dichter
(1819 - 1890)

Unwörter treiben ihr Unwesen

Die Vorsilbe ‚un' weist darauf hin, dass das angehängte Wort nicht im eigentlichen Sinn, sondern gegenteilig verwendet wird. Aus einem Wort wird ein Un-Wort, eine Art Nicht-gebrauchtes-Wort.

Un

Ungut	Hier steht das ‚Un' für das Gegenteil. Statt gut ergibt sich schlecht.
Unmenge	Hier liegt eine Vergrößerung vor. Eine Menge ist viel. Die Unmenge ist unvorstellbar viel.
Untiefe	Das ist eine interessante Konstellation, sagt sie doch entweder eine erhebliche Tiefe aus oder genau das Gegenteil, eine flache Wasserstelle.
Ungeheuer	Etwas ist nicht geheuer (althochdeutsch ‚hiuri' für ‚freundlich', ‚lieblich'). Das vorangestellte Un wandelt es zu einem nicht freundlichen Wesen.
Unabhängigkeit	Interessant, da die Abhängigkeit zeigt, auf jemanden angewiesen zu sein. Die Unabhängigkeit bedeutet, dass jemand selbstständig ist.
Untreue	Fremdgehen. Seinem Partner sexuell nicht treu sein.

Unsumme	Ein sehr hoher Betrag. Das Wort Unsumme wird im professionellen Einsatz vermieden, da es genau genommen keine Un-Summe geben kann.
Unsinn	Etwas, das sinnlos, töricht oder dumm ist.
Ungewitter	Bezieht sich auf Unwetter. Ein Wetter, das nicht mehr als solches bezeichnet werden soll, aufgrund des stürmischen, regenpeitschenden Niederschlags.

‚Un' gilt als Vergrößerungsform (Augmentativ, siehe dort). Unwörter sind Wörter, die keine sind und dem professionellen Text Unbehagen zumuten. Das ist zugegebenermaßen im weitesten Unfug, denn Unwörter sind ja Wörter. Aber es sind unschöne Wörter, die den Text nur aufblähen, umständlicher und unprofessioneller wirken lassen.

Unwesen

Menschen und Tiere sind Wesen. Ein Un-Wesen müsste so etwas wie ein Geist sein. Wem schon einmal ein Unwesen erschienen ist, weiß, dass es plötzlich auftaucht. Unerwartet und an Stellen, wo es nicht vermutet worden wäre. Es bringt etwas Unruhe auf und vernebelt die Klarheit einer Aussage.

So lässt sich leicht poetisch angehaucht feststellen, dass Unwesen Unwörter einbringen oder Unwörter ihr Unwesen treiben.

Fülllaut	Füllwort
Auch Verlegenheitslaut, Verzögerungslaut	Auch Unwort
äh, ähm, öh	man, eigentlich, sollte, irgendwie, eben, halt, also und andere

Hin und wieder wird statt Unwort auch Füllwort gesagt, angelehnt an den Fülllaut.

Wer trainiert, kann es schaffen, seine Kommunikation frei von Unwörtern zu gestalten. Etwas Training und Disziplin ist vonnöten. Hilfreich ist es, eine Freundin oder ein Freund zu bitten, auf ausgesprochene Füllwörter hinzuweisen.

Etwas diffiziler wird es, Fülllaute aus dem Wortschatz zu eliminieren. Häufig haben sie sich tief eingeprägt und werden von dem Sprechenden selbst nur bedingt wahrgenommen. Dabei kann es schon sein, dass in jedem Satz ein ‚äh' auftaucht.

Für den Zuhörenden ist es auf Dauer nervig, einem stockend und durch Fülllaute unterbrochenen Text zu folgen. Aber auch hier ist es möglich, mit entsprechendem Training die Verwendung der Fülllaute zu vermeiden.

316 In Folge werden einige Unwörter beleuchtet.

man – frau

Wer ist man? Wird hier für die Anonymität gesprochen?

Hinter ‚man' lässt sich gut in der Anonymität verstecken. ‚Man' klingt nach vielen nicht benannten Personen mit derselben Empfindung. Es ist nicht konkret festgelegt, wer gemeint ist.

Mit ‚man' ist der Sprecher nicht greifbar oder später verantwortlich zu machen.

Sagt er hingegen ‚ich', vertritt er seine Meinung und ist gegebenenfalls haftbar.

Die Verwendung von ‚man' ist diplomatisch und unpersönlich. Die von ‚ich' ist rhetorisch stark.

Gut: „Ich …" oder „Die Hamburger …" oder „Die Zuhörenden …".

Sollte bewusst verallgemeinernd und geschlechtsspezifisch formuliert werden, kann die Verwendung von man/frau sinnvoll werden.

317

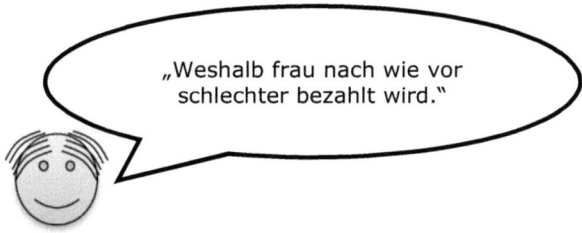

„Weshalb frau nach wie vor schlechter bezahlt wird."

halt – stopp

„Fangen Sie halt mal an."

„Ja, ich halte an."

Weswegen halt? Das Wort halt hat in der deutschen Sprache noch eine andere Bedeutung: Stopp, stehenbleiben, nicht weiterbewegen und Vergleichbares. Genau genommen blockiert das ‚halt' ein Weiterdenken oder weiteres Handeln und/oder zementiert das bisher Erreichte.

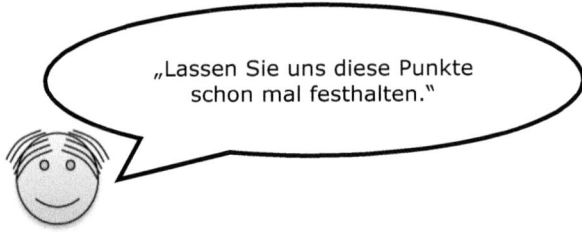

Nicht stoppen, sondern weitermachen:

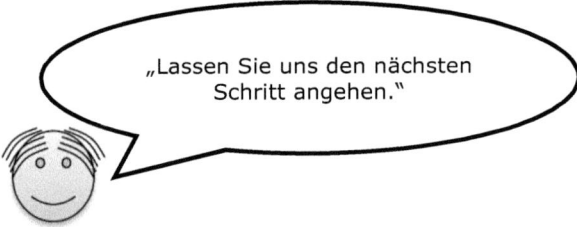

Dieser Satz lässt aufhorchen:

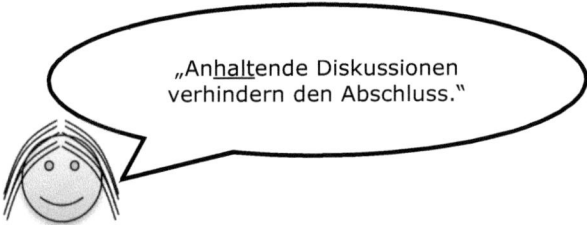

Es klingt zuerst so, als wäre eine heftige Diskussion im Gange, die viele verschiedene Meinungen zeigt. Tatsächlich blockieren die vielen Beiträge, ein Ergebnis zu finden. Die Diskussion lässt den Fortschritt anhalten.

Nebenbei: Der Wunsch nach ‚Halt' offenbart das Verlangen der Sicherheit. Offensichtlich will sich jemand fest-halten. Hält er an überlebten Ansichten fest, ist der erneuernde Fortschritt gehemmt oder blockiert.

eigentlich

Aber nur eigentlich. ‚Eigentlich' bedeutet ‚eigentlich nicht'. Das Wort ‚eigentlich' stellt eine Einschränkung dar, lässt also dem Sprecher noch ein Hintertürchen offen. In den meisten Fällen kann das Wort ‚eigentlich' ersatzlos gestrichen werden. Ausnahme: ‚Im eigentlichen Sinne'.

319

Besser:

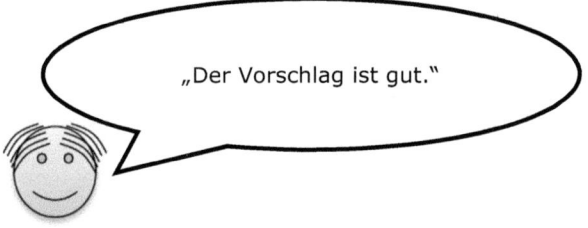

‚Eigentlich' dreht eine Aussage oft ins Gegenteil.

sollte, könnte, müsste

,Sollte' heißt nicht, dass der Betroffene es wirklich tun wird. Die anscheinend höfliche Form soll niemandem wehtun. Viele können zustimmen, ohne jegliche Verantwortung einzugehen.

Diese Höflichkeitsformen sind im Dialog aber nicht unbedingt im Sinn der Zielorientierung förderlich. Bei einem „sollten wir was tun" muss ja nichts passieren. Es wird lediglich eine Empfehlung ausgesprochen. Alle Anwesenden können zufrieden sein, dass etwas getan werden sollte – aber niemand wird aktiv.

… und eine Person direkt ansprechen.

irgendwie und irgendwo

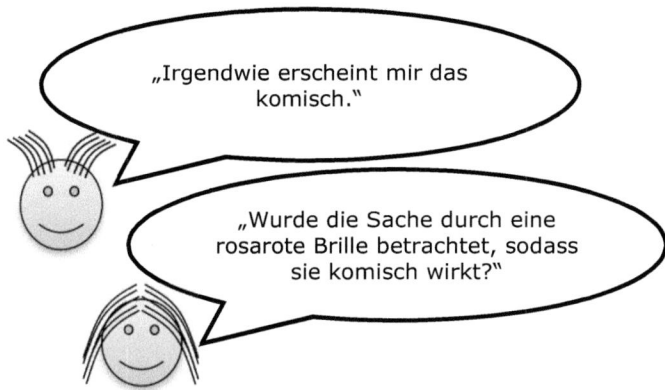

Irgendwie, irgendwann, irgendwo, irgendwas, irgendeine und vergleichbare Wörter lassen sich in ähnlicher, nichtssagender Art und Weise einsetzen.

eben, eben mal

‚Eben mal' signalisiert eine kurze Zeitspanne der Aufmerksamkeit. Es wird demnach nicht viel Zeit in Anspruch nehmen – zumindest wird das suggeriert –, die Unterlagen anzuschauen. Die Handlung kann ‚nebenbei' erledigt werden.

Besser:

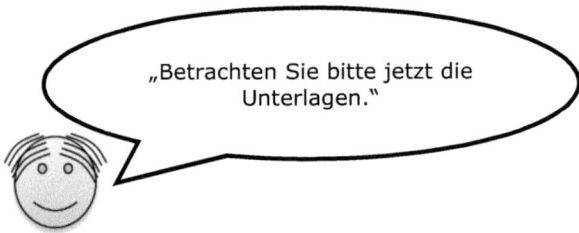

Manch eine/r sagt auch ‚ebend' oder ‚ebent'.

‚Ebent' bedeutet etwa ‚genau'.

Im Juristischen oder Strafrechtlichen heißen die Wörter ebenda, ebendann, ebendort und andere.

Ebent wird in bestimmten Regionen bevorzugt. In der Schriftsprache ist die Schreibweise unüblich.

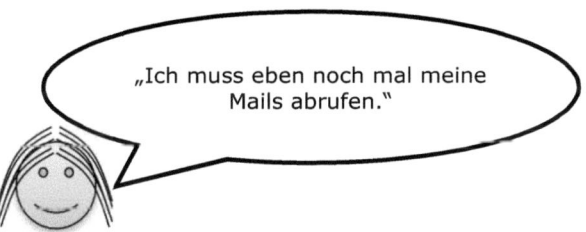

beinahe quasi

Beim Blick in den Spiegel:

„Ich sehe quasi wie eine Presswurst aus."

„Ein Spiegelbild sagt die Wahrheit."

„Du hast etwas zu viel auf den Rippen."

„Er hat mich quasi zu seinem Nachfolger auserkoren."

„Du bist beinahe der Nachfolger."

„Es ist geplant, dass Sie sein Nachfolger werden."

Die Lateiner nutzten ‚quam' für ‚wie' und ‚si' für ‚wenn'. Im Sinn von: „Es ist, wie wenn es wäre."

Zum Beispiel der Presswurst: Das Spiegelbild ist so, <u>wie wenn</u> du als Wurst aussehen würdest.

Zum Beispiel des Nachfolgers: Es ist beinahe so, <u>wie wenn</u> du schon der Nachfolger wärst.

Auf der Autofahrt in den Süden:

Das Wort ‚quasi' lässt sich ersetzen durch Wörter wie fast, beinahe, nahezu.

relativ ungenau

In der lateinischen Sprache heißt ‚relativus‘ ‚bezüglich‘. Oder sich auf etwas zu beziehen, was bereits bekannt ist.

Im Redefluss ‚einfach so' das Wort ‚relativ' einbringen, konkretisiert die Situation nicht unbedingt. Es benötigt den Vergleich, die Relationen, die der Aussage zugrunde liegt. Deshalb ist das Wort ‚relativ' alleine stehend ungenau in seiner Aussagekraft.

Der ‚Wettermann' äußert im Radio folgenden Satz:

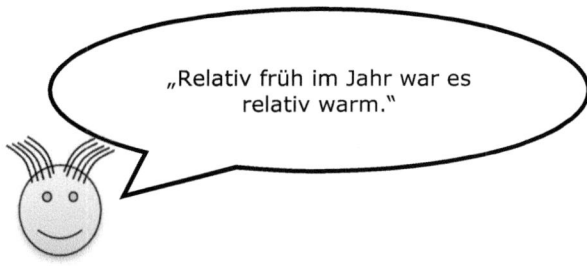

Zum Abschluss ein Satz zum Haare raufen:

Das behauptete der deutsche Physiker Albert Einstein (1879 – 1955). Seine Behauptung ist für viele Menschen nicht nachvollziehbar beziehungsweise sie können sie nicht verstehen.

Erst dann, wenn der Vergleich hinzugegeben wird, wird die Aussage verständlich.

Mit seiner besonderen Frisur standen Einstein wohl auch manchmal die Haare zu Berge.

Unsinnige Formulierung

„Das Warten auf etwas Schönes
erzeugt positive Spannung und Gefühle."
Lily Braun, dt. Frauenrechtlerin
(1865 - 1916)

„Eine spannende Sache."

Spannend kommt von ‚spannen'. Ursprünglich im Sinn von ‚sich dehnen'. Im Mittelhochdeutschen ‚spennen' für ‚sich ziehen', ‚sich ausdehnen'.

Spannend steht für ‚reich an Spannung' (spannungsreich) wie auch für prickelnd, mitreißend, aufregend und vergleichbare Wörter.

Ist etwas spannend, tritt automatisch Spannung auf.

Ein Kriminalfilm oder ein Horrorfilm kann/soll diese Spannung erzielen. Fehlt die Spannung, tritt Langeweile auf.

328

Fraglich wird die Verwendung vom Wort ‚spannend' in anderen Konstellationen:

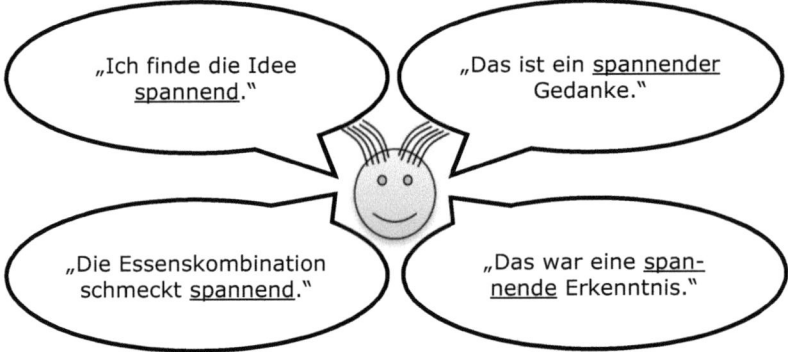

„Ich finde die Idee spannend."

„Das ist ein spannender Gedanke."

„Die Essenskombination schmeckt spannend."

„Das war eine spannende Erkenntnis."

Was bedeutet in diesem Zusammenhang ‚spannend'?

Eine Aussage mit ‚spannend' signalisiert etwas Besonderes. Gleichzeitig ist das Wort ‚spannend' ziemlich schwammig.

Es lässt sich bei vielen Aussagen einsetzen und zeigt bestenfalls die Begeisterung des Redners über seinen ‚spannenden' Eindruck, den er erlebte.

Abenteuerlich interessant

Die Oma fragt den Gast:

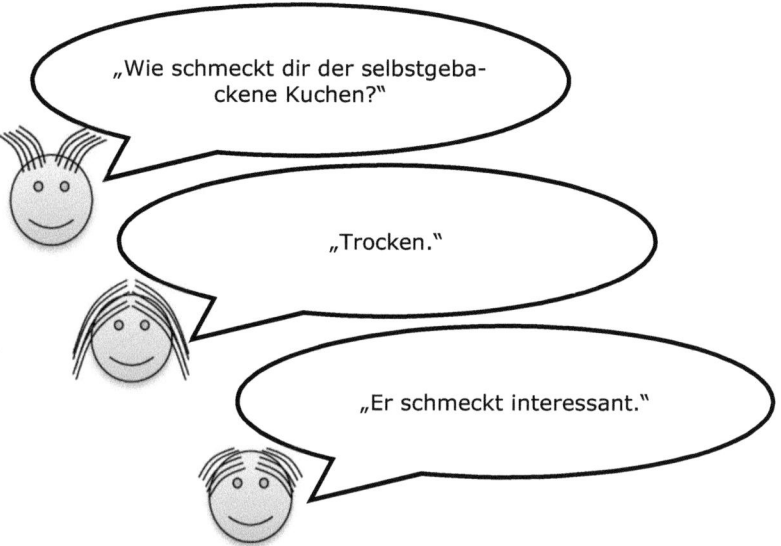

Für die Oma hört sich ‚interessant' als Kompliment an. Für den Gast ist die Aussage doppeldeutig im Sinne von:

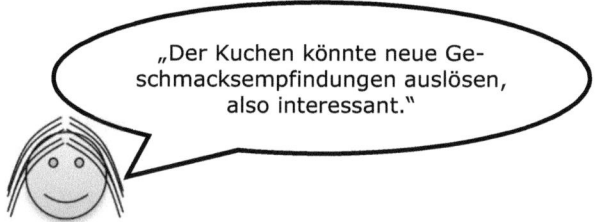

oder

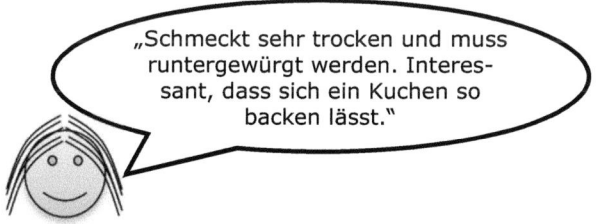

Für den Besucher scheint es abenteuerlich zu sein, den Kuchen der fürsorglichen Oma genießen zu können. Fällt das Geschmacksergebnis positiv oder negativ aus? So oder so: Es kann sich ein interessantes Ergebnis einstellen.

Das Wort ‚interessant' hat eine positive Konnotation (Nebenbedeutung). Es klingt positiv, neugierig, hat aber unter Umständen eine negative Bedeutung.

Der Vorgesetzte schaut sich die Präsentation des Mitarbeiters mit seiner neuen Idee an. Am Ende der Präsentation gibt er folgendes Feedback:

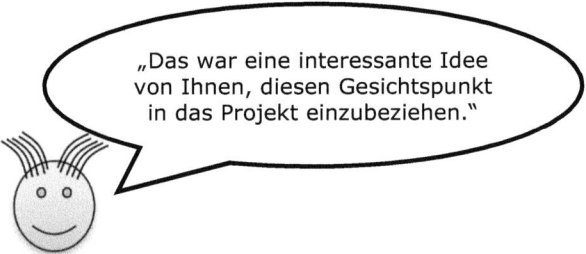

„Das war eine interessante Idee von Ihnen, diesen Gesichtspunkt in das Projekt einzubeziehen."

Der Mitarbeiter steht mit schwitzenden Händen dem Chef gegenüber und ist sich nicht ganz sicher, was mit dieser Rückmeldung gemeint ist.

Der Vorgesetzte ergänzt:

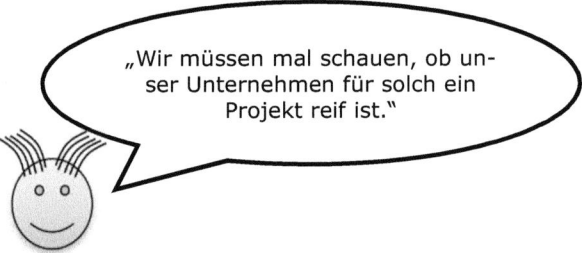

„Wir müssen mal schauen, ob unser Unternehmen für solch ein Projekt reif ist."

Auch diese Aussage klingt positiv, bedeutet aber eher, dass die Idee in einer Schublade verschwinden wird.

„Nicht weitersagen."

Verschwörerisch beugt sich die Frau zu ihrer Freundin und öffnet ihr Gespräch mit folgendem Satz:

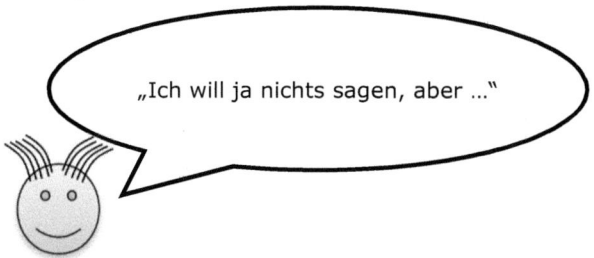

Und dann sagt sie doch etwas.

Oder sie beginnt mit der ebenso verschwörerischen Formulierung:

Im ersten Fall ist die Frau dabei, unter Umständen ein Gerücht in die Welt zu setzen. Rhetorisch ist diese Formulierung nicht unklug, wird durch das ‚nicht sagen' gerade das betont, was verschwiegen bleiben soll.

Im zweiten Fall wird die angesprochene Person aufgefordert, etwas für sich zu behalten. Damit wird sie im weitesten Sinne erpressbar. Sie handelt klug, wenn sie das ‚Geheimnis' gar nicht erst erfährt.

Wer etwas Geheimes offenbart muss dem Empfänger der Nachricht überlassen, ob er die Information weiterverwendet.

Problematisch könnte es werden, wenn nach der übermittelten Nachricht die Aufforderung erfolgt, das Gehörte für sich zu behalten.

Oder der Gerüchte-Verbreitende hält fest:

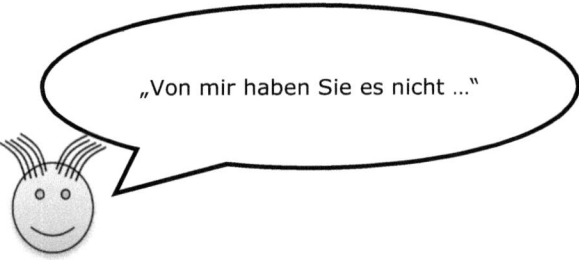

„Nicht aussprechen."

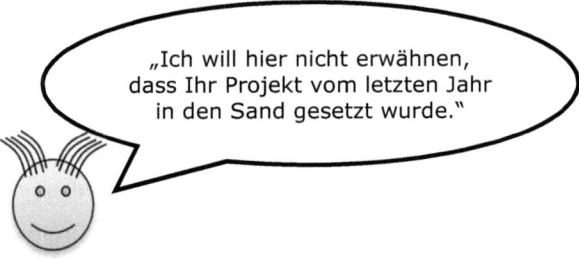

Nein, es soll nicht erwähnt werden. Natürlich nicht. Sehr freundlich. Wurde jetzt aber trotzdem erwähnt. Wie ist das einzuordnen?

Rhetorisch betrachtet ist das eine sehr pfiffige Formulierung. Der Redner betont, etwas nicht aussprechen zu wollen, tut es aber trotzdem.

Der Politiker:

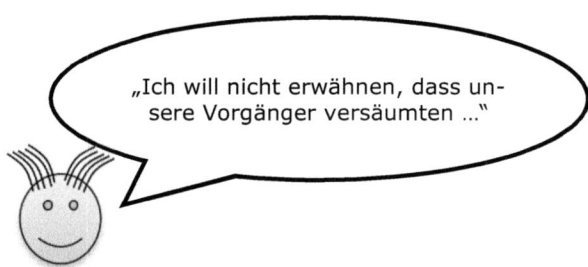

Nein, er will es nicht erwähnen. Bringt aber eine lange Auflistung der vermeintlichen Versäumnisse.

Aber: Er selbst hat ja eine weiße Weste, da er nicht erwähnen wollte …

Nach der Devise: Kein gutes Haar am Vorgänger lassen!

Nun wurde das Wort ‚kleinkariert' dreimal im Dialog genannt. Ob diese Eigenschaft in Zukunft dem Angesprochenen anheftet?

Unsinnige Fragestellung

„Dem guten Frager ist schon halb geantwortet."
Friedrich Wilhelm Nietzsche, dt. Schriftsteller
(1844 - 1900)

„Ich habe mal ne Frage."

Grundsätzlich ist es gut, wenn in der zwischenmenschlichen Kommunikation Fragen gestellt werden. Unklares kann hinterfragt und damit geklärt werden. Die ‚Sesamstraße' behauptet in ihrer Erkennungsmelodie: „Wer, wie, was? Wieso, weshalb, warum? Wer nicht fragt, bleibt dumm." Schon den kleinsten Zuschauern soll nahegelegt werden, Fragen zu stellen.

Vernünftige Antworten auf gestellte Fragen helfen die Wissbegierige und Neugierde zu befriedigen. Durch Fragen und durch Hinterfragen lernt der Mensch dazu und bildet sich damit weiter.

Manch Vortragender schließt seine Präsentation mit den Worten ab:

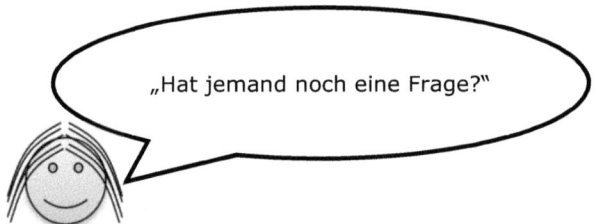

„Hat jemand noch eine Frage?"

Möglicherweise sitzt im Publikum tatsächlich eine Person, die noch eine Frage hätte. Nun traut sie sich nicht in Anwesenheit aller diese Frage zu stellen, befürchtet sie doch als ‚dumm' angesehen zu werden. Also behält sie die Frage lieber für sich. Kein anderer meldet sich.

Somit denkt der Vortragende, ‚alle Fragen seien geklärt'.

Andererseits kann es sein, dass sich tatsächlich jemand aus dem Publikum meldet. Er wird gebeten seine Frage zu stellen. Dann stellt sich heraus, dass diese Frage kaum in Kürze beantwortet werden kann.

Vielleicht schafft es der Vortragende tatsächlich, die gestellte Frage kompakt zu beantworten. Ob der Fragende dann zufriedengestellt ist? Nein, er meldet sich erneut, um eine Ergänzungsfrage zu stellen.

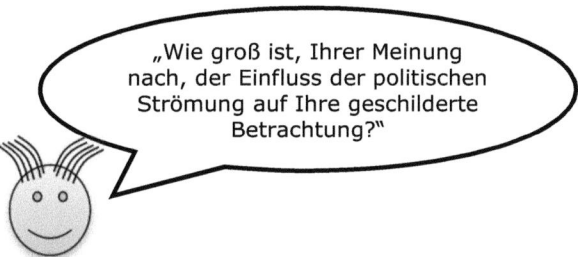

Höchstwahrscheinlich wird der Vortragende nun ins Schleudern kommen. Wie soll er solch eine Frage im vernünftigen Zeitrahmen beantworten können? Weiter erkennt er, dass die anderen Anwesenden langsam unruhig und ungeduldig werden. Sie wollen nicht mehr zu hören.

Außerdem riskiert der Vortragende, dass seine zur Verfügung stehende Redezeit weit überspannt wird.

Der professionell präsentieren der geht diesem möglichen Dilemma von vornherein aus dem Weg und endet seine Präsentation gedanklich sinngemäß – mit folgenden Worten:

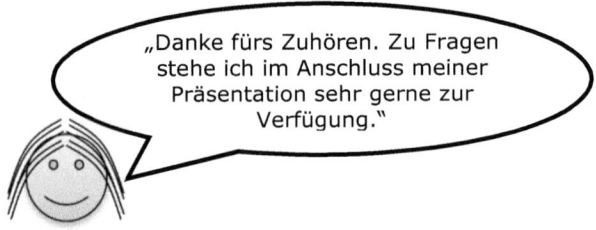

„Danke fürs Zuhören. Zu Fragen stehe ich im Anschluss meiner Präsentation sehr gerne zur Verfügung."

Mit einer Formulierung in dieser Art schließt der Vortragende seine Präsentation vernünftig ab. Gleichzeitig signalisiert er die Bereitschaft, sich im Anschluss noch auszutauschen.

Reporter auf der Straße

Der Sender möchte gern die Meinung der Passanten einfangen. Ein Team geht in die Fußgängerpassage mit der Absicht, eine Handvoll Passanten zu befragen. Leider äußern einige:

„Ich habe keine Zeit."

Dieselben Personen sehen später im Fernsehen oder Internet einen Bericht zu einem wichtigen Thema. Sie erfahren, welche Meinung Menschen zu diesem Thema haben. Nicht selten schimpfen die Personen dann:

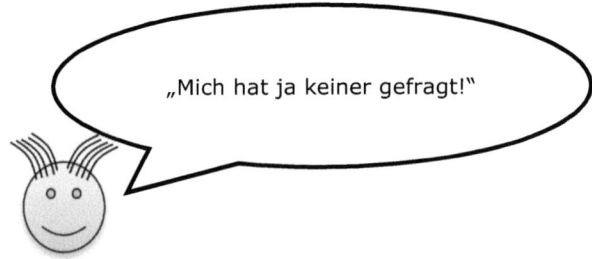

„Mich hat ja keiner gefragt!"

Das klingt nach einem gewissen Widerspruch.

Zwei Freundinnen tauschen sich über die neuesten Gerüchte aus.

337

Im Gesellschaftlichen können und sollen natürlich auch Fragen gestellt werden. Wer höflich klingen will, kann die Frage ‚rhetorisch' stellen.

In der Regel wird mit einem ‚Ja' geantwortet, sodass die Frage kurz und präzise gestellt werden kann.

Aus psychologischen Gründen ist es vorteilhaft, Fragen nicht mit dem Fragewort ‚warum' zu beginnen.

Das Fragewort ‚warum' erzeugt bei manchen Menschen ein unangenehmes Gefühl. Ähnlich wie bei dem Wort ‚müssen' (siehe dort) wird ein gewisser Zwang gespürt.

Das kann mit früheren – unangenehm wirkenden Fragen zu tun haben. „Warum hast du noch nicht dein Zimmer auf-geräumt?" „Warum kommst du jetzt erst heim?" Und vergleichbare.

Wird ‚warum' beispielsweise durch ‚weshalb' ersetzt, wird der Zwang nicht mehr gespürt.

„Noch eine letzte Frage an Sie, Herr Politiker."

Tja, wer den Antworten interviewter Politiker und Politikerinnen genau folgt, wird Aussagen wie die oben erwähnten häufig hören können.

Unklar bleibt bei diesen unkonkreten Antworten, wo das Ende des Wegs ist, beziehungsweise welches Ergebnis das Ende ausmacht.

Auch ist häufig die Zeitkomponente nicht erkennbar. Wie viel Zeit ist eingeräumt, um am undefinierten Ziel anzukommen?

Selbst die Aussage ‚am Ende des Tages' meint nicht 24:00 Uhr nachts des laufenden Tages.

Die Angabe steht symbolisch für das Ende eines Prozesses. Mit allen Ungenauigkeiten, die auch oben zu kritisieren sind.

In den Aussagen taucht immer wieder der ‚Weg‘ auf. Ein Weg entspricht eine Länge von A nach B. Dieser Weg muss zurückgelegt werden, wobei die Strecke unbekannt ist.

Zumindest aber drückt eine Formulierung dieser Art aus, dass eine Bewegung in vorgegebener Richtung erfolgt. Das Gegenteil wäre Hinsetzen und Abwarten, was geschieht.

Dass „am Schluss alles passen muss" ist eine nette Formulierung. Würde nicht alles passen, wäre etwas schief, würde etwas klemmen, quietschen oder nicht zusammenpassen, wäre die Aufgabe des Politikers nicht erfüllt.

Er stände gegebenenfalls als Verlierer da.

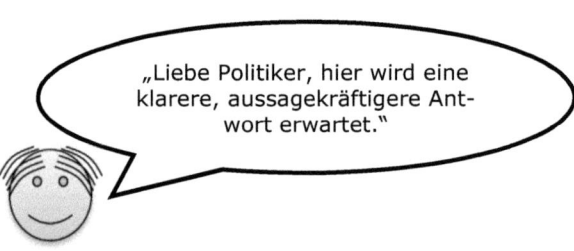

„Liebe Politiker, hier wird eine klarere, aussagekräftigere Antwort erwartet."

Epilog – Zum Ausstieg

Hängt alles an einem Haar?

„Bei Autoren, finde ich, braucht man sich nicht zu bedanken;
sie werden zufrieden sein, wenn man sie bewundert."
Heinrich Christian Wilhelm Busch, dt. Schriftsteller
(1832 - 1908)

„Ich bedanke mich für die Präsentation."

So endeten schon manche Präsentationen, denen ich als Zuhörer folgen durfte. ‚Um ein Haar' hätte die präsentierende Person die Abschieds-Floskel richtig geäußert. Es ist davon auszugehen, dass sie sich bei den Zuhörerenden für deren Aufmerksamkeit bedanken wollte – nicht für die selbst gehaltene Präsentation.

Der Stress beim Präsentierenden fällt ab, das Ende scheint greifbar nahe, und schon schlägt das Gedächtnis eine Kapriole, einen launenhaften Streich.

341

Das lässt die Haare zu Berge stehen.

Nun gut. Jeder darf einen Lapsus begehen. Also schenken wir der präsentierenden Person und unseren drei Protagonisten noch einmal kurze Aufmerksamkeit.

"Ich bedanke mich für Ihre Aufmerksamkeit."

Dieser oder ein ähnlicher Abschlusssatz war wohl gesucht.

Liebe Leserin, lieber Leser, Sie haben sich durch den Irrgarten der kom-plexen Vielfältigkeit kommunikativer Verwirrungen gearbeitet. Vielen Dank, dass Sie sich hierfür die Zeit nahmen. Sie wurden mit Sprachkli-schees, Populistischem und einer Menge rhetorischem Unsinn konfron-tiert. Manche haarsträubende Formulierung ist enttarnt.

Vielleicht hat Sie der eine oder andere Gedanke angeregt, die eigene Kunst der Rede zu überprüfen. Bestimmt gab es auch Beispiele von Aus-sagen, die Sie aus der Praxis kennen.

Manches kann mit einem Lächeln großzügig übergangen werden, anderes mag einen kleinen Stich versetzen.

Es ist nicht unbedingt notwendig – und sehr wahrscheinlich auch nicht hilfreich – zu versuchen, andere zu korrigieren. Aber möglich ist die Re-flexion und gegebenenfalls Optimierung mancher eigener Formulierun-gen.

So werden einige nun ihr Haar geschniegelt und gestriegelt tragen.

Auf dass Sie in Zukunft all das, was Sie vermitteln wollen, rhetorisch professionell, verständlich aber doch menschlich und vor allem überzeu-gend umsetzen – ohne Ihren Humor zu verlieren.

Ich bedanke mich für Ihr Interesse

Horst Hanisch

Index

343

347

348

Knigge als Synonym und als Namensgeber

Umgang mit Menschen

> *„Suche weniger selbst zu glänzen,*
> *als andern Gelegenheit zu geben,*
> *sich von vorteilhaften Seiten zu zeigen,*
> *wenn Du gelobt werden und gefallen willst."*
> **Adolph Freiherr Knigge, aus dem Buch**
> **„Über den Umgang mit Menschen", 1788**
> **(1752 - 1796)**

Adolph Freiherr Knigge

Schon zu seinen Lebzeiten war Adolph Freiherr Knigge (1752 – 1796) umstritten. Knigge setzte sich durch sein energisches Eintreten für die Ziele der Aufklärung, so wie er sie verstand, scharfen Angriffen aus.

Er arbeitete als Romanschriftsteller und Satiriker, sowie als politischer Schriftsteller. Er gehörte den Freimaurern an.

Heute ist Knigge vor allem seines Buches wegen ‚Über den Umgang mit Menschen' (1788) bekannt. Und zwar deswegen, weil sein Werk als Etikette-Buch angesehen wird.

Knigge verdankt seinen heutigen Ruf und Erfolg aber einem Missverständnis. Denn: Das Werk Adolph Freiherr Knigges gilt als Etikette-Buch ersten Rangs. Allerdings beschreibt Knigge keine Regeln wie mit Besteck umzugehen ist, oder das Verhalten bei Tisch, stattdessen offenbart er eine praktische Lebensphilosophie im Umgang mit Mitmenschen.

Er gibt Anleitungen und Anregungen, wie mit seinen Mitmenschen richtig umzugehen ist. Knigge hoffte damit, dass die Menschen glücklich und froh miteinander leben könnten.

Sein Buch erschien 1788 und war schon kurze Zeit in fast allen Haushalten zu finden. Über 200 Jahre lang prägte sich sein Buch im Bewusstsein der Leser als praktisches Handbuch über gutes Benehmen ein.

In drei Teilen seines Buches hat Knigge über den Umgang mit verschiedenen Menschengruppen geschrieben, zum Beispiel:

- Über den Umgang mit Leuten von verschiedenen Gemütsarten, Temperamenten und Stimmungen des Geistes und des Herzens (Erster Teil, 3. Kapitel)
- Über den Umgang mit Frauenzimmern (Zweiter Teil, 5. Kapitel)
- Über das Verhältnis zwischen Wohltätern und denen, welche Wohltaten empfangen; wie auch unter Lehrern und Schülern, Gläubigern und Schuldnern (Zweiter Teil, 10. Kapitel)
- Über den Umgang mit den Großen der Erde, mit Fürsten, Vornehmen und Reichen (Dritter Teil, 1. Kapitel)

Obwohl es heute klar ist, dass Knigge anderes verfolgte, als wir unter seinem Namen verstehen, soll ‚Knigge' als Synonym für den Bereich stehen, dem sich das vorliegende Buch widmet.

12 Ratgeber in der kleinen Knigge-Reihe

Der kleine ... -Knigge [2100]

Anstands- und Banausen-...
Business- und Kunden-...
Büro- und Kollegen-...
Gäste- und Gastgeber-...
Gesellschafts- und Freunde-...
Outfit- und Stil-...
Interkulturelle- und Auslands-...
Bewerbungs- und Vorstellungs-...
Event- und Feste-...
Gastro- und Tischsitten-...
Speisen- und Exoten-...
Trinkkultur- und Getränke-...
< Je 88 Seiten

**Kulinarischer & Gastro-
nomischer Knigge** [2100]

316 Seiten A5 >

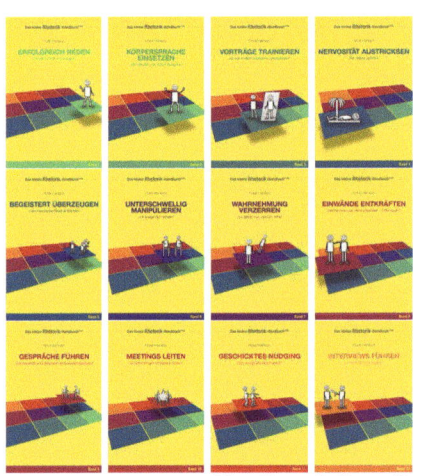

Das kleine Handbuch der Rhetorik [2100]

Erfolgreich reden „Die Kunst, flott vorzu-tragen"
Körpersprache einsetzen „Mit Händen und Füßen sprechen"
Gezielt trainieren „Ich will endlich erfolgreich präsentieren!"
Nervosität austricksen „Mir zittern die Knie"
Begeistert überzeugen „Das rhetorische Feuer entfachen"
Unterschwellig manipulieren „Ich kriege dich schon!"
Wahrnehmung verzerren „Ich glaub' nur, was ich sehe."
Einwände entkräften „Das ist doch gar nicht machbar! – Oder doch?"
Gespräche führen „Zielorientierte und zeitsparende Gesprächslenkung"
Meetings leiten „Besprechungen erfolgreich führen"
Geschicktes Nudging „Das versteckte Anschubsen"
Interviews führen „Darf ich Sie mal fragen?" Je 100 Seiten

Das Märchen der ...

professionellen Argumentation
harmlosen Fragen
sauberen Wahrheit
vertrauenswürdigen Fairness

... in der Rhetorik [2100]
Je 100 Seiten

4 Ratgeber in der Ego-Management-Reihe

Persönlichkeits-Management – Ego-Knigge [2100] Soft Skills, Selbst-Reflexion und Selbst-Bewusstsein

Stress-Management – Ego-Knigge [2100] Lampenfieber, Stressoren, Gerüchte, Mobbing, Burnout, Stressvermeidung

Zeit-Management – Ego-Knigge [2100] Umgang mit der Zeit, Organisation von Arbeitsabläufen, Perfektionismus, Zielsetzung

Gedächtnis-Management – Ego-Knigge [2100] Gehirn, Intelligenz, Schwachsinn – Hochbegabung, Gedächtnis, Lerntechniken.

Jeder Ratgeber 104 Seiten, A5, kartoniert

4 Ratgeber der Reihe Lebenseinstellung

Aberglauben-Knigge [2100] Von schwarzen Katzen, der linken Hand des Teufels und den Glücksbringern

Lügen- und Egoismus-Knigge [2100] Überleben durch Flunkern, Schummeln und Täuschen! Macht, Respekt, Wertschätzung? Lebenslüge und Lebensschutz

Glücks-Knigge [2100] Vom Glücklichsein, positiven Denken und von Freundschaften

Angst- und Optimismus-Knigge [2100] Die Furcht beherrschen, Ängste nutzen und positiv durchs Leben gehen.

Jeder Ratgeber 216 Seiten, A5, kartoniert

355

3 Ratgeber Bräutigam, Braut und Brautpaar

Bräutigam-Knigge [2100] Verlobung und Polterabend, Schwiegereltern und das Ja-Wort, Hochzeits-Outfit und Hochzeits-Kutsche

Braut-Knigge [2100] Brautkleid und Accessoires, Das große Hochzeitsfest, Höhepunkte und Hochzeitstanz

Brautpaar-Knigge [2100] Historisches und Sonderbares, Planung und Organisation, Aberglaube und Hochzeitsbräuche.

Jeder Ratgeber 104 Seiten, A5, kartoniert

3 Ratgeber Selbst-Coaching

Selbstbewusstsein Knigge [3100] Ich bin, ich kann, ich will. Das eigene Leben bestimmen, Soft Skills, The Winner 1.

Selbstwertgefühl Knigge [2100] Steh auf! Werde aktiv! Zeige Profil! Das eigene Leben beeinflussen, Motivation, The Winner 2.

Selbstoptimierung Knigge [2100] Optimistischer, attraktiver, authentischer. Das eigene Leben gestalten, Ansprüche, The Winner 3. Jeder Ratgeber 120 Seiten, A5, kartoniert

Leben und Lifestyle

Adam allein auf der Welt Knigge [2100] Ein Buch mit Bildern vom ersten Menschen, seinen Gedanken und seiner Körpersprache, 104 Seiten, A5, ca. 155 Fotos

Jugend-Knigge [2100] Knigge für junge Leute und Berufseinsteiger, 152 Seiten

Alters-Knigge [2100] Abgehängt und abgeschoben? Altersdiskriminierung? Akzeptanz des Älterwerdens!, 152 Seiten

Zukunfts-Knigge [2100] Umgangsformen in 100 Jahren. Zusammenleben mit Menschen, Maschinen und menschenähnlichen Robotern, 172 Seiten A5 kartoniert

KI-Knigge [2100] Leben mit der Künstlichen Intelligenz, 196 Seiten A5 kartoniert

Wertschätzung-Knigge [2100] Gleichberechtigung, Gender und Respekt, Sexuelle Orientierung, Umgang bei Diskriminierung und Mobbing, 152 Seiten A5

Hochzeits-Knigge [2100] Hochzeitsbräuche, Geschenke, Brautjungfer, Trauung, Festgäste und Festmahl, 310 Seiten A5

Ü65- und Senioren-Knigge [2100] Die junge Alten und die alten Jungen, Kommunikation und Verständnis zwischen den Generationen, 180 Seiten A5

Blumen-Knigge [2100] Historisches, Mystisches, Festliches, Blumensprache, Umgang mit Blumen-Präsenten, 144 Seiten A5

Bekleidung! Ausdruck der Persönlichkeit – Lukas' Outfit-Knigge [2100]

Nudel-Knigge [2100] Himmlische Teigwaren, 140 Seiten A5

Der Interkulturelle Kompetenz-Knigge [2100] Kultur, Kompetenz, Eindrücke – Gesten, Rituale, Zeitempfinden – Berichte, Tipps, Erlebnisse, 240 Seiten A5

China-Deutschland-Knigge [2100] Chinesen in Deutschland, 104 Seiten A5

Dschungel-Knigge [2100] Umgang in ungewohnter Umgebung, 192 Seiten A5

Von allen guten Geistern verlassen-Knigge [2100], 132 Seiten A5

Schweine Knigge [2100] Das Schwein in der zwischenmenschlichen Kommunikation, 278 Seiten A5

Herz Knigge [2100] Haltung, Herzlichkeit, Hilfestellung, 280 Seiten A5

Der Dicke-Knigge [2100] Aus dem prallen Leben des Dicken, 104 Seiten A5

Typisch Frau – Typisch Mann Knigge [2100] Unterschiede und Gemeinsamkeiten im Umgang mit dem anderen Geschlecht, 128 Seiten A5

Klo- und Pinkel-Knigge [2100] Vom privaten & öffentlichen Bedürfnis, 104 Seiten

Omi hüpf' mal Märchen meiner Großmutter, Erlebnisse ihre Jugend und wahre Geschichten meines Vaters von und über Omi Rickchen, Hardcover, 312 Seiten

Der Hunde-Knigge [2100] Umgang mit dem Hund – Hundesprache – Der Hund in der Gesellschaft, 180 Seiten A5

Welcome to Germany-Knigge [2100] Umgangsformen, Verhaltensmuster und gesellschaftliches Miteinander im deutschsprachigen Europa, 108 Seiten A5

Besuch willkommen Knigge [2100] Einladung, Gast, Geschenk, Empfang, Feier, Gastfreundschaft, 200 Seiten A5

Alles hat seine Zeit – Knigge [2100] Umgang mit der Zeit, 294 Seiten A5

Leben, Tod und Ansichten Austausch mit Berühmtheiten, 116 Seiten A5

Last List Leid [2100] Verlogene Welt?, 160 Seiten A5

Mensch Macht Mörder [2100] Verfall der Umgangsformen?, 260 Seiten A5

Tod, Trauer, Totenkult-Knigge [2100] Sterben, Trost, Takt, Bestatten, Tradition, Vorsorge, Tabus, Vergänglichkeit und Sonderbares, 212 Seiten A5

Corona-Knigge [2100] Umgang mit dem Virus, 88 Seiten 12x19, kartoniert

Das kleine Knigge-Quiz [2100] 96 Seiten, 12x19 cm, kartoniert

Leben und Lifestyle

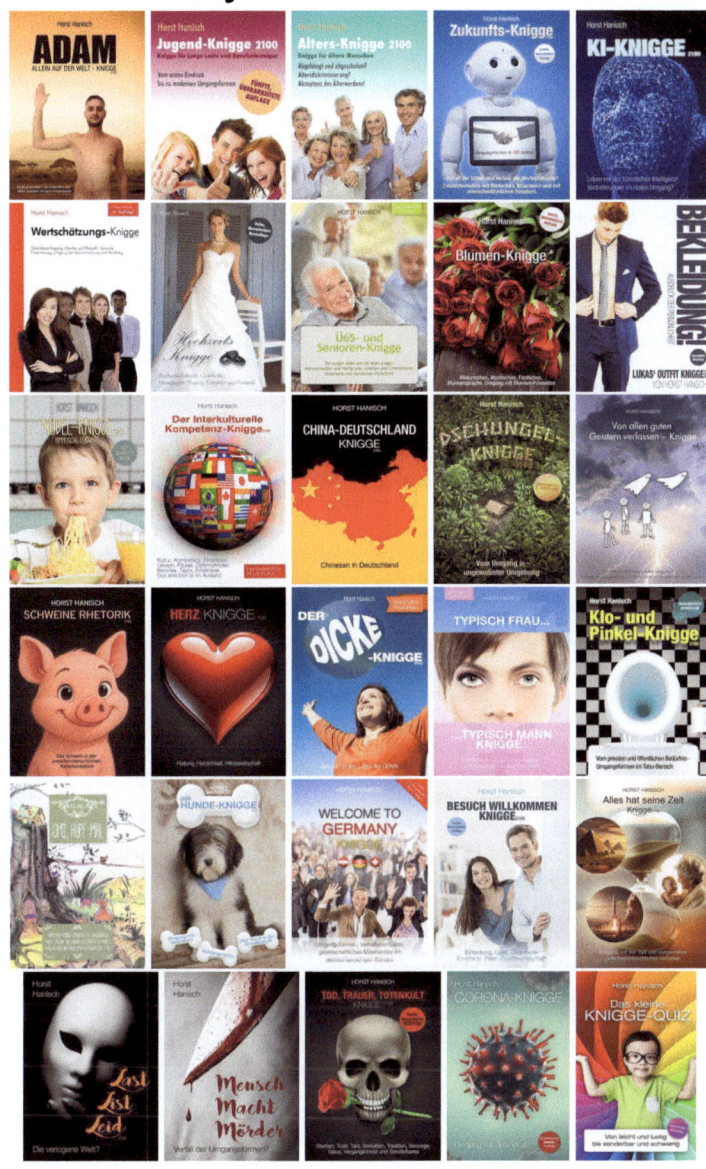

Rhetorik, Soft Skills, Hochschule, Beruf

Rhetorik ist Silber Von den ersten Schritten zu einer perfekten Präsentation, 336 Seiten A5, kartoniert, Zeichnungen

Moderation ist Gold Gesprächsführung, Umfragen, Talkrunden, 274 Seiten A5

Lebhafte Körpersprache in Vorträgen, Präsentationen, Gesprächen, 218 Seiten A5, kartoniert, ca. 290 Zeichnungen

Rhetoric – Mastering the Art of Persuasion, 222 Seiten A5, kartoniert

Discussion – Mastering the Skills of Moderation, 192 Seiten A5, kartoniert

Body Language in Europe, 196 Seiten A5, kartoniert, ca. 290 Zeichnungen

Das große Buch der Kommunikation und der Gesprächsführung [2100], 460 Seiten

Das große Buch der Rhetorik [2100] Tacheles reden; Präsentieren; manipulieren und überzeugen, 452 Seiten A5, kartoniert, viele Darstellungen

Trickreiche Rhetorik [2100] Psychologische Gesprächsführung, manipulierende Darstellung, unaufdringliches Nudging, 448 Seiten A5, kartoniert, Zeichnungen

Körpersprache [2100] **– Lüge, Verrat, Macht**, Im Beruf, vor Gericht, beim Flirt – Gewinnerpose und Demutshaltung; 440 Seiten A5, kartoniert, über 400 Zeichnungen

Soft Skills-Knigge [2100] Soziale, Persönlichkeit, Selbstmanagement, 480 Seiten A5, kartoniert, viele Darstellungen

Schlagfertigkeit-, Spontaneität-, Stegreif-Knigge [2100] Impulsiv handeln, verbale Angriffe kontern, Störungen entwaffnen, 104 Seiten A5

Pitch Skills und Überzeugungs-Knigge [2100] Elevator Pitch, Geldgeber beeindrucken, Feuer versprühen, 128 Seiten A5, kartoniert

Smalltalk-Knigge [2100] Vom kleinen Gespräch bis zum charmanten Flirt – Kontakt ausbauen, Sympathie zeigen, Begehrlichkeit wecken, 100 Seiten A5

Quassel-Knigge [2100] Quasseln, Quatschen, Quengeln oder Lebenswichtige Kommunikation – Gezielt eingesetzte Rhetorik – Aussagekräftiges Profil zeigen, 112 Seiten A5

Die moderne Führungskraft [2100] **Online und Präsenz**, Handbuch für souveräne Vorgesetzte und solche, die es werden wollen, 252 Seiten A5, kartoniert, Zeichnungen

Emotionale Rhetorik im Leben und rund um den Tod [2100] Vielfältige Kommunikation – Fiktiver Interview-Austausch mit Berühmtheiten, 260 Seiten A5

Innere Rhetorik [2100] Zielführende Kommunikation mit sich selbst, 140 Seiten A5

Kriegerische Rhetorik [2100] Verbale Kampfansage, was Wortwahl verrät, 148 Seiten A5

Blumige Rhetorik [2100] Sensible Diplomatie, einfühlsame Empathie, 156 Seiten A5

Haarsträubende Rhetorik [2100] Populistisches, Unsinniges, Sprachklischees, 360 Seiten

Hochschul-Knigge [2100] Studentischer Umgang, 132 Seiten A5, kartoniert, Fotos

Jugend-Karriere-Knigge [2100] 224 Seiten A5, kartoniert, Zeichnungen, Checklisten

Bewerbungs-Knigge [2100] **für Frauen – Tina bewirbt sich / Bewerbungs-Knigge** [2100] **für Männer – Tom bewirbt sich**, Vorbereitung, Wahl der Kleidung, Verhalten beim Bewerbungsgespräch, je 128 Seiten A5, kartoniert, Fotos, Checklisten

Online-Bewerbungsgespräche-Knigge [2100] **Vorstellungsgespräche auf Distanz – Tina und Tom bewerben sich digital**, 128 Seiten A5, kartoniert, Zeichnungen

Kreativitäts-Knigge [2100], Visionärhaft denken, Scheuklappen sprengen, Mentales Risiko eingehen, 164 Seiten A5, kartoniert

Team und Typ-Knigge [2100], Ich und Wir, Typen und Charaktere, Team-Entwicklung, 128 Seiten A5, kartoniert, viele Darstellungen

Die flotte Generation Y im 21. Jahrhundert, selbstbewusst – lebensbetonend – flexibel, 116 Seiten A5, kartoniert, Zeichnungen

Die flotte Generation Z im 21. Jahrhundert, entscheidungsfreudig – effizient – eigenverantwortlich, 140 Seiten A5, kartoniert, Zeichnungen

Tele-Meeting [2100], Digitale Konferenz, Online-Unterricht, Homeoffice, 104 Seiten A5

Rhetorik, Soft Skills, Hochschule, Beruf

Englisch:

359

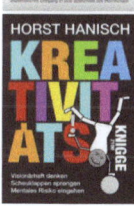  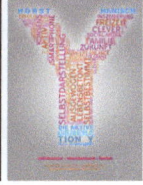 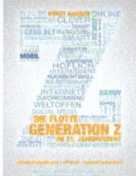 

Beratung, Coaching, Seminar

Horst Hanisch Seminare
seit 1987

Wer hat nicht gerne mit Menschen zu tun, die selbstbewusst und selbstsicher mit anderen Menschen umgehen?

Geschäftspartnern, die die elementaren Regeln des ‚Benimms' beherrschen, stehen die Türen zum Erfolg offen.

Unternehmen, die neben ihrer fachlichen Leistung auch ‚menschlich' überzeugen wollen, bieten wir für ihre Mitarbeiterinnen und Mitarbeiter aktives Training im Umgang mit Kunden, Gästen, Kollegen und Gesprächspartnern an.

Auf unserer Website informieren wir Sie über unsere Angebote:

- Firmen-Internes-Training
- → Business-Etikette und das Lehrmenü
- → Präsentieren, Moderieren, Kommunizieren
- → Körpersprache und ihre Geheimnisse
- → Teuflische Rhetorik und das Erkennen manipulativer Aspekte
- → Flottes Reden vor und zu anderen
- → Der erste entscheidende Eindruck
- Interkulturelles Training
- → Umgang mit Menschen anderer Kulturen

- Intensiv-Training für
- → TV-Auftritte
- → Vorträge
- → Präsentationen
- → Reden
- Fachliteratur und journalistische Beiträge
- Vorträge/Speaker
- → Vor kleinem und vor großem Publikum
- Workshops
- → Soft Skills
- → Team-Training

Individuelles Coaching für Einzelpersonen: Wer es ganz individuell mag, greift zurück auf ein Einzel-Coaching, auch als Online-Coaching. Hier werden ganz persönliche Herausforderungen angegangen, mit Themen wie:

- → Erscheinungsbild – Der Erste Eindruck
- → Selbstsicheres und authentisches Auftreten
- → Persönlichkeitsentfaltung
- → Bewerbungstraining
- → Rhetorik und Überzeugungskraft

- → Erfolgreiche Verhandlungsführung
- → Kommunikation und Konfliktbewältigung
- → Präsentations-Techniken und Moderation
- → Interkulturelle Kompetenz

und andere Themen – direkt auf die besonderen Bedürfnisse des Einzelnen zugeschnitten. Besuchen Sie uns auf www.knigge-seminare.de